LOCUS

LOCUS

LOCUS

LOCUS

Smile, please

smile 114
鑽石生命靈數：希臘數學家留下的絕世密笈
Numerology: Key to Your Inner Self
作者：Hans Decoz & Tom Monte
譯者：許恬寧
責任編輯：潘乃慧　美術編輯：楊啟巽工作室
校對：呂佳真
法律顧問：董安丹律師、顧慕堯律師
出版者：大塊文化出版股份有限公司
台北市105022南京東路四段25號11樓

www.locuspublishing.com 讀者服務專線：0800-006689
TEL：(02) 87123898　FAX：(02) 87123897
郵撥帳號：18955675　戶名：大塊文化出版股份有限公司

總經銷：大和書報圖書股份有限公司
地址：新北市新莊區五工五路2號
TEL：(02) 89902588（代表號）　FAX：(02) 22901658
排版：黃雅藍　製版：瑞豐實業股份有限公司
初版一刷：2013 年8月
初版八刷：2022 年7月

定價：新台幣380元
Printed in Taiwan

Numerology
鑽石生命靈數
希臘數學家留下的絕世密笈

生命靈數軟體開發專家
漢斯・德寇茲／湯姆・蒙特——著
Hans Decoz　Tom Monte
許恬寧——譯

獻給羅萬（P. Rawat）與威力・凡・艾克（Willy van Eck）

我們所有人必須回答的最重要問題，就是這個宇宙是否是個和善的地方。

——愛因斯坦

第二部分　時間與時機

前言

生命靈數是一種語言，你可以透過這種語言擴展自己的視野，瞭解自己的性靈。生命靈數為你開啟心靈之門，而你以前並不知道那道門的存在。

事實上，所有的語言都是這樣。話語出現之前，只有最簡單、最基本的念頭，而這樣的念頭大都侷限於和生存有關的事物。然而，語言帶來更複雜的關係、更多的可能性，以及更大量的創意。

以「相對論」這個詞來舉例，這幾個字代表宇宙中不只有絕對值。愛因斯坦提出相對論的概念之前，這個世界被「絕對論」的信念主宰——萬事萬物就是表面上那樣，不只對你是這樣，對所有人都是這樣。然而相對論這個詞彙的出現，以及愛因斯坦提出造成深遠影響的相關概念後，人類開始認識新概念、新可能性，以及形塑我們人生觀的新關聯。此一象徵廣大複雜意義的詞彙，使我們的性靈視野得到擴展。

我們認識了數字的語言之後，也能得到同樣的性靈擴展。突然之間，宇宙似乎變得更巨大、更複雜，然而卻更容易掌握。你現在能夠思考先前不可能思考的事物。

符號會揭曉關係，它們是圖像，定義了多重概念的布置與安排（通常是抽象概念）。符號讓我們看到重要的特質是如何彼此相關，它們顯示了事物是如何因為本質而交錯關聯。

舉例來說，讓我們想一想某個人可能擁有的性格。如果我們試圖思考某一個特定的天分或特質，我們無法得到一個圖像。假設那個特質是「意志力」好了。這個抽象概念的存在就像天空中的一朵雲，似乎和其他雲不同，但現在我們再加上符號1。1是組織我們理智的原則，吸引著天生相屬、相關的特質，就像它們是家族成員一般。數字1象徵意志力，也象徵開端、勇氣、決心、創造力、獨立與個體。

為什麼這些特質聚集在一起？因為人類的生命告訴我們，一切事物的開端自然會和其他性格相連結，像是抗拒激發了對於意志力的需求，連帶地也帶出了決心、勇氣、創造力、創意、獨立與個體性。數字1（開端）讓我們看到生命裡與生俱來的關係——事實上，那種關係永遠在那裡，但以抽象的形式存在，因此看似孤立。它們自然而然存在的關係，或許超越我們的掌握。

到了最後，我們無法不透過符號來討論生命的模式。符號可以表現出存在於原型世界的大量知識。原型（archetypes）是固定住資訊的特殊框架，存在於心靈之中，直到我們有辦法將它們的豐富性用於我們的人生。它們傳遞了我們先前不知道或不自覺的事物知識。

運用數字與人類特質的美妙之處，在於它們天生就結合在一起。數字1會和原創性與創意等特質綁在一起，並非任意配對的結果，而是因為1這個數字不管在哪一種語言，都代表著開端、源頭、第一，以及誕生。

由於我們擁有這些符號，我們能夠澄清事物，詢問深入與追根究柢的生命問題。舉例來說，符號是任意被安排特定的意義，或者數字與它們的意義背後存在有機的模式？數字是否反映了超越表層生命底下更大的真相？

本書試圖回答那個問題。那個問題的答案，不只能夠幫助我們瞭解數字，也能讓我們更明白自己的人生。只是我們也必須知道，沒有任何一種工具能夠完全觸及宇宙的廣大無邊或生命本身，不管那個工具有多強大或多複雜。生命靈數只是個出發點，讓我們靠近廣大的現實，然而宇宙本身無窮無盡。生命靈數開了一扇窗，讓我們看見宇宙的浩瀚，那個浩瀚就存在我們心中。不論我們的數字說明了我們或其他人是什麼樣的人，我們都是無盡宇宙的一部分，超越了任何工具能夠傳達的極限。

好幾位人士提供了莫大的協助。我在寫這本書的時候，他們鼓勵我，或是提供實際的協助。對此我要獻上我的愛，感謝溫蒂・阿肯斯（Wendy Akers）、約翰與貝蒂・彼得森（John and Betty Peterson）、妮娜・葛雷（Nina Gray）、藍道爾（Randall）、珍妮絲・賈邁爾（Janice Jamail）、麥可・魯特利吉（Mike Rutledge）、大衛與黛博拉・麥斯特麥可（David and Debra Mestemaker），以及柯林與卡蘿・吉彬斯（Colin and Carol Gibbins）。

我的好朋友尼爾斯・蘭茲（Niels Lenz）與李・安妮・達魯茲卡（Lee Ann Daruszka）以各種方式支持我。他們鼓勵我，並提供我建議與實際的幫助，本書能夠順利寫成，要特別感謝他們。

我要特別感謝湯姆與托比・蒙特（Tom and Toby Monte）。沒有他們，就沒有《鑽石生命靈數》。

漢斯・德寇茲
寫於德州休士頓

中文版作者序

本書最初出版於一九九四年，隨後自英文翻譯成數種語言，包括荷蘭文、德文、挪威文與俄文，一直以來廣受好評。對作者來說，這是一件教人謙卑但又心滿意足的事。我非常樂意見到這本書的中文版由大塊文化出版。我誠心希望台灣的讀者會如同世界上其他的兄弟姊妹一樣，覺得這是一本實用又有趣的書。

生命靈數的語言世界共通，然而就像世界上不同地方的人們說著不同的語言（不過他們還是說著同樣的事），生命靈數也是一樣。生命靈數有許多不同的形式，然而最基本的目的，都是要讓人看見深層的事物。舉例來說，有一派稱為「迦勒底生命靈數」（Chaldean numerology），可能是西方最古老的派別。還有一派是以數學家與天文學家畢達哥拉斯命名的「畢達哥拉斯派」（Pythagorian System），以及印度的「吠陀生命靈數」（Vedic numerology）等等。然而，如果你去見三位不同門派的生命靈數家，你得到的訊息應該依舊相同，畢竟他們都是在討論你這個人，而你不會因為去見了哪位生命靈數家，就變成另外一個人。

所有的生命靈數系統都奠基於相同的概念：數字和語言與使用它們的人是同時發展的，因此生命靈數基本上反映了幾千年來它們演變時所吸收的個性與「感應」（vibrations）。

在這本書中，我試圖以最清楚、最簡明扼要的語言，解釋生命靈數的運作方式與意義。我的書和其他大部分出版品不一樣的地方，在於我著重一個數字會以各種方式表現自己，這要看數字出現在生命靈數命盤上的哪一個地方。大部分的生命靈數書只簡單解釋數字的性格，接著就介紹找出數字的數學算式。我則要求自己一而再、再而三解釋每個數字出現在命盤上時所代表的意義，卻不重複。我想讓讀者看到，同樣的數字出現在命盤上不同的地方，會以細微的差別方式影響一個人，並且幫助大家深入瞭解數字複雜的個性。依據我在過去二十年收到的回應，可謂成效良好。

從許多方面來說，數字就像人一樣，在不同情境下會有不同的表現。就像各位親愛的讀者，你們工作、和家人吃晚飯或是和朋友開派對的時候，大概會有不一樣的行為舉止。然而，如果你跟一個人夠熟，認識他好幾年，你能夠預測對方在某種情境下會有什麼反應。同樣地，你也可以深入掌握數字，進而預測在某種情況下，某個數字會如何影響一個人。如果你想成為優秀的生命靈數家，你會發現生命靈數背後的數學非常簡單。真正的挑戰在於深入掌握數字的性格，你要瞭解它們，就像你瞭解自己認識最久的朋友，以及最親近的兄弟姊妹。到了那樣的境界，事情就會開始變得有趣，你會發現數字常常能告訴你別人沒發現的內幕與知識，不論是生日或名字裡的數字，甚至是電話號碼，都有這樣的作用。

我在擔任生命靈數家時，有一次剛好有許多亞洲人士來找我，包括中國、台灣與其他國家。這些地區使用的語言體系，與二十六個字母組成的條頓語系及羅馬語系十分不同。我常被問到許多問題，像是我的生命靈數系統是否也適用於中文名字，運用時是否會和英文名字一樣精確。答案是肯定的。生命靈數超越了語言、疆界，以及其他所有人與人之間表層的隔閡。請放心，分析英文版的中文名字，並不會因為翻譯而減損了精確度。生日可以是提供資訊與洞見最豐富的來源，而這個日期並不會受到語言半點影響，只是要注意，計算時應該採用「月、日、年」的順序，而非歐洲習慣的「日、月、年」。不是不能採用歐洲方式，但有些循環的位置會受到年月日的次序影響，必須跟著一起調整。

我誠摯地希望收到台灣與大陸讀者的來信。西方有數十個網站提供我的生命靈數軟體、報導與文章，但我的個人網站是www.decoznumerology.com。這不是營利用途的網站，而是希望吸引更多生命靈數同好。這個網站上有我的電子郵件信箱、活動與授課行事曆。請讓我有機會知道你們對這個古老的神奇科學有什麼看法。

願數字與你同在。

強納森（・漢斯）・德寇茲

中文版導讀

大塊文化編輯部

仙氣

說起這本書的由來，要感謝郝明義先生的一位音樂家朋友，大家傳說她帶著點兒仙氣，一次邀稿的聚會中，我們起鬨要她露一手，只見她瀟灑地畫上一顆鑽石形的表，然後填上一點數字就說了起來，這一說，很多事情雖不中，亦不遠矣。倏地激發了我們學習的興趣，馬上問了來歷，音樂家也樂於告訴，她是從一本洋書上學的。後來，郝先生上網買來，日益鑽研，再後來，他也變成一個高手，因為算遍了身邊中外朋友，人人豎起大拇指。再再後來大塊決定出版這本書。

因為郝先生學成了，給了我們很大的鼓舞，像他這麼忙，這麼工作狂，都能學成，有為者亦若是！追呀！

異同

《鑽石生命靈數》和大塊文化之前出版的《21世紀新生命密碼》（藍寧仕醫師著）其實是同一父母所生，都來自古希臘。《21世紀新生命密碼》是醫者之書，藍醫師告訴我們如何認識數字，從數字知道自己的特質，那些連成一條線的數字，最終目的是提醒你讓自己的特質發揮，進而得到生命的快樂。這是一條簡單的路徑，感謝先有《生命靈數》的出版，如今我們要瞭解《鑽石生命靈數》將更容易。

算法

《鑽石生命靈數》像是一本進階書，它教我們更宏觀地看待自己的一生，從各方面著手。書名叫「鑽石」，是因為每個人都是閃閃發亮的金鋼鑽，有待開採和自我提升。至於如何入門，如何掘礦，首先請您準備好自己的西曆出生年月日以及經常使用的英文姓名，或護照英文姓名。然後打開本書，你就能算出自己的各種靈數。例如一位1977年6月7日出生的朋友，我們可以很快算出他的「生命歷程數字」是1，算法如下：1＋9＋7＋7＝24，2＋4＝6，6（年）＋6（月）＋7（日）＝19，1＋9＝10，1＋0＝1。

什麼是生命歷程數字？

你的出生年月日正是你人生揭開序幕的時刻，將出生年月日相加至個位數，這就是「生命歷程數字」。生命歷程數字讓你大致瞭解自己在這次輪迴中，會遇到哪些契機、挑戰與人生議題。

生命歷程數字1，書上的說明

如果你擁有生命歷程數字1，你是天生的領導者。你堅持自己做決定的權利，你要求思考與行動的自由。你充滿決心，不屈不撓。一旦決定目標之後，不會讓任何人、任何事阻擋你。你會履行責任，保護你所愛的人，提供他們需要的事物。你要求人們尊敬你，把注意力放在你身上。重大事物沒有照你的方式進行時，你會惱怒不安，甚至專斷獨行。

你必須感覺自己掌控著重要事物，拒絕擔任輔助的角色。你會試著讓自己站在最顯眼的地方，鎂光燈必須打在你身上……

關於1的說明，書中有更多描述，特別是那些優點的描述，真的會讓人感覺很受用。

妙用

數字很奇妙，一旦你進入數字的世界裡，它就彷彿有生命似的，畢達格拉斯，希臘的哲學家與數學家就這麼認為，所以有了「生命靈數」的說法。關於數字的特質說明，其實很冗長，以下列出關鍵字，讓大家更容易把握。

1是獨立與自信；2是彈性與協調；3是創意與傳播；4是務實與計畫；5是熱情與移動；6是安定與照顧；7是孤獨與思考；8是平衡與豐富；9是理想與兼愛。1977年6月7日出生的朋友，光是對照數字特質，就可以猜出他的個性是穩重沉默，喜歡思索，喜歡提問，帶點孤僻性格的人。你可以多找幾個朋友的出生年月日來計算比對，然後你會發現數字真的是活的，甚至，光是看生日，5日生的朋友真的就是瀟灑自由；6日生的人沉穩可靠……。當你更熟悉生命靈數時，有時靈感來了，脫口就能猜出對方的生日。數字很奇妙，但是數字也學問大，本書講的是一種綜合評量，你必須算出自己的各種數字像是**內心欲望數字、個性數字與次要個性數字、潛意識自我數字、平衡數字、週期循環數字、高峰循環數字、成熟數字……等等，唉！有些人覺得自己真的不擅長數字，一碰到數字就頭大，要提醒您千萬別錯過生命靈數，靈數不是一般數字，認識它，跟它玩耍，你會發現，真是太有趣了！**

結語

郝明義先生當初買回洋書，工作餘暇苦讀，也有半年吧？雖然如今功力深厚，但也是苦讀出身，他靈活運用，甚至提出「把星期一、二、三、四、五，配合1、2、3、4、5來用，挺好用。」他說。

星期一，就是1，所以工作上定自己本週要完成的目標，主要處理和公司內部主管的會議，把大家的目標都溝通清楚。

星期二，就是2，所以工作上主要處理和公司外部的聯繫，協調、結合一些互惠有利的資源。

星期三，就是3，所以工作上主要處理產品開發的事情，盡量讓創意得以發揮。

星期四，就是4，所以工作上主要處理和財務相關的事情，看是否按照計畫前行。

星期五，就是5，所以工作上主要處理和業務有關的事情，如何像個推銷員似地把產品推銷出去。

星期六，就是6，所以是要和家人相處的時候，照顧他們的心理、情緒和需求。

星期天，就是7，要給自己留一個獨處、思考的時間，做些自己個人想做的事情。

至於8和9，可以分在星期六或星期天來處理。

請試試看。:)

這是他的獨門兵器。有為者亦若是，追呀！

親愛的讀者，歡迎您也練出您的獨門祕招，相信只要半年，猛讀熟讀，讀破萬遍，算過萬人，雖不中，亦不遠矣……。屆時歡迎您與大塊編輯部分享創見。

第一部分

內在的你

生命靈數這種自助之道歷史悠久、廣受歡迎，西方體系的畢達哥拉斯派（Pythagorian System）是其中發展最極致的一支。中國人、日本人、希臘人、希伯來人、埃及人、腓尼基人、早期基督徒、馬雅人與印加人，全都運用數字系統來進一步瞭解自身與宇宙。

畢達哥拉斯派的生命靈數，源自希臘哲學家暨數學家畢達哥拉斯，他結合阿拉伯、德魯伊（Druid）、腓尼基人、埃及與艾塞尼人（Essene）的數學科學。在他之後，生命靈數不斷發展，成為薔薇十字會員（Rosicrusians）、美生會（Masons）、靈智學（Anthroposophists）及其他眾多祕密社團的靈性指導。

生命靈數是一種實用的工具，可以讓人瞭解自己深層的天性，包括我們有哪些天分、人生目的、隱藏性格，以及我們會碰上哪些機運與挑戰。生命靈數可以讓人知道在接下來的人生中，自己將遇到哪些契機，以及一生中將體驗哪些生命循環，幫你點燃事業、愛情與成功的明燈。簡單來說，生命靈數是一種自助工具，可以提供有意義的建議，幫助你面對人生各種情境。

在今日，生命靈數受歡迎的程度仍在持續增加。生命靈數現在定期出現在報章雜誌上。人們帶著各式各樣的疑問諮詢生命靈數家，有的想瞭解自己的愛情，有的必須做生意方面的決定。隨著工業化的世界愈來愈電腦化且依賴數字系統，人們對於這項古老靈魂科學的興趣有增無減。

生命靈數之所以能歷久不衰，有其眾多理由。簡單來說，生命靈數準確度相當高，而且非常深入，能提供實用的建議，接觸過的人會感到驚嘆。此外，生命靈數還能預測未來的趨勢與事件。此一靈性科學隱含、四海通用的古老智慧，人們憑直覺就能瞭解、尊敬、回應。此外，生命靈數十分可親，只需簡單的加減運算，所有人都能排出自己的生命靈數命盤，不需耗費太多時間。

本書所使用的命盤系統，結合了傳統與我特別設計的符號。過去幾年，我研究出一套完整命盤，以連貫、統整的方式整理所有的數字與資訊。我想鼓勵讀者至少在瞭解全部的公式前使用這套命盤，以免忽略某些步驟。一旦完全熟悉生命靈數後，讀者朋友可能希望提出自己的記錄體系。

我會在本書各章節，介紹算出完整生命靈數命盤的必要資訊。

書中運用不同的符號區分生命歷程數字（Life Path）與內心欲望數字（Heart’s Desire）等不同靈數，例如生命歷程數字的符號為兩個同心圓裡包著一個數字（請見167頁表3.1）。

接下來的第一部分將教你透過生命靈數，瞭解自己的性格、長處與弱點。我們透過數字更加認識自己之後，將知道如何讓自己過得更好。

第一章

基本簡介與生命靈數的好處

不論發生什麼事，我一直相信上帝不玩骰子。

——愛因斯坦

如果你和大多數人一樣，你大概不喜歡數學或者很怕數學。告訴你一個好消息，生命靈數與數學無關。沒錯，是需要將一些非常簡單的小數字加加減減，但也僅止於此。生命靈數表上的所有數字都是簡單的算術結果。不複雜也不可怕，只需要加　加幾個一位數或二位數。

生命靈數這門學問主要源自於「數字的個性」（personality of numbers），以及數字個性的本質與共鳴，你可以利用那些數字更加瞭解自己以及周遭的世界。你可能從未想過數字也有個性，但只要想一下，你就會憶起大部分的人都有偏好的數字。我們之所以會做出這一類的選擇，是因為我們的直覺就受到某一個或數個特定數字的天性或性格吸引。

不過，開始討論生命靈數的原理之前，先來看一看其他應該瞭解的生命靈數面向。以下是幾個常見的問題。

瞭解生命靈數對我來說有什麼好處？

基本上，生命靈數是一種讓我們自我幫助的工具。透過生命靈數，我們能夠更瞭解自己的內在及本性。生命靈數將以振奮人心的全新方式，揭曉你的個性與性格，讓你以全新的角度看待自己。你將可以拉開距離，從不同視野瞭解自己，這是許多其他自助方式所做不到的。瞭解自己將是你獲得成功與自由的關鍵。更加深入瞭解自己的長處與弱點之後，對人生的各個面向都會有所幫助。

此外，生命靈數也讓人瞭解各種週期、機運與挑戰，讓你處理目前或未來的問題。光是這一點，生命靈數就能讓你從更寬闊的角度看待人生，面對未來。生命靈數能讓你生出力量，克服自己的弱點。

我需要什麼資料，才能算出自己的生命靈數？

你只需知道自己出生證明上的出生年月日、全名（如果有中間名也要一起算。另外，如果是複姓，所有姓氏都要包含進去），以及平常使用的名字即可。你平常使用的名字，通常是正式名字的簡稱或是婚後的姓氏，也就是你向別人介紹自己時使用的名字。

改名會有什麼影響？

搭配命盤上其他生命靈數後，改名可能會有很大的影響。從你改名的那一天起，你就會感受到細微的變化，但一直要到新名字完全融入你的潛意識後，才會帶來所有變化。單單更改身分證件上的名字，影響沒那麼大，重要的是你有多常使用新名字（相關細節請見第三章的「次要表現數字」）。

生命靈數能否預測健康、財務、意外，以及其他潛在問題？

生命靈數能否預測你的未來？可能可以，也可能不行。某些週期的確能夠告訴你在一生當中可能會在哪些時間點碰上痛苦的經歷，像是意外、金錢出狀況、離婚等等。同樣地，生命靈數也能預測許多正面的事件。

然而，就算是遇到生命中的劫數，一個人永遠有機會扭轉乾坤。同樣地，一個人也可能會讓生命中的美好機會白白溜走。舉例來說，生命靈數能夠指出你在人生的某個階段會收割甜美的果實，多年來的努力將有所回報。生命靈數在這方面十分靈驗。然而，你得到的果實將和努力成正比。微小的努力將帶來微小的回報，巨大的努力將帶來巨大的回報。同樣的道理，生命靈數能指出人生中的播種與收割週期。如果你種下自私與貪婪的種子，你會經歷一段得不償失的歲月，像是財物損失或其他人將不再協助你。

你的生命靈數命盤將揭示你的潛能、長處、弱點、所面臨的挑戰，以及將學習的人生課題。每個數字都代表潛在的力量與弱點，萬事萬物都有光明面與黑暗面。你身為一個自由個體，可以選擇發揮自己最大的潛能。生命靈數家知道每個人很可能會往哪個方向前進，也知道每個人將運用或糟蹋自己多少潛能。他們之所以知道，是從生命靈數命盤的平衡或能量的傳導得知。即使擁有多年經驗，這仍會是生命靈數家最大的挑戰。舉例來說，如果某個人的生命靈數命盤整體而言，只有為數不多的1，或是完全沒有1這個數字，那麼這個人將難以擁有強烈性格，很可能缺乏動力與意志力。從另一方面來說，這個人可能充滿愛心、願意付出，而且很能與他人合作，但或許會有點軟弱。相反地，如果一個人擁有很多1這個數字，他將個性強悍，擁有個人的力量、野心與動力，但很容易變得盛氣凌人、自私、好鬥，還可能充滿暴力。這兩個例子讓我們看到一個人的生命靈數命盤要是不平衡，則必須十分小心。

生命靈數能否預測我的死亡？

生命靈數不能預測你的死亡，其他類似的科學也沒辦法。我認識一個號稱能夠預測死亡時刻的生命靈數家，那個人自己卻死在一個相當不方便的時刻，毫無準備，毀了大家一場很棒的馬球賽。

有的數字是否比其他數字好？

沒有一個數字比其他數字好。所有數字同時帶有正面與負面意涵。只有在與周遭環境的挑戰相關時，有些數字會比其他數字好，像是在職業方面。舉例來說，和4有關的數字代表優秀的會計師，帶有數字5的人則比別人更會銷售與推銷。生命靈數與6有關的人是很好的教師，與8相關則有生意方面的長才。

有時候，我們會發現自己被某些數字吸引。許多人都有一至數個特別偏好的數字。我們會被某個特定數字吸引，就像我們會偏好某些顏色一樣。表面上看來，這類的吸引似乎是隨機的事，但科學已經證實顏色會影響我們的心情與行為。反過來也是一樣：特定顏色會反映我們內心的狀態。數字也以同樣的方式與我們的內在連結，我們的偏好是有原因的。數字也能揭露我們的本性，甚至可以影響我們內心的感覺。

在我們內心非常深處的地方，每個人都知道數字不只代表數量。數字1到9代表著原型。每個數字都有自己的特徵或個性：有創意的3，有活力的5，負責任的6，以及哲人般的7等等。或許這些性格全都存在於你身上，但有些會比其他明顯。某個數字的性格與你內在同樣特質之間的連結，讓你在無意識中感受到那股吸引力，對某個數字特別有感覺。

客觀來說，沒有一個數字比其他數字好，因此偏好某一個或幾個特定數字，純粹是主觀感受。

怎樣才能得出我的數字命盤？

生命靈數主要由一位數字1到9組成。唯一的例外是具有特殊意義的二位數字，本書稍後將再做解釋。因此，所有相關的計算非常基本，只需最簡單的加加減減，就能從你的姓名與出生日期找出個人數字。

姓名中的字母都對應著數字。依照字母順序，每個字母都代表一個數字，例如A是1，B是2，C是3等等。由於只有前九個數字會派上用場，因此1到9會重複循環。每個字母代表的數字如下：

A = 1
B = 2
C = 3
D = 4
E = 5
F = 6
G = 7
H = 8
I = 9
J = 1
K = 2
L = 3
M = 4
N = 5
O = 6
P = 7
Q = 8
R = 9
S = 1
T = 2
U = 3
V = 4
W = 5
X = 6
Y = 7
Z = 8

以下以「Mary」這個名字示範如何計算。從右方表格，我們知道可以把「Mary」這個名字換算成以下數字：

M = 4
A = 1
R = 9
Y = 7

21

第三章還會從「表現數字」進一步介紹姓名的生命靈數。

生命靈數有一套將較大數字轉換為一位數字的標準方法，例如「Mary」這個名字相加起來為21，那麼就再把2和1相加變成3。以下是其他範例：

- 81的計算方法是8＋1＝9。

- 124是7（1＋2＋4＝7）。
- 222是6（2＋2＋2＝6）。

有時候必須經過兩個步驟才能得到一位數字，例如：

- 39要計算兩次變成3。
  步驟一：3＋9＝12
  步驟二：1＋2＝3
- 86變成5。
  步驟一：8＋6＝14
  步驟二：1＋4＝5

生命靈數最困難的計算只有這樣！

生命靈數背後的邏輯是什麼？

生命靈數最基本的前提，就是人生以及整個宇宙是一個有秩序的系統，而數字反映了其中的秩序。數字本身就帶有秩序。

我們面對生命靈數這個問題時，就像是在面對人生這個更廣闊的難題一樣：生命有意義、有秩序，或者宇宙隨機又混亂？

這個問題有三種可能的解釋：一、宇宙被隨機與混亂支配；二、宇宙擁有無窮無限的秩序；三、隨機與秩序同時存在。

混亂是一種無秩序、沒有宏大意義的狀態。這樣的事物狀態意味著宇宙由隨機事件宰制，缺乏有秩序的法則。事實上，物理學、數學、生物、化學、天文學等自然科學，全都奠基於自然法則的秩序，甚至是可預測性，因此我們知道這個假設並不真確。此外，如果宇宙是由不可預測的事件主宰，就不會有長久的架構。相反地，宇宙不只有形式與架構，還會以精確、有秩序的方式改變。

我們隨時隨地都在目睹這樣的改變：白天變成黑夜，黑夜變成白天。冬天後頭跟著春天，秋天接著夏天而來。蘋果長在蘋果樹上，無花果長在無花果樹上，從來不會混淆。從次原子的世界到星辰銀河的世界，秩序存在於萬物的每一個面向。因此，我們可以排除先前問題的第一種可能性：人世間至少有某些秩序。

但一切都是有秩序的嗎？我們看著生命最基本的原點時——去氧核糖核酸（DNA）的世界、分子的世界，以及正在成形的胎兒，我們會看到令人驚嘆的序列在眼前展開。DNA是深奧的秩序，這個模板製造出數十億又數十億擁有相同特徵的人類：兩隻眼睛，十根手指，十個腳趾等，卻沒有兩雙眼睛是一樣的。這又讓人看到DNA粒子驚人的創造力與能量。

孩子的孕育與出生也是能夠說明秩序的驚人例子：要有卵子與精子才能出現受精卵，接著還需要九個月讓胎兒完全成長、準備好來到這個世界。此外，人類的生長模式基本上也是一樣：我們出生時是嬰兒，接著進入少年、青年、成年、壯年、老年，最後死去，生命曲線始終一致又穩定。自人類出現在這個星球，兩百萬年來都是一樣的。

如果我們抬頭仰望星辰，注視行星，我們還會看到更多宏偉的秩序。造物過程沒有隨機，這是所有自然科學的基本原理。

然而，每個人都經歷過我們覺得是任意、隨機的事件。我們要如何調和腳下與頭頂上的事實，在生命似乎永遠充滿無法理解的隨機事件的同時，接受我們的身體是宏大秩序的產物？

看第一眼時，我們似乎被迫承認秩序與隨機同時存在。但等一下——我們擁有愈來愈深的認識時，我們不都承認宇宙的秩序比我們原本以為的多？舉例來說，僅僅在三十年前，心臟病與癌症被大部分的人視為生命中隨機、可怕的事件，然而在今日，我們相信相關疾病通常源於我們每日的生活習慣與飲食形態。人們會得這兩種疾病，有著非常符合邏輯的原因。因此，它們是秩序的產物。疾病沒有變；唯一變的是我們對它們的瞭解。

許多所謂的「自然災害」，像是飢荒、旱災、土石流等等，通常被視為隨機事件。一直要到晚近，我們才發現這類天災的起因通常是人類的無知。確切來說，我們試圖操弄基本秩序時，一直不曾擁有夠宏觀的視野（現在也是），我們無法瞭解生命中所有的變數。

此處的重點在於，我們把哪些事物視為隨機出現，其實會隨著知識的進展改變。在此同時，我們對於基本秩序的理解也在增加。不要忘了，先前我們視為隨機的事件，其中的基本秩序始終都存在，只是我們看不到、隱而不顯而已。

我們對秩序有了愈來愈深的認識之後，感受時空的方式也會產生變化。我們都有過這樣的經驗：無法解釋同時發生或「超感覺」（extrasensory perception）事件。這些經驗違反我們對時空的一般感受。我們將此視為不尋常的事件，但其實它們真正的作用，是讓我們一瞥理智無法瞭解的基本秩序。

這樣的基本秩序僅能透過直覺才能完全理解。儘管如此，最先進的量子物理科學正在證實這樣的基本秩序。

量子物理學家費傑夫・卡普拉（Fritjof Capra）在《物理學之道》（*The Tao of Physics*）中指出，科學家目前已經發現所有現象之間共通的一致性。正如卡普拉所言，宇宙的特性之一，是所有現象之間擁有「基本互相依賴性」（fundamental interdependence）。此外，量子物理學家尼爾斯・波耳（Niels Bohr）強調，相關理論的主要結論是，我們無法在不造成錯誤的前提下，讓物質宇宙的任何一部分與其他部分分開。此一現實的新圖像基本上是靈性的圖像。

我愈來愈認為，人類性靈的發展是一種意識的提升，也就是個人變得完全意識到自己是宇宙不可或缺的一部分，人與宇宙是一體的，是造物者的一部分。這種形態的意識遠遠超乎理性思考所能得出的結論。這種層次的理解不同於理性知識，根源於觀察、認知，以及更為深層的體認。通常人在冥想時能夠得到這樣的體悟，但也能在許多其他狀況下領悟。

然而，科學正在試圖理解這樣的東西。卡普拉指出，量子力學的研究讓我們看到，宇宙的基本現實雖然並非用理性一看就馬上明白，卻是一個萬事萬物互相關聯的巨大整體。

在古代，這樣的認知構成所有自然與靈性科學的基礎。事實上，自然科學只是用來發現宇宙基本秩序（也就是神）的工具。在這樣的認知下，出現了稱為「生命靈數」的靈性科學。

生命靈數建構於這樣的基本整體，這個整體以非常緊密的方式貫穿我們的一生。舉例來說，我們的名字與出生日期都和我們最深的內在連結在一起，而這是我們的理智無法立即明白的。然而，我們的直覺卻能夠感受到這樣的關聯並加以詮釋，幫助我們進一步瞭解自己的人生。

為事物命名並非表面上看起來的那樣，而且也非理智的結果。為事物命名反映了我們對那樣東西的本質的深層感受。命名來自於我們的連結，也就是我們對於那個東西的直覺感受。

舉例來說，英文的「storm」（風暴）這個字的母音與子音的特殊結合，讓我們感受到一股無形力量的移動與力道。Storm。念出這個英文字，你就會感受到。

另一個例子是「力量」一詞。字詞命名了事物，但同時也讓我們體驗正在命名的事物：Power（力量）！念出「power」這個英文字時，我們的下顎有爆裂移動的感覺，我們一邊念，一邊也真的感受到力量。

「Love」（愛）這個字則輕輕擁抱你，讓你感受到這個字的意義。

每一種語言裡的每一個字，都完美反映了語言使用者命名的事物的感覺與精神。有些人會說，用來命名事物的字詞一開始不過是隨機被選擇，然後才和我們的內在感覺融為一體。然而，我們對於聲音的瞭解，來自於人類的原型與存在之中無意識的部分。這和我們能夠欣賞音樂很類似；不管你是音痴或是音調天才，我們所有人都擁有分辨音樂與混亂噪音的天賦。音樂是和諧的事物，並且存在我們的體內。

同樣地，大自然也充滿了各種事件，訓練我們將某些特質與聲音連結在一起：雷電的爆裂聲，小河的潺潺流水聲，飛翔鳥兒的振翅聲。

我們內心對於音樂與和諧的理解，使我們依據自己對於事物內在天性的看法來命名它們。所有的語言都源自人類使用者的天性，也代表了這些天性。

這一切都指向一個單一且不可思議的重要事實：聲音與時間都源自於和諧與宇宙秩序。

這就是生命靈數的源頭。生命靈數家認為，我們每個人都擁有一個完美的名字，這個名字可以反映我們內在的天性或本質。那個名字是聲音的集合，那是旋律。非常深層、完整無缺。簡單來說，那就是你。

每個數字各自具有什麼特性？

每個數字可被視為一個原型，代表我們每個人或多或少擁有的特質。你可以這樣說，每個數字都是一種原型特質，例如數字1擁有野心進取的特質，數字2則是被動與合作。從這樣的角度來看，生命靈數與神話擁有許多共通之處。如同每個希臘神祇都擁有一組絕對的特性，每個數字都擁有單一本質。

更進一步來說，數字1代表陽剛、強烈的驅力、個人主義與決心。數字1永遠不會和數字2搞混。數字2的特質是感性、女性化、合作、溫和。數字1的個性與數字2相反，而數字2又以一種不同、但同樣深刻的方式與數字3相對，數字3又是數字4的相反，數字4是數字5的相反，以下皆同。

每個數字的個性都相當清楚，一旦熟悉之後，就能預測每個數字對任何情境的反應。

在此同時，每個數字在每個特質區塊都有細微差異，並隨著它們在命盤上位置的不同而增強或減弱。此外，某些數字是其他數字的互補；正確的組合會增強或輔助彼此。同樣地，某個數字也可能限制其他數字的效力。如果相反的數字出現在命盤上非常突出的位置，可能會帶來強大動能，但也可能代表內在衝突。

你在閱讀本書時，將會發現我是依據每個數字所處的位置來描述它們，我會考量它們在命盤上的位置。閱讀本書每一章節的數字介紹後，你很快就會孰悉它們的特質。

數字就像人一樣，要不斷去瞭解才會熟悉。每個數字的性格、特性與氣質不可能窮盡。舉例來說，和1有關的數字就像是踏著性格男星約翰・韋恩（John Wayne）的步伐一樣，雙臂擺動，極富男子氣概，而且似乎隨時準備好應付任何情況。和3有關的數字則天性快活，走路蹦蹦跳跳。另外，7是狂熱的讀者；4知道金錢的價值，但8知道如何賺進大筆鈔票，而且也很會花。另外還有一些比較不明顯的特質，你讀完本書後會更進一步瞭解，並且把相關資訊運用在自己與他人的生活之中。

每一個人的性格、特質或氣質，都由1到9中的一個基本數字代表。如同人類的DNA分子由四種基本核酸所組成，排成複雜、獨特的螺旋階梯，基本數字1到9也各自代表九種人類特質的原型。這九種原型以獨特的方式排列在我們的生命裡，形塑了我們擁有特定優、缺點的獨特性格。

九個數字不只象徵九種特定原型，也代表九個發展階段。我們每個人都得歷經那些階段，才能成長，達到人生的成熟境界。本書將以這些數字來描述人類個性，以及我們在人生旅途中會經歷的各種循環。

從較為細緻的象徵心理學例子來說，數字9本身的形狀包含一個有引線的圓圈，代表一個循環的完成與回到起點，此外，此一數字形狀也顯示，不管是哪一個數字加上9，將會回到原本的自己。舉例來說，如果你把9加上5，你會得到14，如果接著把14的1和4相加，你就會再度得到5。8加9等於17，如果接著把1和7相加，就會再度得到8。除此之外，數字9的一個重要面向，就是它代表完成與分離，也就是讓我們回到新起點的最後終點。這些從不同觀點看待9的方式（此一符號的形狀、數字的奇特性，以及9在生命靈數裡代表的意義），揭露了彼此緊密關聯的特性。

很有趣的一點在於，所有數字的代表符號都反映了那個數字的天性。柱狀的數字1反映了這個數字的獨立性、領導能力，以及力量。謙卑、易感、圓滑的2象徵著耐力：很容易壓抑，很容易鎮服，卻具有彈性，而且就像春天一樣會再度復甦，比1還要快爬起來。

3代表自我表現、口語藝術、熱忱與靈感，是所有數字中最富想像力的一個。這個特點反映在3開放、吸引人的形狀。3準備好擁抱這個世界的一切，以及這個世界以外的事物。

方正的4實事求是，穩穩立在地上。4是支撐其他數字的地基與岩石，代表限制（通常是自己設下的規矩）與紀律。這個數字永遠不是個夢想家。

數字5是所有數字中最生氣勃勃的一個。這個符號似乎順著中間的地方轉了一下。不論是什麼事，5至少會嘗試一次，而且5的天性就是前後都是開放的。

數字6是所有數字中最有愛心、最犧牲奉獻的一個。這是具有母性／父性的一個數字，看起來充滿了愛。

數字7是思想家與隱士。這個數字追尋事實，讓我聯想到一個伸出手的睿智老人。他的手裡提著一盞燈，在追尋答案的過程上照亮前方的道路。

數字8代表靈魂與物質生活之間的平衡。這個符號以兩個上下疊在一起的圓圈，代表著天堂與人間。

數字9讓整個循環完整。9和6一樣是愛心十足的數字，但6是對家人、朋友與社群送出愛，9則是把自己的愛給全世界。

你把數字運用在特定的人與情境時，會看到許多細微的不同之處。很快地，你將發現數字不只可以啟發你，還能帶來樂趣。

為了向讀者介紹數字的性格，我在接下來的段落簡短摘要了數字的特性。此外，某些二位數字也具有特殊意義，被稱為「卓越數」（Master number，也就是11與22）及業債數字（Karmic Debt number，也就是13、14、16與19）。底下也會介紹這些數字。

數字1是所有數字中最獨立、最反傳統、最具個人主義的數字，代表開端、源頭、創新、創始，以及個人主義者的獨特性。1陽剛，具有強烈的勇氣與領導特質，野心勃勃，充滿目標。1擁有方向，不會懷疑自己的行動路線。1頑固，具有強烈的是非對錯感，具有高度精力與動力，專心奔向自己的命運。1是一個催促人起而行的數字。

2是所有數字中最和善的一個，代表合作、圓滑與手腕。2是王座後面的力量；2是一個有支撐作用的數字，常常扮演顧問角色。2非常女性化、非常委婉。數字2深情、脆弱、謙虛，熱愛音樂與所有形式的和諧。2討厭直接的衝突，容易受傷，不太能接受批評，不過也具有強大的恢復能力。2是和事老。

數字3是所有數字中最具玩心的一個，具有創意、帶有靈感，讓人充滿動力。自我表達與溝通是3的核心特質。這是個隨遇而安的數字，樂觀又熱情。3的精力源源不絕，不斷向外擴散，而且通常分散各處。3可以帶動身旁的人；享受生命，不會把事情看得太重。這是個陽光數字。

數字4是所有數字中最實際的一個，而且敏銳地觀察著細節。4是個充滿秩序、有條理、有方法、一絲不苟的數字，值得信賴、準確、可靠。4說到做到，誠實、值得信賴，從不欺騙。4嚴格、厭惡改變。4需要可預測性，喜歡習慣與例行公事。4是所有事業的地基，4是岩石與基石。

數字5是所有數字中最有動力的一個，具有說服人的力量；5是發起人與出類拔萃的推銷員，多才多藝、適應力強，喜歡試驗跟探索。此外，5聰明、機智、直來直往，擁有絕佳的反射能力，可以同時處理眾多計畫，很容易分心，熱愛感官享樂與立即的滿足。5熱愛冒險，充滿勇氣，這是旅遊家的數字。

數字6是所有數字中最充滿愛心的一個，與其他所有數字和諧共處。6熱心奉獻、關懷他人、充滿同情心、保護他人、培育他人，而且負責、犧牲奉獻、不求回報。6是一個居家數字，具有婚姻與家庭導向，而且擁有社群意識。6是教師與治癒者，關心弱者。6充滿直觀的藝術天分與創造力，是天生的工匠。此外，6也是充滿母性／父性的數字。

數字7是所有數字中最具靈性的數字，追求真相，重視精神層面、善於分析、專注、熱愛思考、喜愛沉思。7會累積知識與智慧，喜歡智力與抽象思考，能看到深層的東西，具有理解力、追求自我，通常獨立於世。7是一場精神與內在的旅程，是科學家、哲學家、傳道者、學者與哲人，代表著反思、單獨與平和寧靜。這是隱士的數字。

數字8是所有數字中最重視結果的一個，代表物質與性靈世界的平衡。這個數字充滿力量、野心勃勃、重視金錢，但也很慷慨，知道錢只是一種工具。8是擁有遠大夢想與偉大計畫的領導人和商人，也是監督者與管理人。8充滿力量、堅忍不拔，不完成目標不罷手。8是賭徒，善解人意、寬容、心胸寬大。這是夢想家的數字。

數字9是所有數字中最具人道主義的一個，犧牲奉獻，不求回報，樂於給予、願意與人分享，照顧他人。9是政府人員、政治人物、律師、作家、哲學家，總括來說，9是理想主義者，擁有全球意識、聰明、能整合一切，具有創意與藝術家天分。9是建築師、庭園規畫師、設計師，能結合色彩與原料。9離群索居、高貴、具有貴族氣息，也是眾人的療癒者。

數字1到9代表完整的人類特質。它們是九種原型，有著無限組合。如同三原色是這個宇宙數百萬種顏色的基礎，數字1到9構成每個人獨特的性格基礎。

卓越數

11與22兩個二位數字雖然根植於一位數，但需要特別強調與留意。這兩個數字被稱為「卓越數」，因為它們擁有的潛能多於其他數字。它們擁有高度精力，難以掌控，需要時間、成熟度與很大的努力才能整合進一個人的人格。

數字11是所有數字中最具直覺的一個，代表著啟示，也是通往潛意識的通道；11擁有不需理性思考的洞察力，敏感，也具有緊張不安的精力、害羞、不切實際。11是夢想家，擁有2的所有面向，但比2更強烈，更具魅力與領導能力，能夠鼓舞他人。這個數字具有天生的二元性，有11就會有動力、內在衝突，以及其他催化劑。這個數字未能專注於超越自我的目標時，可能造成內在的恐懼與害怕。11遊走於偉大與自我毀滅之間。11能夠成長、穩定下來與發揮個人力量的潛能，在於接受直覺式的理解與性靈真相。11不太能從邏輯中得到這樣的平靜，必須在信仰中追尋，這是一個心靈數字。

數字22是所有數字中最強大的數字，通常被稱為「建築大師」（Master Builder）。22可以把最具野心的夢想變成現實，是所有數字中最可能成功的一個。22擁有11許多具有啟發性與直覺性的洞察力，但又擁有4的實在與執行方法。22擁有無限可能，又擁有紀律。22能看見理想原型，但也能以某種實際的方式讓理念成真。數字22和11一樣，可能輕易從自己的宏大目標中退縮，進而引發龐大的內心壓力。11和22都會強烈感受到壓力鍋效應，特別是在早年。22必須努力實踐超越個人成就的目標，以獨特的方式服務整個世界。

本書各章節還會繼續介紹卓越數。

業債數字

生命靈數源自於一個古老概念：我們每個人都是一個靈性的存在或一個靈魂。我們會在世上不斷輪迴，以達到更高的悟道階段。

在多次冗長的輪迴進化之旅中，我們會累積智慧的財富，做出有益來世的良好選擇。我們會犯錯，也會濫用自身天賦。為了矯正這樣的錯誤，我們可能會承擔額外的重擔，以學會特別的一課，彌補先前在人世間沒有學到的課題。生命靈數把這種負擔稱為「業債」。

代表業債的數字有13、14、16與19。這些二位數字出現在核心數字（也就是最重要的數字，包括生命歷程數字、表現數字、內心欲望數字、個性數字與生日數字），以及人生階段各循環週期時，將具有極大的重要性。每個業債數字都有其獨特性，以及自身的特定難題。

你計算命盤時，可能會遇到數字1、4、5或7，特別是你的核心數字與各種循環週期。這些一位數字將來自各種二位數字的相加，例如數字1可能會來自二位數字10（1＋0＝1）、19（1＋9＝10，1＋0＝1）、28、37、46，這些數字的加總都是10，然後10再加總得出1。然而，只有19才指向業債數字。此外，業債數字也與數字4、5、7有關。這些數字可能得自一連串的二位數字，但如果是來自13的4、14的5、16的7，業債數字就必須和一位數字一併解讀。

業債數字可能出現在命盤中不同的位置，例如可能是生日或姓名字母的加總。換句話說，如果某兩個人的命盤上都有業債數字，但出現在不同的地方，那麼這兩個人的業債數字會有相當不同的表現。因此，此處我只列出業債數字的一般性格，詳細情形還得進一步剖析。

13 業債數字

擁有業債數字13的人，不管做什麼事都得很辛苦才能成功。阻礙擋在他們的路上，必須一次又一次地跨越。這樣的人可能常常覺得肩上擔子很重，因為似乎怎麼努力都徒勞無功而沮喪，因此可能遇到困難就想放棄，直接拋下自己的目標，一開始就認為不可能成功。部分擁有業債數字13的人，會陷入懶惰與負面情緒，但努力並非真的無用，只要努力工作，堅持達成目標，成功伸唾手可得。商業、藝文界、運動等各行各業許多高度成功的人士，都擁有業債數字13。

擁有業債數字13的人，成功關鍵就是專心。他們往往不能集中精力，未能專注於一個特定方向，把精力分散在許多計畫與工作之中，結果每一樣都表現平平。擁有業債數字13的人，容易屈服於走上快速捷徑的誘惑，然而成功不會那麼容易就送到面前。擁有業債數字13的人最後會悔恨，又想要放棄，結果就是自信低落，認為自己不可能有所作為。

為了專心，你一定得維持規律的生活。秩序是成功的基本要件。你必須幫自己訂出時間表，記下重要約會，按表操課。好好掌控你的周遭環境，永遠不要拖延。如果能努力不懈，你將得到極大的報酬。

14 業債數字

業債數字14源自前世對人類自由的濫用。擁有此一業債數字的人，將不斷被迫適應變化多端的環境，以及出乎意料的突發事件，很容易淪為藥物與酒精濫用的受害者，也容易縱情聲色，如美食與性。你必須控制自己。為了克服這個業障數字，你必須事事中規中矩，不能過度。

擁有業債數字14的人必須過著規律的生活，而且一定要讓情緒保持穩定。此外，你必須願意適應人生中的意外事件，在同一時間依舊專注於自己的目標與夢想。彈性與適應力是你最基本的挑戰。讓周遭環境井然有序，可以讓一個人維持清楚的頭腦，並專注在目標上。唯有保持穩定的心智與情緒，才能在外在運氣改變時堅持下去。

業債數字14的關鍵是保持堅定的目標。這類人的生命會像雲霄飛車上下起伏，但如果堅定心志，堅持做對的事，則永遠能朝著正確方向前進。幫自己設定遠大目標，一生之中，盡量過規律的生活，避免縱情於感官享樂，保持信念。最重要的是不要放棄夢想與目標。擁有業債數字14的人將充分體驗生活，只要一直懷抱遠大夢想，便能成功並大幅提升靈性。

16 業債數字

業債數字16——一旦命盤上出現這個數字，便代表舊事物的毀滅、新事物的誕生。16代表消失的自我，以及所有16幫自己建構的東西。16是一個分水嶺，是一次徹底的重來。所有過往、所有一個人和生命源頭之間的阻隔，將統統被摧毀。透過數字16，一個人將能與偉大精神（Great Spirit）重逢。

這可能會是個痛苦的過程，因為這通常發生在極度的自我膨脹之後，結果就是一個人在自我與神聖旨意之間掙扎。生活會挑戰你的宏大計畫，你可能會感到憎恨，感到掙扎。這是一場打不贏的戰爭，面對一敗塗地時，你很可能感到卑微。不過，這股謙卑將是你後來成功的關鍵，因為你將學習遵循更高實相（higher reality）給你的提示。舊事物消滅之後將帶來靈魂的重生，你會有全新的生命體認。這樣的重生會影響你生活的每一個面向。失敗之後，生命將更為美好。

擁有業債數字16的人，一定要慎防自負的毛病。命盤出現這個數字的人，太常因為自己高度的直覺能力與出眾的才智，看不起別人，把世界上其他人都視為次等人。這會造成強烈的疏離與寂寞感。此外，這樣的性格還會招致報應，因為以自我為中心的人，失敗時會比任何人摔得更重。核心數字出現16時，失敗的過程與重生將是不斷的循環，而那其實可以讓人擁更高的自覺，更能回歸生命源頭。

如果謹慎看待，業債數字16將可帶來一連串的進步，讓性靈有著深遠的成長。把你的生命交在神的手中，你將會培養出堅定的信仰。有了這樣的信仰後，感恩與祥和的心情將深深種在你心裡。

19 業債數字

帶有業債數字19的人，將學習獨立自主與適當運用權力。你會被迫自立自強，常被獨自拋下。你的人生將充滿奮鬥，必須面對困難並想辦法克服。

帶有業債數字19的人，人生一個主要課題是：你很頑固，拒絕他人的協助。你的獨立很大一部分來自你對自我的要求；你就是不肯聽別人的話，也不願意接受他人的協助與建議。如果你無法接受人必須互相依賴的現實，也不肯承認人人都需要愛，業債數字19可能會變成你為自己設下的牢籠。

帶有業債數字19的人最重要的課題是：你試圖自立的時候，你依舊是人類，你和別人有很深的牽連，你需要別人的支持與協助，以及所有人都需要的體諒。帶有業債數字19的人，將會以痛苦的方式學到「沒有人是一座孤島」，以及我們的確都是「人群中的一分子」！

從以上的介紹，你可以看出數字同時代表人類天性中最好與最糟的部分。生命靈數以獨特的方式，幫助你瞭解自己的個性，讓你有機會利用自己的長處，並且克服自身弱點。

生命靈數處理的議題是「內在的你」；你性格中很重要的一部分，往往藏在不準確或不完整的看法或期待之中。你對於自己的看法肯定是不完整的，因為你在看自己的時候，一定帶著主觀的態度。生命靈數可以讓人從較為客觀的角度看自己，揭露自己可能沒意識到的那一面，或是被低估的性格影響與潛力。生命靈數是讓人發現自我、改善自我的強大工具。生命靈數可以增進你的人生品質。

第二章

你的生日——時間入口

我們不做自己想做的事，然而我們必須為了自己是誰而負責——這是事實。

——哲學家沙特（Jean Paul Sartre）

如果說有一個時刻代表全然的轉變，那就是你出生的時刻。在那個瞬間，你踏入時間之門，進入一個新現實——人類生活的現實。你放下從前的記憶，以最純粹的狀態進入形體世界：尚未被這個世界碰觸；尚未受到影響；尚未受到限制；不受概念、期望、評判、自覺意識的束縛（難怪周圍每一個人馬上就愛上你！）。

然而，即使是在那個瞬間，你已是一個擁有獨特性格的人，就像是你的DNA一樣，你的一切都存在於潛力之中，就像正揭開序幕的一齣戲。

你的人生的確像是一齣戲。出生是開幕，死亡是落幕。這齣戲歷經了各階段的準備，但一直要到你出生才真正展開。所有演員都站到台上時，他們已經準備好自己的部分。他們的性格已經設定，舞台也準備好了。布幕拉起的那個瞬間，這齣戲是角色、導演、樂師與觀眾一同構成的作品。

同樣地，你出生的那個時刻大致定下了你的人生。你的整個人生是已經被準備好的作品。你有最終的自由，過你想要的生活：你可以發揮全部的潛能，也可以決定不發揮，一切都要看你付出的努力與你願意承擔的責任。由你做決定，要把自己內在的潛在生命中發揮到什麼程度。那是你的選擇，從這個角度來看，你出生的時刻以暗示的方式說明了可能的你。

生命歷程數字

生命靈數表中最重要的數字來自你的出生日期，也就是你的人生揭開序幕的時刻。這個數字被稱為「生命歷程數字」，那是即將上演的一齣戲的情節。生命歷程數字讓你大致瞭解自己在這次輪迴中，會遇到哪些契機、挑戰與人生議題。

如何找出生命歷程數字

你的生命歷程數字是出生月、日、年的加總。

要找出你的生命歷程數字，首先要把生日年月日轉換成一位數。舉例來說，假設你生在1964年12月25日，12月是一年中第12個月分，要讓12變成一位數，就把12的1和2相加，得出3。

要把25日變成一位數，就把25中的2和5相加得出7，因此數字25是7。

要把1964變成一位數，作法是1＋9＋6＋4得出20，再將20中的2和0相加得到2。

現在我們要找出生命歷程數字，請把這些一位數統統加在一起。以這個例子來說，我需要把3、7、2相加（3＋7＋2），得出12，然後把12的1和2相加得出3。

我用另一種方式說明這個步驟：

12月＝12（第12個月分）＝1＋2＝　3
25日（第25天）＝2＋5＝　7
1964年＝1＋9＋6＋4＝20；20＝2＋0＝　2
總和　12＝1＋2＝3

這個生命歷程數字是3。

得出生命歷程數字唯一正確的方法，就是把生日年、月、日先變成一位數，然後把這些一位數加在一起。絕對不要把這三個數字直接相加（12＋25＋1964）。

只有相加一位數這個辦法，可以正確得出你命盤中可能出現的卓越數（11和22）。如同本書第一章的解釋，卓越數是計算命盤時，唯一不要化約為一位數的二位數字。

舉例來說，假設你生於1948年5月29日，我們可以用以下方法算出你正確的生命歷程數字。

5月是第五個月分＝　5

29日＝2＋9＝　11（11是卓越數，不要化為一位數）

1948年＝1＋9＋4＋8＝　22（22也是卓越數，不要化為一位數）

總和　38　38＝3＋8＝11

生命歷程數字11是卓越數，不要化為一位數。

把所有數字相加，然後化為一位數，是生命歷程數字的錯誤算法，你將得出不正確的生命歷程數字。以下示範的是錯誤的算法：

5月＝5

29日＝29

1948年＝1948

總和　1982

1982＝1＋9＋8＋2＝20；相加20中的2和0得出一位數2。

用這個辦法得出的生命歷程數字是2，而不是11。你會錯過卓越數。

在我的課堂上，我常會碰到花很多時間試圖加加減減的學員，因為他們想讓命盤中出現卓越數。這是出自對卓越數的誤解。

命盤中擁有卓越數的人，一生將面對相當嚴苛的挑戰。這類人的天性高度矛盾。從一方面來說，卓越數暗示優秀的潛能，以及某些高度發展的能力。從另一方面來說，卓越數代表內在的高度緊張。這種緊張源自於想要成就某些崇高理想的深層欲望。命盤中出現卓越數代表原型的影響，或是高度專注的精力引導這類人在生命中朝著某個目標走。

11和22被稱為卓越數，不是因為它們是數字家族的主人，而是它們象徵一個人的精神世界存在著強大能量。那股精力如此強大，可以輕易掌控一個人的人生。事實上，那股力量會變成一個人的主宰。擁有卓越數的人所面對的挑戰，在於他們必須掌控那股精力，依照自己的選擇來運用。

瞭解與運用卓越數是一種漸進的過程，一個人通常要成熟之後，才能完全掌控自己的卓越數。到了那個時候，卓越數才會帶來真正的報酬。

1 生命歷程數字

如果你擁有生命歷程數字1，你是天生的領導者。你堅持自己做決定的權利，你要求思考與行動的自由。你充滿決心，不屈不撓。一旦決定目標之後，不會讓任何人、任何事阻擋你。你會履行責任，保護你所愛的人，提供他們需要的事物。你要求人們尊敬你，把注意力放在你身上。重大事物沒有照你的方式進行時，你會惱怒不安，甚至專斷獨行。

你必須感覺自己掌控著重要事物，拒絕擔任輔助的角色。你會試著讓自己站在最顯眼的地方，鎂光燈必須打在你身上。

你具備過人的創意與原創性，擁有不尋常的性格。你處理問題的方式很獨特，有勇氣離開前人走過的路。你對於自己與他人的缺點可能感到不耐煩。

你非常執著於自己的身分地位，會擺出自滿與成功人士的外貌。你希望讓自己看起來很富有，這股欲望會驅使你讓自己成長、成功，並且追求生活中的精緻事物。

你必須小心自私、自滿與過度看重外表的毛病。你必須避免過度的狂熱、憤怒與侵略性。如果無法控制這些特質，你將變得過度跋扈、心懷惡意，甚至充滿暴力。能依照自己的方式行事時，你可以表現得最好。理想上，你應該擁有自己的建築或工藝事業，當自己的老闆。緊緊抓住人生夢想，用天生的毅力實現美夢。你一直受到驅使的天性，可能讓你感到過度的壓力。小心不要暴飲暴食，你要持續做自己喜歡的運動。對於一直自我鞭策的人來說，競賽性的運動常會是健康的發洩方式，尤其是需要跑步或游泳的運動。不要讓驕傲與過分自信成為你的主人。記住，你的天分與才能是上天給你的禮物，你應該感激、謙卑，而不是自大自滿。

生命歷程數字是1的人，只要能充分利用自己的動力、創造力、原創性與創始的精神，通常能在生命中成就許多事。你多才多藝，前途不可限量。你可能會被商業、軍事或政府機構所吸引，前提是你要能擔任領導者的角色，並用自己的方式做事。

2 生命歷程數字

你的天性關鍵字是「調停者」。你擁有藝術家的靈魂，極度細膩、易感，還有點害羞。這些特質是你的長處，也是你的弱點。你擁有強烈感知自身與他人情感的能力，這種敏感性格可能會讓你退縮並壓抑自己強大的天分。你擁有眾多美好特質，感性與感知能力只是其中兩項。

由於你直覺就能知道人們要什麼，知道他們有什麼感受，所以你很能融入團體，並且在分歧的意見之中，想辦法讓大家和諧共處。

你享受音樂與詩歌，需要身處和諧的環境。

你擁有審美觀，喜好均衡與韻律。你擁有治癒的能力，特別是按摩、針灸、物理治療與諮商服務等領域。

然而，你的感性也可能是你失敗的原因。你極度纖細的自我很容易受傷，可能會過度看重別人無心的評論或批評。由於你容易受傷，你可能會隱藏自己對身邊事物的想法與意見，這點可能會帶來大量的怨氣與怒氣。

你太常避開紛爭以避免衝突。

你發揮強大的內心力量時，將發現自己擁有巨大的能力，你能夠將困難的情境導向對自己的目標有利的方向。察覺自己內心的力量，將能在必要時刻帶給你運用自身力量的勇氣。

你是個敏感熱情的愛人，你的洞察力讓你注意到伴侶的需求與欲望，幾乎像是變魔術般巧妙滿足對方。

然而，你覺得自己受到不公平的待遇或是被拋棄時，你的反應可能會極度負面，有的時候甚至口不擇言。你的善解人意、外交手腕與組織天分讓你成功解決棘手的任務。你願意站在鎂光燈之外，只要事情成功就好。事實上，你常是王座後的力量。然而，你完成工作之後，人們不是每次都會知道你付出的心血。你的角色會被低估，你的成就會被忽視。與其傷心自己不受重視，你必須勇敢面對那些看不起你的貢獻的人，為自己的成就挺身而出。你需要安全感、舒適感，以及安靜的環境，被所愛的人包圍。你在家庭與工作環境方面是完美主義者。你擁有絕佳品味，這點從你的私人空間就看得出來。你是個很好的伴侶，富有幽默感。朋友喜歡找你，你很貼心。你是其他敏感人士的避風港，他們喜歡你的陪伴，你懂他們。當你找到人生中的利基時，擁有過於常人的成功天分與智慧。找出能發揮你纖細天性的工作，你要當連結他人的接合劑。

諮商、教學、治療等領域能使你成功，為你帶來滿足感。此外，你也特別適合音樂、建築、廣告、農業、工業設計、時尚、鐘錶修理與其他精緻機械等職業。政治與法律讓你能運用特殊的協調與問題解決天分。

3 生命歷程數字

生命歷程數字是3的你，擁有絕佳創造力與自我表達的天分。許多作家、詩人、演員、音樂家的生命歷程數字都是3。你聰明機智、很能侃侃而談，而且喜愛鎂光燈。你擁有豐富的表達性藝術天分，可能會在很年輕時就受到吸引，想要成為藝術家。然而，你必須遵守紀律、全心投入，真正開發自己的能力後，才能發揮藝術天分。專注奉獻與辛苦工作是你發揮才能的不二法門。由於你擁有表達自我的天分，可能成為眾所矚目的焦點，大家的注意力都放在你身上。然而，你很容易變成到處社交的花蝴蝶，浪費自己的天分。你的創意可以帶來自己想要的舒適與奢華，但必須保持專心並維持紀律。你是樂觀主義者，遇到挫折很快就能復原。你熱愛社交、廣受歡迎，你陽光般「隨遇而安」的個性能夠鼓舞他人。你可能會過度大方。許多生命歷程數字是3的人不太能管錢，因為他們做事沒有計畫，不是很認真看待自己身上的責任。你情緒化，容易受傷。被傷害的時候，你會躲在沉默之後，最後用笑話與笑聲再度現身，掩飾自己真正的感覺。沮喪時，你可能會變得情緒化、憤世嫉俗。你會語帶嘲諷，這可能會令身邊的人痛苦。你正面地運用表達天分時，可以帶動整個世界的氣氛，讓別人開心起來，並且為自己帶來許多成功與快樂的時刻。

4 生命歷程數字

生命歷程數字4的人實際、腳踏實地，擁有強烈的對錯感。一絲不苟，井井有條，做什麼事都有方法，掌控一切。解決問題時擁有決斷力，而且能夠一步一步採取理性的步驟。一旦決心要做一件事，就不會輕易放棄！

你不是熱中「一夜致富」的人。建立事業或職業生涯時，你會長時間努力工作，為自己打下結實的基礎。你嚴格、堅持、不屈不撓，相當具有成功潛能，但是你必須努力不懈，克服經常遇到的限制。正義與誠實對你來說是神聖不可侵犯的美德。你為人可靠，值得信賴，你是社群的基石。

雖然你不是個理想主義者，你願意努力讓世界變得更好、更理想。然而，你可能過於執著於自己的想法，有時會太快評判身邊的人。你忠於所愛的人，能與他人一起合作。你是團隊的一分子，擁有自己的責任及明確義務，然而值得注意的是，責任範圍不與他人重疊時，你會表現得比較好。你必須小心，不要太愛指揮與領導他人。你擁有罕見的紀律與毅力，不是每個人都跟得上你的腳步。

你能夠小心處理金錢，喜歡儲蓄帶來的安全感。你熱愛工作，通常很早就展開職業生涯。由於天性喜歡有條有理，容易變得僵化、固守傳統，可能會在必須改變時過度小心，導致機會現身卻未能掌握。你必須努力讓自己擁有彈性。你很適合婚姻，通常是負責任又慈愛的父母。然而，任何違反你強烈秩序感的事件，像是分居或離婚，可能會使你無法承受。你容易變得過度執著，甚至產生報復心，尋求你自己定義的正義。

你勇敢、奮鬥到底。你是建造者與任何事業的地基。你努力工作、腳踏實地、擁有傳統美德，你會因為這些特質，得到自己尋求與應得的獎賞。

5 生命歷程數字

你的性格關鍵是自由。你熱愛旅遊、冒險、變化，以及認識新朋友。你擁有貓一般的好奇心，渴望體驗生命的一切。只要沒有被綁在一個地方，你喜歡同時參與很多件事。你喜歡變化、新東西與新的眼界。你很容易就交到朋友，你性格歡樂，可能吸引到各行各業的人士。你擁有帶動他人的神奇能力，適合從事銷售、廣告、公關、推銷、政治，或任何需要溝通技巧與吸引大眾的職業。你可能缺乏紀律與秩序，也可能一時衝動做出或說出日後會後悔的事。生命歷程數字是5的人，有時不能掌控自己自由自在與渴望冒險的性格，引發藥物濫用、大吃大喝或過度縱欲等問題。性、食物與其他感官經驗是你享受人生很基本的東西。你很難忠於一段關係，然而一旦下定決心，你可以像老狗一般忠實。你擁有多種天賦，多才多藝，然而要能成功，就必須遵從紀律、專心一志。如果缺乏紀律與專心，你會展開許多任務，但統統沒完成，看不到自己的能力帶來的真正果實。如果你努力工作，堅持不放棄，沒有什麼難得倒你。小的時候，你可能被大人看成野孩子，也是家人頭痛的對象。然而，選擇職業時不要太過倉促。你通常是大器晚成型的人，需要體驗生活，然後才能真正明白你的心要什麼，並投入自己的心力。你的挑戰來自於學會自由的真諦。你的世界一直在改變，你需要適應力與勇氣。試著規律運動，保持靈活體態。身體的柔軟與耐力會讓你更有安全感與自信。你渴望自由，你會被自營業強烈吸引。你的挑戰是固定於一個領域，完整培養自己的能力，直到你能靠那個領域吃飯並獲得成就。一旦找到你專屬的領域，你帶給他人的動力與啟發，將回饋你莫大的報酬。你會遇到支持你、幫助你的朋友與同事，他們會讓你踏上成功之路。

6 生命歷程數字

你擁有強大的憐憫心，喜歡服務他人，關心弱者與受壓迫的人。你可以治癒和幫助他人，並且安慰貧苦之人，常把肩膀借給別人哭泣。

你人生的任務是培養真正能幫助他人的方法，而不只是同情聆聽。你必須在協助與干涉他人的人生之間取得平衡。同樣地，你必須學習提供他人意見的高深藝術，你必須學會放手，讓別人自己處理生命的難題，不要剝奪他們必要的人生經歷與人生課題。

你天性穩定和諧，因此當他人遭遇困難時，你有能力協助他們，提供依靠。

負責是你的天性——你常會填補他人留下的空缺，你會願意犧牲自己。有時候，你會覺得負擔過重，承受著他人的擔子。然而，別人也會用愛來回報你。

你試著在家庭或團體之中維持和諧、平衡一切，融合分歧的事物。你追求婚姻，常常是很好的父母。你會提供孩子溫暖與保護，並能夠理解他們。

你慷慨、仁慈、富有吸引力，別人常會欣賞你，甚至是愛慕你，而你自己不瞭解原因。你謙虛，但也有極深的自尊。你動作優雅，但必須努力才能維持身材。多做運動，少吃你愛的甜食與乳製品，不要讓自己變得又圓又胖。

年輕時你必須小心，不要為了錯誤的理由而選擇伴侶。不要讓感性影響你的決定，特別是在選擇配偶的時候。你需要被人需要，但必須學會分辨，有些是你能幫的人，有些是關心他反而會害他軟弱的人。

畢竟，你的天性會讓你被我們之中較弱的兄弟姊妹所吸引。

你所面對的誘惑與危險，在於你會把自己看成救世主，把別人的重擔扛在自己肩上。

你擁有音樂天賦，也擅長視覺與表演藝術。然而，由於你願意犧牲奉獻，也或者你無法完全瞭解自己的天分，你的創造力因而受到了壓抑。這不代表你不能在這些領域出類拔萃；相反地，你擁有天賦，只要努力，就能在數種藝術領域成功。

你也擁有極佳的商業天分。魅力十足是你的優勢，你可以利用這點輕鬆吸引人們，讓他們助你一臂之力。

你可能會成功的其他職業，大都與以下領域有關：治療、教導、招待客人、管理公寓或政府組織，以及所有與照顧動物有關的職業。

7 生命歷程數字

生命歷程數字7是真相的尋求者與追尋者。

你清楚且強烈地感受到自己是靈魂的產物，因此你的生命歷程會致力於探訪未知的事物，你會尋找生命祕密的答案。

你擁有處理人生課題的天賦。你機智聰明；長於分析式及抽象式思考，能夠維持高度的專注力。你熱愛研究，喜歡腦力拼圖，一旦擁有夠多的線索，就能發揮高度想像力，看出事物全貌，找出實際的問題解決法。

你喜歡獨處，偏好獨自工作。你需要時間思考，不能被其他人的想法干擾。你是一匹孤獨的狼，靠著自己的想法與方式過活，因此，你很難結交朋友，與他人維持親密的夥伴關係，特別是在婚姻這方面。你需要自己的空間與隱私。有人打擾你的時候，你會極度沮喪與不耐煩。

然而，當你的人生平衡時，你同時具有魅力與吸引力。你會是派對的中心，享受在觀眾面前表演。你喜歡展示自己的機智與知識，這讓你在別人眼中極具吸引力，特別是異性。

不過你有明顯的極限。你在社交場合慷慨大方，自由分享你的注意力與精力，但你會深刻感受到「下台」的需要，回到自己孤獨的巢穴。你認為安寧來自於自身世界不受干擾的隱私，因此親密關係對你來說很困難，因為你像母獅看守小獅一般，保護自己的內心世界。

然而，注重隱私與喜愛獨處可能會讓你與世隔絕，孤孤單單。你會注意到人生中的空虛感。有一部分的你想要有人陪伴，擁有親密的友人，但那部分可能無法被滿足。

如果與世隔絕發展到極致，你可能會變得憤世嫉俗、疑神疑鬼。你可能會生出不可告人的自私動機。人們可能會察覺到這點，在你身邊時因此會感到不自在。你必須小心，不能太過與世隔絕與獨立，不讓別人愛你，使自己一直無法體會友誼與親密關係帶來的真正快樂。

你必須特別小心自私及自我中心的毛病。你會把自己當成宇宙的中心以及唯一重要的人。社交接觸會讓你知道該如何看待自己與人生，過度與世隔絕會讓你變得太狹隘，甚至是完全抗拒這個世界。

你私底下可能會嫉妒其他人很容易就能建立關係；你會覺得別人沒有你那麼害羞，或是能更自在地表達自己。你可能會嚴厲批評自己為什麼不能更合群、更有威嚴，或是更能領導他人。

你的人生挑戰是保持獨立，但又不感到孤單與無足輕重。你必須緊緊守住自己獨特的世界觀，同時開闊自己的心胸，接受人群與別人提供的知識。

你擁有學習、分析、尋找人生重要課題答案的能力，你具有潛力，能夠在一生中高度成長、高度成功。中年階段，你將散發歷練與智慧。

兩千五百多年前的畢達哥拉斯常被稱為生命靈數之父。他熱愛數字7，因為7具有巨大的靈魂潛力。

生命歷程數字是7的人，常常能在以下領域成功並獲得滿足：商業、科學、宗教、保險、發明、神祕學，以及任何與研究有關的事物。

8 生命歷程數字

生命歷程數字為8的人是天生的領導者，擁有累積龐大財富的能力。你在生活各領域具備非凡的管理天賦，特別是在商業與財務方面。你瞭解物質世界，單憑直覺就知道一個事業需要什麼東西才能做起來。你的才能不在於簿記或瑣碎的管理，而在於宏大的願景、目的，以及長遠的目標。

你是個夢想家，有點不顧一切。你有能力鼓舞他人加入你的追尋之旅，然而別人通常看不到你所看見的東西。因此，你身邊的人需要你不斷的引導、鼓舞與激勵。你必須刺激他們行動，引導他們追尋你的願景。

所有生命歷程數字中，8最能帶來財務方面的成功，但必須努力。

你的人生挑戰是達到更高的超脫，你要瞭解權勢得用在增進人類全體的利益。生命歷程數字是8的人，如果不瞭解金錢的真實與相對價值，將注定承受貪婪的後果，最後甚至失去一切！

你必須學習從失敗與挫折中站起來。你擁有最終勝利者的性格與彈性。生命歷程數字8的人，經歷的重大挫敗絕不會少，可能遭遇破產或財務困難，但又擁有天賦與絕佳膽識，能幫自己創造一筆以上的財富，還能建立許多成功的事業。相較於大多數的人，婚姻失敗會讓你付出格外慘痛的代價。

即使人生充滿考驗，你依舊能享受富裕的物質生活，以及隨之而來的權勢帶來的滿足感。

最適合你的行業包括商業、財金、不動產、法律、科學（特別是歷史、考古學與物理）、出版，以及管理大型機構。你天生會受到具有影響力與領導權的位子吸引——你在眾多領域都能發光發熱，政治、社會福利工作與教學是其中三種。

你擅長判斷他人性格，很能吸引對的人到身邊。

大部分生命歷程數字是8的人喜歡大家庭，有時會讓其他人長久依賴自己，要實際上並沒必要。雖然生性快活，你不是很會表達自己的愛與情感的人。

你特別容易受到奢華與舒適的吸引，地位對你來說十分重要。你必須小心入不敷出。你的生命歷程數字踏在危險的權力道路上——墮落與腐敗也等在那裡。你可能會變得太自以為是、傲慢、跋扈，唯我獨尊，認為別人的方法都是錯的。這不可避免會帶來孤立與衝突。你最容易傷害的人是你的親朋好友。

要小心不能變得過於固執、褊狹、傲慢、缺乏耐心。生命歷程數字是8的人，可能會在早年就發展出這類性格。他們之所以會學到這些負面特質，常常是因為專制的父母、家中充滿壓迫的宗教氣氛或教條。

生命歷程數字是8的人通常擁有強健的體格，象徵他們天生的力量與耐力。

9 生命歷程數字

你是慈善家與人道主義者，關懷社會，重視世界情勢。你擁有深厚的同情心，是個理想主義者，也是烏托邦主義者，會窮盡一生試圖實踐烏托邦美夢。你會奉獻自己的金錢、時間與精力讓世界變得更美好。你覺得施比受更有福。

你對人生有宏觀的看法，比較容易看到大圖像而非小細節。你天生就能吸引各行各業的人，他們能夠融入你宏大的計畫，幫忙處理你不感興趣的部分。生命歷程數字是9的人通常不帶成見，不接受社會對他人的偏見。他們評判一個人的依據，是他們能做些什麼幫助人類。他們是真正的平等主義者。

你具有想像力與創意，特別是你能夠和諧安排環境中潛在的美。相關能力可能會引導你進入室內裝潢、園藝藝術與攝影等領域。然而，由於你具有強烈社會意識，你也能成為有力的政治家、律師、法官、牧師、教師、療癒者與環保人士。生命歷程數字是9的人通常會從事需要自我犧牲、對社會有明顯影響的職業。

你常會對人生中的現實感到失望，也就是他人或你自己的缺點。從某個角度來說，你不願接受世界不完美的地方，這種感覺會一直驅使你，讓你想改善這個世界。然而，你不會滿足於自己或他人的努力，你會鍥而不捨一直努力，希望達到更大成效。你經常對結果感到不滿。簡言之，這個世界能使你更充分地享受人生，但你無法那樣看事情，你無法接受這個世界天生的限制。

你擁有調配自如的熱忱，有能力完成你開頭的東西。

你的關鍵性格是你感到必須犧牲奉獻。你必須學會放棄物質財產與人際關係。你的人生課題是不論何事，只要握太緊就會帶來痛苦。

錢財會以神祕、意外的方式來到你面前：遺產、被你所做之事感召的人的捐贈，或是一筆幸運的投資。

相反地，如果你為了錢而追逐錢，放棄自己較為遠大的夢想，你很可能會發現自己兩手空空。

最能讓生命歷程數字9的人心滿意足的成功道路，就是給予、分享，以及為了遠大目標犧牲奉獻，不求任何回報。你成功的最大契機，在於把個人財富用於讓這個世界變得更美好、讓他人過得更好。這通常能帶來高度的成功與賺錢的事業，讓你和家人過得富裕。你人生不變的道理是給得愈多，得到的就愈多。

你生性浪漫，但你的愛比較不是針對個人的愛。你傾向專注於自己的夢想。

你無法與真正的天性和平共存時，可能會喜怒無常，或是變得冷漠、孤僻。你可能會變得膽怯、優柔寡斷、忘恩負義，認為自己的問題都是別人或這個世界的錯。你有能力遠距離、客觀地檢視自己的人生，你要對自己誠實。你願意敞開心胸面對自己的缺點與長處時，將會身心平衡，也能更愛自己、愛整個人生，對自己與生活有進一步的瞭解。

11 生命歷程數字

你具有鼓舞他人、啟發他人的潛力。你精力充沛、直覺過人。你的心裡有很多事，早年常常會被誤解，造成害羞與退縮的性格。你擁有的潛力比自己知道的更多。

你會刺激你進入的每一個情境。你會在不自覺的情況下激勵他人。你似乎全身散發你未能掌控的精力，使你充滿力量，但有時會情緒混亂。

你是「上」與「下」資訊流通的管道，介於原型與相對世界之間。你不需要理性思考就擁有點子、想法、理解力與洞察力。你的意識與無意識之間似乎有一座橋樑，讓你擁有高度的直覺，甚至連心靈資訊都能在你腦裡流通。

這些特質加起來使你擁有高度創造力。大部分的發明家、藝術家、宗教領袖、先知、歷史上的領導人物，11都出現在他們命盤的顯眼位置。

由於你充滿大量精力，你會經歷雙面刃的後果。你擁有強大的能力，但過度自省、過度自我批判，常會感到高度自覺。在某個層面上，你知道自己很突出。就算試圖融入周遭環境，也常會感到自己引人注目、疏離、格格不入。

你受到上蒼眷顧，人生帶有使命，你將扮演獨特的角色，但你必須充分培養自己，好好利用那個機會。在你成熟之前，你應當著重在內在發展，而不是你命中必須達成的遠大目標的能力。因此，生命歷程數字為11的人看似大器晚成，但他們只是比一般人有更多的人生課題要完成。因此，你一直要到三十五至四十五歲的成熟期之後，才會享有真正的成功，那時你在人生道路上已經走得更遠了。

你可能時常感到沮喪，主要原因是你對自己擁有高度期待。然而這些期待可能不切實際，還可能讓人一事無成。你可能弄不清現實，希望有一棟摩天大樓，但其實只需要一棟兩層樓房就夠了。

你可能也會一時感到困惑、缺乏方向感。這會使你失去信心，掉進沮喪的深淵。你會有這些情緒問題，是因為你不瞭解自己的感知能力與潛力。你強烈希望自己成就遠大的抱負，然而你缺乏自信，不認為自己有能力完成夢想，而這可能會讓你極度沮喪。你感到自己擁有巨大潛能，所以必須有強烈的自信才能完成自己的夢想。自信是你發揮潛力的重要關鍵。

單純從身體健康的角度來說，你必須保護自己的神經系統。由於你高度敏感，非常容易感受到壓力。長期沒得到紓解的壓力時常會導致憂鬱。你必須找到安寧和諧的環境，以及令人放鬆心情的音樂。飲食要健康，讓自己重新找到平衡與平和的人生。

生命歷程數字是11的人，是生命歷程數字2的加強版，擁有2的眾多特質與天賦。你可能極度具有外交手腕、圓滑老練。此外，你有耐心，能與人合作。你很能融入團體，以某種方式在分歧的意見之中創造和諧。你喜愛音樂與詩歌，需要待在和諧的環境之中。你擁有審美能力，喜好均衡與韻律。你擁有治癒的能力，特別是按摩、針灸、物理治療與諮詢服務等領域（生命歷程數字2列出的所有職業也適合你）。

你和生命歷程數字2一樣，是敏感熱情的愛人，你的洞察力讓你能注意到伴侶的需求與欲望，並幾乎像是變魔術般巧妙地滿足對方。但是當你自覺被不公平地對待或是被拋棄時，你的反應可能會極度負面，有時甚至會口不擇言。

你是個很好的伴侶，富有幽默感。

當你找到人生中的利基、開始發揮真正潛能時，你早年遭受的試煉會得到加倍的回報。

22 生命歷程數字

22是所有生命歷程數字中最強大的一個，可能也會是最成功的。22提供你極端的人生可能性：從一方面來說，你有潛力成為「建築大師」，有能力感知原型世界的重要事物，並在相對世界中建構出來。另一方面，你可能會變得晦澀難懂，超越不了一個人的力量所能做到的事。

你的力量很珍貴，那股力量存在於你的理想與願景之中，你必須鼓舞他人，讓他人參與你的夢想。唯有運用眾人集合在一起的力量，你才有辦法湊足必要的元素（人力、點子、資源），讓目標成真。

因此，你的生命歷程數字需要戲劇性的發展。你必須整合自身看似相互衝突的性格。舉例來說，你具有鼓舞人心的願景，但你天生是個講求實效的人。你會發展自己的天賦，和各式各樣的人融洽相處，這使你理解眾人，團結形形色色的人，讓眾人為一個單一目標共同努力。你可以把眾人結合成一個齊心協力的整體。你的人生課題是把握最低底線，讓眾人為夢想攜手合作。

簡言之，你是個腳踏實地的夢想家。

你是優秀的企業家與政治家，天生就能瞭解大型機構，有能力以全球性的高度來思考與行動（你也適合做數字4的職業）。

你非常具有常識，除了有能力看到一個點子的好處與潛力，也能看到讓那個點子開花結果的實際作法。你完全不明白為什麼自己就是有辦法瞭解點子的限制，看得出什麼行得通、什麼行不通。你具有直覺天賦，能夠依據事物實際的一面衡量可行性。

在許多方面，生命歷程數字22是最前途無量的數字，但也是最難發揮所有潛能的一個數字。你擁有遠大抱負，這樣的抱負可能會變成最嚴厲的師父，不斷鞭策你實踐自己做得到的所有事。

你在所有人際關係中都是穩定的伴侶。你會提供明智的建議，不斷提供情感上的支持。你不會因為一時突發奇想而受苦，你天生抗拒情感上的激動。你的想法與行動都不落俗套，但看起來通常十分傳統。你會避免裝模作樣。

你的挑戰是分享你的願景，讓別人貢獻心力。你必須具備彈性，而這或許是你最弱的地方。你常常會對他人的能力缺乏信心，因此你傾向於掌控他人和局勢，有時忍不住會想操控。

你的生命歷程數字是你命盤上最重要的數字。不論你來到這個世界之前，有過什麼樣的個人生命史，這個數字讓你來到今時今刻，你準備好要走上這條道路。從現在起，你要在人類的限制與契機之中，繼續提升生命。一路上，你將面臨各式各樣的遭遇，那些遭遇全都反映在你的生命歷程數字上。正是因為如此，生命歷程數字有時被稱為「人生課題」（Life Lesson）數字或「命運」（Destiny）數字。

接下來的章節會探討個人與命盤數字之間的關係，你將發現其他所有的數字（源自於你的姓名與生日的數字）都與生命歷程數字有關，而且受限於生命歷程數字。你可以這樣說：生命歷程數字是派，其他數字都是食材。

生日數字

你出生的那一天有著極大的重要性，可以幫助你瞭解自己是誰，自己的天分是什麼。你的生日揭示你擁有的特殊天分。那是一樣禮物，在你人生的道路上會幫助你。如同第一章所述，你的生日是五個核心數字之一。這是最不重要的核心數字，但也是最明確的數字，可以讓你知道自己在哪一方面具有特別顯著的才能。

「生日數字」是指你的出生日數字，一位數與二位數都要看。我們之所以要用兩種方式看待這個數字，是因為二位數的生日數字暗示，除了一位數揭曉的性格外，你還有其他隱藏性格。舉例來說，15日出生的人，我們可以說他的生日數字是6，但二位數字1和5暗示了單單6無法揭曉的能力與性格。數字15帶來的基本天賦6，與24源自2與4的6十分不同（15＝1＋5＝6；24＝2＋4＝6）。這一點在瞭解生日數字時尤其重要，因此本書特別在底下另外解說三十一個生日數字。

生日數字的符號是裡面可寫上數字的鑽石（請見167頁表3.1）。

1 生日數字

你是一位領導者，擁有遠大抱負，強烈想要成功。你非常獨立自主，不喜歡與他人一起工作帶來的限制。你很容易對日常事物感到沮喪，你是先驅、賭徒與創始者。你非常具有創意，心思敏銳，頭腦轉得很快，擁有絕佳的生意直覺。經過適當訓練後，可以掌管大型組織與大型企業。

你運用資訊時有特定目的。知識在你手裡是實用的工具；你不喜歡沒有特定用處的資訊或知識。

你擁有寬廣的視野，非常能夠鼓舞他人。你的強大意志力會受到試煉，尤其是在二十八歲至五十六歲之間，不過你也有極大機會成功。

一般來說，你能接受他人的點子，然而你一旦執著於自己的計畫，也可能極度頑固。

你要避免懶惰與拖延。你容易憤怒沮喪。事情沒有馬上如你所願發展時，容易強人所難。

決心、意志與創造力是你成功的關鍵，這些特質會為你帶來眾多個人回報與金錢報酬。

2 生日數字

你非常感性、圓融，擁有強大直覺。你強烈意識到自己的周遭環境，很容易被環境影響。你喜愛美、喜愛被注意。你的感性讓你高度情緒化，很容易受傷。

你可能陷入憂鬱之中，缺乏自信。

你的天賦在於人際關係與外交技巧。你能敏銳意識到他人的想法，通常能夠調整自己配合他人，與他人和平、和諧地共處。同樣地，你具有外交手腕，能夠幫助他人找到妥協的空間與彼此都同意的中間地帶。

你可能也具有藝術與音樂才能。

你溫暖、熱情洋溢，需要親朋好友也如此待你。你希望被擁抱、被呵護。你在給予與接受情感時，容易落入孩童的模式。你喜歡別人帶給你安全感。

你非常願意合作，有同伴時工作表現最佳。你喜歡當王座後面的力量，不喜歡當台上的演員。你謙虛仁慈，擁有優秀外交技巧。你的直覺讓你能夠在他人開口之前，就察覺他們要什麼。

與其當開創者，你比較適合接續別人開始的案子。你非常注意細節，需要和諧寧靜的環境。如果沒有那樣的環境，你很容易壓力過大、敏感激動。

你是重要的黏著劑，有了你，重要計畫與團隊就不會四分五裂。別人可能不會瞭解你所有的貢獻，但你是所有計畫中不可或缺的一環。

3 生日數字

你擁有高度創意，本質上是個藝術家，在寫作、視覺或表演藝術方面可以表現得十分優秀。如果你的職業與這些領域無關，你應該考慮讓藝術成為業餘嗜好。

你具有高度想像力，頭腦動得很快，擁有侃侃而談的能力。你擁有熱誠，旁人會覺得你富有魅力，能鼓舞他人。你是絕佳的銷售員。

你很友善、喜愛社交、熱情洋溢，仁慈深情，魅力十足，但也可能陰晴不定，情緒變化很大。

從身上的衣著到家裡的裝潢，你的一切充滿著和諧與藝術性。你擁有園藝天賦，花花草草都難不倒你。

小心不要把時間與精力浪費在瑣碎的事情上。永遠都要專注於長期計畫中最優先的部分。

4 生日數字

你辛勤工作，誠懇努力，實事求是，做事小心，富有原則、一板一眼、認真負責，極度嚴肅看待自己的責任，道德感十足。

你可能自尊自重，但另一方面，你不會特別傲慢。你憐憫人們。遇到困難或性格問題時，你傾向於不屈不撓。

你熱愛家庭，是非常好的伴侶，但你不是一個非常會表露感情的人，不會明顯表達自己的愛。你通常會隱藏自己的感情。

不論是生意、職業或家庭等各方面，你永遠專注於人生的基石，你會遵守基本原則，高度理性，解決問題時不會空口說白話，也不會熱中於快速致富。你會採取緩慢、有耐性的步驟，安步當車。

你也喜愛待在大自然中。

你是天生的組織者與管理者。人們容易依賴你，特別是親戚與同事。你被視為一切事業的磐石。

你可能頑固、不知變通。你的天性是認真工作，然後等待。這可能會讓你無法找出問題的解決辦法或有創意的點子。你必須努力讓自己更有彈性。

你常感到沮喪、覺得受到壓抑。你不是一個情緒化的人，或許你並不完全瞭解情緒這件事。那就是為什麼有時你會變成無頭蒼蠅。

小心不要工作過度，偶爾要嗅一嗅生活裡的玫瑰，畢竟你喜愛與大自然融為一體。

5 生日數字

你熱愛改變、旅遊與冒險，有點像是漂泊不定的人，擁有旺盛好奇心，渴望見到遠方土地，認識異國人士。你的活動場所是整個世界。出發踏上另一段旅程，不過是遲早的事。

你擁有極佳的適應能力，需要刺激。你能與他人和睦相處，侃侃而談對你來說不是難事。事實上，你擁有推銷與公關的天賦，有些人還擁有寫作天分。你的社交技巧極度高超，能與人溝通、推銷產品或活動，是天生的推銷員。

只要不受到太多限制，你能和他人好好合作。你很難被綁在桌前或辦公室裡。除非你的人生多采多姿，隨時在變化，否則你很容易感到被禁錮、被困住。你很容易無聊、靜不下來。

你可能會有點不負責任，需要學習紀律與秩序。

你機智聰明，擅長分析式思考。可能會過度自信、任性頑固，但具有高度創意，遇到自己或他人的問題時，大都能提出行得通的優秀解決辦法。

你可能會缺乏耐性、衝動行事，也可能過度享受美食、酒精、性愛與藥物。你必須小心保護自己的健康，不要過度沉溺於感官享樂。

6 生日數字

你是個愛家的人，擁有解決爭端、讓敵對雙方都滿意的天分。你天生知道妥協之道。

你的人生課題是達到平衡，必須讓自己真正瞭解古老的基本原則，事物都是相生相剋，必須尋求和諧。不論是情感、關心他人、財務、工作或遊戲等方面，你必須去瞭解自己在什麼地方派得上用場，確切找出自己可以做什麼，以及自己的限制所在。

你擁有眾多藝術天分，能夠深入欣賞美與藝術。

你具有高度責任感，不管有沒有義務都會還債。

你關注人際關係，希望幫助他人，擁有治癒者的天賦，能夠從事與療癒有關的行業，例如營養師、另類健康治療師（例如針灸與按摩），或是醫師。

你需要知道人們感激你的付出。你喜愛被奉承，無力抵抗讚美。另一方面，批評會使你十分不舒服，你會深深放在心上。

你會為了支持和幫助他人，犧牲自己的舒適。你慷慨、仁慈、善解人意。

你可能高度情緒化，付出太多同情且多愁善感。你必須學會提供更多建設性的協助，而不只是別人哭泣的肩膀。研究與發展你的治癒技巧，可以給人生帶來更好的報酬。

7 生日數字

你擁有高度發展的心智，運用頭腦研究世界上所有的事物。你具有哲學與性靈傾向，能夠專精於單一特定領域，而且也應該這麼做，以完全發揮你的能力與天生的智能天賦。

你在面對人際關係時，傾向於理性分析。情感對你來說是一團不確定的迷霧，你通常不信任情感，有時會覺得多情的人有點幼稚、無法預測。

你擁有絕佳直覺，你應該沉思，做一些心靈的練習，發展這方面的才能。一旦你開始相信自己的直覺，就會擁有深厚的信念。

你以為事情就像表面那樣，你應該避免這種傾向。此外，你不該過度冒險或賭博。你不是那種能浪蕩度日的人，一下子就會嘗到苦果。

你偏好獨自工作，喜歡設定自己的步調。一旦開始之後，就會完成計畫。你會被科學、科技與形而上的事物吸引。

你極度感性，擁有深刻情感，然而你不會輕易分享自己的感覺，也不太會溝通。你喜歡獨處，但要小心，不要變得過度離群索居。

你可能會堅持己見，行事頑固。你必須小心，不要過度倚賴邏輯分析、鐵石心腸、憤世嫉俗。你可能吹毛求疵、自我中心——如果不小心，這些特質會讓你極度不開心，尤其是在婚姻中。一旦結婚，你通常是忠實、堅貞的伴侶。

人生的旅途中，你要盡量運用天賦，不要灰心喪志。與你信任的人分享情感，維持長久親密的人際關係。這會平衡你的精神生活，帶給你極大的寬慰。

8 生日數字

你擁有做生意的天賦，很能掌握金錢。你做生意的方式具有原創性、創意，而且大膽。你擁有良好的判斷力，需要自由發揮這項能力，要不然你在人生當中會變得尖酸而專制。可能的話，最好避免有夥伴。你非常喜歡與他人競爭，親密的夥伴關係（特別是權力平均分配時）可能讓你沉溺於詭計與操控。

你做事有效率，可以經手大型計畫。即使目前尚未掌管你的部門或擁有自己的事業，但你天生就是會坐上那樣的職位。領導是你的天賦。

同樣地，你擁有優秀的組織才能，能夠管理人數眾多的團體，引導他們望向你的願景。你很實際、有自信、企圖心、目標導向。

其他人會尊敬你這個人與你的判斷力。他們知道自己可以依賴你，你擁有完成願景的能力。

你享受挑戰，其他人的期待會刺激你行動，特別是他們懷疑你是否真的有能力達成目標的時候。

你在金錢使用方面可能十分戲劇化。你渴望彰顯自己的地位，可能會用令人印象深刻的車子或房子，炫耀自己努力的成果。

你為你的家庭感到自豪，喜愛全家福。你擁有堅毅的性格，但可能盛氣凌人、頤指氣使。你對缺點沒什麼耐性，不論是自己或是他人的短處都一樣。你甚少表達自己的情感。

你必須培養堅忍不拔、堅持下去的特質。你會遭遇眾多阻礙，你必須把阻礙視為讓自己更堅強的挑戰。你對於人生挑戰的態度，將決定你的成敗。

9 生日數字

你心胸寬闊，具有慈悲心，是個理想主義者。你應該接受多面向的教育，特別是在藝術方面。你具有高度創意，許多偉大的藝術家都擁有這個數字。

你必須真正瞭解人生，才能為社會貢獻更多的心力。你比別人擔負更多社會責任，你必須實際但又博愛。你必須擁有敏銳的判斷力，知道什麼東西可行，但同時要把這樣的能力運用在「讓世界更美好」上面。

你的挑戰是幫自己找到一個直接服務他人的職務。你愈能服務人群，就愈能得到各種層面的個人獎勵，包括物質與性靈的回饋。

9日出生的孩子，通常會花點時間決定自己想走的道路。

你喜愛社交，天生能夠吸引他人。人們相當喜歡你，甚至愛慕你。你和各行各業的人都能融洽相處。

你擁有宏大的世界觀，可以看到局勢的全貌，包括國際政治與重要社會運動。你善於表達自己的情感，但有時可能會過於戲劇化。你對哲學與形而上學有強烈興趣。9通常會吸引特殊來源的金錢，例如遺產或「走運」。

9擁有犧牲奉獻的性格，必須學習寬恕與無條件的愛。你必須避免負面的堅持。不要抓著人或事不放，只因為你覺得正義尚未得到伸張，或是某個人還欠你什麼。你的人生任務是真的放手，交由天地來審判，讓不斷進行下去的人生道路帶給你應得的必需品與獎勵。

10 生日數字

你具有雄心壯志，渴望獨立。你擁有領導能力，強烈渴望成功，人生考驗是照著自己的夢想而活——你必須有勇氣、有耐力克服障礙，才能獲得你深深希望的獨立自主。

你頭腦聰明，擅長分析，擁有絕佳管理能力，能制定良好計畫，並把人們組織起來執行你的計畫。

你常為日常事務感到灰心，如果被生活小細節綁得太緊，你會變得消沉，甚至沮喪。為了不讓自己陷入這樣的命運，你必須以審慎的態度冒險。你必須學習說出自己的理念，你是天生的開創者，不能辜負這樣的責任。

你遇到讓你有強烈感受的事物時，可能會變得頑固、不肯變通。不過你也是個忠心、犧牲奉獻的朋友，且能表露情感。

另一方面，你好勝心強。別人成功時，你可能會感到強烈的嫉妒，尤其當對方是同事或朋友。

靠著發揮天生的決心與創造力，你可以在生命中成就許多事。

11 生日數字

你是理想主義者，擁有敏銳直覺，能夠擔任優秀的輔導老師與治療者。你似乎在別人吐露內心話之前，就能瞭解他們。一般來說，你瞭解什麼東西能鼓舞他人。

你高度感性、情緒豐富、敏感激動。別人的批評很容易傷到你，別人對你不禮貌時，你需要很長一段時間才能復原。

你可以帶動所有人。你擁有夢想家的特質，通常能用自己的點子鼓舞他人，讓世界變得更美好。你的直覺與感性會使你不自覺地追求哲學與理想主義的道路。

你通常會鼓舞人們朝某個特定方向走，或是讓人們以嶄新方式生活。有你在，人們就會興奮起來。此外，你具備眾多領導才能，然而你的人生比較像是別人的榜樣，而不是一個長久或井井有條的領導者。一旦幫別人指出一條路之後，你偏好讓人們自己努力，不會直接參與領導必須處理的日常事務。

你意志堅定，一旦決定好目標，就會投注全部心力。

然而，你的感性有時會讓你跌跌撞撞。你非常在意他人的想法，而且不管你承不承認，別人的想法對你來說很重要。身處情緒風暴時，你必須努力站穩腳步。

你能與他人合作，是他人的榜樣，你的理想能夠鼓舞他人。

你在商業方面不是很成功，可能只有顧問的角色比較適合你。你是直覺而非理性思考的人，容易有戲劇化的想法與行動。你主要靠直覺來探討、解決問題。

你比較是個夢想家而非實踐家，你容易神經緊張，必須依循均衡的飲食——特別是避免過多的油脂與糖分，並要攝取礦物質，維持健康的神經系統。

你關心人類福祉，希望讓世界變得更美好。

12 生日數字

你擁有高度藝術天分，幾乎所有你認真看待的事物都會展現這一點，例如住家、烹飪、表達的方式，以及追求的藝術成就。

你想像力豐富，聰明機智。你會是派對的焦點，和眾人說笑講故事，幽默風趣。你活力充沛，身體復原得比多數人快。

你特別具有口語及寫作天分，應該培養自己在這些領域的能力。另外，演戲與其他表演藝術也是你該努力的地方。

你為人熱心，是優秀的推銷員。不管什麼情況都能充分利用，而且容易滿足。

你情緒豐富、友善、愛好社交、溫柔親切。你也可能陰晴不定，陷於情緒之中，特別是沮喪或自憐的時候。

你要小心，不要把時間與精力浪費在瑣事上，要提醒自己事情的先後順序。你成功的關鍵是專注與紀律，必須學會把自己驚人的創造力用在某一件事或特定領域，不要把精力分散在無窮無盡的領域。

13 生日數字

你熱愛家庭、傳統與社區。你是有志者事竟成的代表。

你喜歡實在的事物，但也相當具有藝術天分。你的藝術天分希望能被具體的方式表達出來。你熱愛大自然，也就是美、形式與功能的最終總和。

你是天生的組織者與管理者，能著眼於細節。你長時間認真負責工作，只要好好照顧身體，就能擁有驚人的專注力。你必須注意不要過勞，偶爾也要花點時間玩樂，聞一聞玫瑰的芬芳。

你的同事會認可你的工作紀律，並且仰賴你。

諷刺的是，你可能覺得自己尚未找到真正熱愛的工作，或是你原本沒打算踏入現在這一行。你可能會覺得自己的天賦被深深埋藏，找不到了。這可能會使你嘗試許多職業，但都覺得那不是自己真正該待的地方。

你的人生挑戰是目前在做什麼，便盡量去做就對了。你必須把手上負責的工作提升到更高的藝術境界。有什麼就發揮什麼。宇宙永遠指引著你。你必須培養信心，願意把自己投入手邊的工作。如果你拒絕培養這樣的態度，你會一份工作換過一份，一份感情換過一份。

請運用你過於常人的堅忍不拔與決心。

你可能會頑固死板，堅守既有的方式，拒絕採用有創意的新點子。這常會使你感到沮喪、壓抑。事情似乎沒完沒了，尤其是你拒絕採取新方法、繼續採用原本習慣的做事方法時。

你成功的關鍵是你必須讓生活規律、充滿紀律，並且充分利用每一個出現的機會。

14 生日數字

你熱愛改變、刺激與旅遊。你很容易無聊，需要新奇、異國的東西讓自己感到興奮、感到自己活著。你的適應力很強，改變對你來說不是難事。

你擁有文字天分，很可能擁有寫作或編輯的強大天賦。

你熱愛社交，只要沒有太多限制綁住你，你能與他人合作。你很容易感到無聊，這會讓你太快換工作與身邊的另一半。你在做出生命重大改變時，應該先好好研究一下。

你可能會過度自信、剛愎自用，但你通常也是個幸運兒與天生賭徒。

你熱愛改變的潛藏原因是高度的不安全感。在你冷靜、冷酷的外表下，你的情緒波濤洶湧，而這會反映在你的人生之中。你的生活一直在變，情緒不斷擺盪。

你的人生挑戰是讓自己固定在一個特定職業或生活形態，並且定下來，發揮過人的創造力。

你多才多藝，沒有什麼你不能做的。此外，一旦你下定決心做一件事，你也能勤奮起來。你的成功關鍵是平衡，不要只是為了逃避例行公事，就做出重大改變，也不要把改變當作情勢困難時逃避責任的方法。

你機智、善於分析，具原創性又實際，但可能會飄忽不定。一旦計畫開始，你必須強迫自己完成。

你必須避免過度自我放縱的陷阱，例如性愛、酒精、藥物與食物。

只要你能選定一個領域，把自己非凡的才能投注在工作之中，你的人生就能獲得極大的勝利。

15 生日數字

你具有高度創意與藝術天分，擁有語言天賦。不論職業是什麼，你喜愛藝術領域，特別是視覺藝術，例如繪畫、書法與雕刻。

你內心有一股渴望，希望在家庭或社區體系之中扎根，但也有一絲想要流浪的欲望，因此很難固守在一個地方。你想讓自己的生命擁有最好的東西，而且會全力以赴。

你人生的核心議題是人際關係的承諾，特別是家庭與婚姻。你必須願意鼓舞另一半發揮最大的潛能，讓自己的住家成為最佳環境。同樣地，你必須真心投入，發揮自己的才能，不要浪費了！尊重自己的才能，努力提升自己。

你相當感性。批評會對你造成負面影響，因此你通常會扮演輔助他人的角色，不願展露自己的才華。你待人的方式，就是你希望別人待你的方式。

你慷慨大方、善解人意。身為父母的你會好好照顧孩子，讓家庭穩定、充滿愛。你通常會表露情感。

你是個負責任的人，但行事低調，習慣自己做決定。你可能看起來比實際年齡年輕。除了藝術天分之外，你擁有良好的生意與財務直覺。做生意的時候，你通常是個仔細、認真的人，長期努力之後將得到報酬。

你必須留意，不要在情感關係裡變得過於軟弱。人們會看出你很好利用，或是濫用你疲憊的肩膀，發洩流淚。不要只是充當別人情緒的垃圾桶。

你擁有治癒者的過人天賦，但如果要真正幫助他人，你必須學習相關行業的實務工具。

你擁有眾多才能。只要能專心一志，堅定信念，你擁有成功的良好潛能。

16 生日數字

你無法抗拒地受到生命哲學與性靈層面的吸引，就是想要瞭解看不見的世界。從某個角度來說，你覺得自己像是地球上的外星人。你的領域是精神層面的世界。你的挑戰是想辦法把那股欲望專注在一個面向，用實際的方式去瞭解，才能有效與他人分享。

你擅長分析，能夠一針見血。你擁有絕佳的專注力。你必須發揮那點的最大功效，研究自己熱愛的主題，在相關領域得到深厚的知識。你應該讓自己專精，變成某個領域的專家。如此一來，你就有賺錢維生的本事，同時又能與他人分享自己的智慧。

你最大的危機是選擇讓自己離群索居、沉溺於精神世界，變得愛批評。這會讓你感到疏離、甚至是苦悶。此外，你也可能脫離現實，變得不切實際又愛作夢。如果你過於放縱自己，沉溺於幻想的世界，你可能會隔絕於現實之外，放棄謀生的機會。

你擁有絕佳直覺，甚至擁有通靈能力。信任你的直覺，讓直覺引導你的人生，但在運用你的洞察力時，永遠要實際一點。找出具體方式來表達自己。找一個適合自己的領域，例如科學、形而上學、哲學、心理學、教育，然後增加自己對那方面的瞭解。不過，不要變得過於武斷，不聽別人說的真話。

你偏好獨自工作，不喜歡待在團體裡，然而你可能輕易就對手上的計畫失去興趣，一定得努力讓自己有始有終。你必須擁有信念，讓機會自己現身。如果你跑去追尋，反而可能適得其反。

你非常感性，擁有深刻的情感，但不會輕易分享，無法好好溝通。心靈變化無常，難以捉摸，令你感到困擾。你必須努力瞭解這個面向的人生。

你喜歡花時間獨處與沉思，但必須小心不要太遠離人世。你不容易建立長期的人際關係，必須多花心力努力維持。

17 生日數字

你野心勃勃，擁有絕佳的生意與財務直覺。你做生意的方式具有原創性而且大膽。你是個非常獨立的人。

你是非常好的裁判，也是優秀的管理者與組織者。你擁有看到事情全貌的能力，也能瞭解其中細節，這是很不尋常的天賦。你做事有效率，能夠掌管大型計畫。

你的挑戰是避免過度執著於自己的判斷力與權力，造成不願意下放職權與責任。你很容易變成獨裁者，不管做人好不好都一樣。你會覺得眾人之中，唯有你擁有良好的判斷力，只有你可以開船，其他人都不行。

你擁有自信，對自己有很高的期望。有趣的是，別人的期望能夠刺激你，尤其他們懷疑你的能力的時候。

你通常是個戲劇化的人，特別是在金錢方面。你需要彰顯自己的地位，可能會用令人印象深刻的車子或房子，炫耀自己的工作成果。

不論是在事業或社會方面，你都擁有遠大的夢想。你擁有宏大的野心，你要在全世界都留下你的印記才肯罷休。

你熱愛家庭與家人，喜愛全家福。面對自己的事業時，你必須避免變得過於跋扈或占有欲太強。如果你能和別人分享自己的成果，你會加倍快樂。

18 生日數字

你是天生的領導者，也是具有效率的管理者，能夠組織與鼓舞他人。你天分特別高的領域包括政治、宗教、藝術與法律。你創意十足，很能抓住人們的心理。

你心胸開闊，應該接受各領域的教育，特別是藝術。許多偉大藝術家都擁有這個數字。

你通常是大器晚成型的人，選定一個職業前必須願意花點時間。你需要體驗與接觸各種類型的人，才能找到專精的領域。

你能夠與各行各業的人相處。你常常旅行，生活變化多端。

基本上，你對人類抱持很大的夢想。你想改善人們的處境，不論他們是否和你住在同一社區、同一州、同一個國家，或是身處同一個世界。

你心底最深處的滿足感將來自於此——造福他人。

你很能表達自己的情感，不過有時有一點過度戲劇化。你的外表看起來冷靜，甚至帶著一點貴族氣派。然而你的內心深處卻有一股沮喪感，覺得沒有得到人生應得的讚賞，你認為父母、同事或社群未能瞭解你的付出。

你的挑戰是學會接受與原諒。犧牲奉獻是你人生的一部分。你必須放開負面的情感，報復只會帶來嚴重的反作用力。不管是什麼事，你必須運用自己的靈魂與哲學眼光，讓自己的人生得到平衡。

你能從所有服務性質的工作中賺到錢。付出愈多，得到愈多，不論是性靈或是物質方面都一樣。

19 生日數字

你擁有堅定的決心，希望獨立自主。你通常會奮力在某個層面得到自己想要的自給自足。在努力讓自己獨立的過程中，你可能必須忍受大量的沮喪感，其中原因在於你太想要獨立，以至於忽視許多其他相互平衡的面向。英國詩人唐恩（John Donne）說過：「沒有人是一座孤島……我們都是整體的一部分。」這是你人生的核心課題：瞭解「夢想獨立」與「真正獨立」的區別。

你的挑戰是幫自己與他人開闊眼界。和別人交換想法，不要侷限在自己的觀點之中，那可能會為你帶來某種形式的牢籠。

你可能極度頑固，那是因為你恐懼。試著把人生看成一個生態體系，那是一個有著微妙平衡的生命循環，每個人都支撐著他人。

你野心勃勃，強烈想要成功並獲得權力。雖然很有自信，但你仍喜歡被鼓勵。你努力工作，不管身處哪一行，都是重要的中流砥柱。你深深投入自己的工作，而且做事穩健。人們會被那一點所吸引。

你的內心深處是個開創者；你願意冒險得到自己想要的東西。因此，你願意時常改變自己的環境，甚至是喜歡這麼做。

你情感外放，願意替他人犧牲，具有高度理想主義，但如果未能實現理想，可能會變得憤世嫉俗。

你非常感性，內心有著眾多起伏的情緒。你通常會處於戲劇性的情境，但你喜歡在公開場合控制自己的情緒，表現出一切都在掌控之中的樣子。

你擁有決心，也有創造力與創意。你擁有成功的潛能，也能獲得財務報酬！

20 生日數字

你生性敏感，非常容易受影響。你有敏銳的感知能力，能夠察覺他人感受，別人無法在你面前隱藏內心想法。你的個性讓你很容易受到環境的左右。此外，你十分情緒化，這讓你更容易受到身邊風吹草動的影響。

因此，你必須努力讓自己擁有主見，站穩自己的腳步。一旦完成這項人生課題，你就更能掌握自己的生活，生命不再那麼具有威脅性。

你特別容易被美、和諧與愛感動。

你會付出愛，而且非常需要回報。你特別需要身體的愛，也就是大量的擁抱與溫暖。你喜歡和親朋好友聚在一起，你是個合群的人，討厭孤單一人。

你擁有敏銳的觀察力，願意擔任掌權者的顧問，這是你的天分所在。你最適合當「王座後的力量」。

你比較不是計畫的開創者，而是看著計畫完成的人。你善於掌握細節，沒有什麼逃得過你的法眼。你謙虛、具有社交手腕、有禮貌，能夠用輕柔的方式引導他人用你的眼光看事情。你擅長讓他人覺得自己很傑出。

你高度感性，能夠察覺他人感受，是個體貼的人。你必須培養這方面的能力，真正看到自己是成功不可或缺的一環。你讓計畫不至於四分五裂。必要的時候，大聲說出自己的想法，但也要學習悄悄進行自己的事。你要有自信，你是眾人成功的基石。

21 生日數字

你具有高度創意，極想成功。你擁有社交天賦，能和他人融洽相處，而且一般來說很喜歡和大家在一起。

從最基本的說話妙語如珠，一直到你最重視的計畫，你都創意無限，不管做什麼都能展現創意。你聰明機智，能在眾人面前侃侃而談。你的身心充滿活力，精力充沛。

你擁有寫作與口語表達的天分，能夠成為成功的藝術家、作家或編輯。

你能夠鼓舞他人，熱力四射。有你在，社交場合不會無聊，你通常是派對的焦點。你是優秀的推銷員。

你的挑戰是穩定下來，把精力深深投注在一個專門的領域或工作。你必須培養自己、發展自己的天分，才能把人生活得淋漓盡致，否則你很容易浪擲自己的魅力與機智，浪費才智，無法做出一番事業。

你可能會緊張兮兮，甚至妄想偏執，特別是神經脆弱、想像力不受控制的時候。

你能付出很深的愛，也能熱情洋溢，然而你通常是接受愛意的那個人。原因很簡單，你深富魅力，人們會被你的性格吸引。

22 生日數字

你擁有成為領袖、組織者、機構或事業建立者的巨大潛力。你擁有願景，也能讓夢想成真。你能施展強大的力量，但另一方面，你可能會被自己的野心嚇到。你可能暗自覺得沒什麼比得上自己最初的夢，因而放棄自己的志向。如果你真的因為害怕失敗而放棄夢想，你可能會異常失望。

你的挑戰是從小事業著手，採取實際的步驟，一步一步讓事業達到最大的規模。

你具有天分，能夠看到計畫細節，也能看出該如何執行。你做事井然有序、有耐性，能夠有條理地處理問題。

你的解決辦法通常很獨特。你是個重隱私、擁有強大內心力量的人。

另一方面，你也可能緊張兮兮，強烈懷疑自己，你通常會隱藏自我。

你擁有不尋常的觀點、絕佳的直覺，你應該依賴自己的第一印象。

你既實際又具理想性，通常想用實際的方法來實踐自己的點子。你不太會單單為了炫耀，而放縱自己執行浮誇的計畫。

你擁有巨大的成功潛能。眾多對人類留下深遠影響的人，例如發明家、諾貝爾獎得主、重要藝術家與政治人物，22在他們命盤中都占有重要位子。

23 生日數字

你熱愛改變與刺激，需要這些東西讓自己感覺真正活著。對你來說，生命是一場冒險，你要活得值回票價，人生就是要夠本。

你具有高度的適應力。相較於別人，改變對你來說不是件難事。你很能處理人際關係，通常能和大部分的人處得不錯。

你擁有溝通與推銷自己的才能，擁有口說與書寫方面的天分，能夠成為優秀的作家、編輯或推銷員。

你熱情洋溢又感性。只要別人不給你太多的束縛，你能和眾人合作。你不喜歡被長期綁在一個地方，你會焦躁不安，一下子就無聊。

你多才多藝，很少有東西是你不會的。你擁有聰明的頭腦，清楚掌握人體，可以選擇醫學或健康產業等行業，你會表現良好。

你非常具有創意，幽默機智，但可能逃避責任，靠一張嘴渡過難關。這可能會導致你沉迷酒色與美食。你必須學會把自己的大量精力用在正確的地方。如果想擁有成功的人生，就必須過規律的生活。

24 生日數字

你是個以家庭為重的人，能夠修復與維持平衡、和諧的人際關係。你情感豐富，十分感性，喜歡表達自己的愛。你擁有療癒與文化藝術的天分。

你可能會過度情緒化，甚至有點像在演連續劇。你容易放大自己的情緒問題，特別是被批評的時候。

你願意犧牲自己，維持重要人際關係的和諧。你願意提供溫柔的肩膀讓人哭泣，也願意傾聽別人的心事。

你精力十足、負責任、願意幫助他人，但你同情他人的天性，可能使你介入他人的人際關係，給自己帶來麻煩。你必須知道自己的限制所在。在此同時，你必須避免被他人利用。

你在許多方面都具有藝術天分，但最可能在演戲與戲劇方面有所發揮。

在此同時，你做生意一般會很成功，因為你做事有條理、小心謹慎，而且處理起生意方面的事務特別有耐心。不過，你可能會有點不切實際，需要別人提供好建議。

你是好朋友與忠實夥伴。你會吸引可靠的人幫助你發展天賦。

25 生日數字

你擁有良好判斷力、理智，眼光銳利。你處理生活事物時邏輯清晰又聰明。在此同時，你擁有良好的直覺。如果願意聆聽，你的直覺將在人生中指引你。

你能夠深入鑽研某個主題。你的分析能力迫使你避免只看表面。這點是你最強大的能力：運用你的腦袋找出事實與資訊，深入瞭解手邊的事務，然後做出明智的決定。

你在科學、教育、哲學、形而上學、心理學方面都有優秀的表現。

你的挑戰在於你用理智分析人生議題時，不能忽視「心」。你可能很容易就偏向理智那一方，讓自己變得冷漠、愛批評，最糟糕的結果就是變得憤世嫉俗。不要讓你的理智操控一切，掩蓋體貼、同情、愛等基本人類特質。

你偏好獨立工作、設定自己的步調，一般來說是個有始有終的人。你可能擁有藝術天分，特別是在雕刻方面。

你十分感性，情感豐富，但不會輕易透露自己的情感，也不是很會溝通。你要努力開展、維持重要的人際關係，學習分享自己的情感，以及你對人生的深刻想法。信任是你在情感上能夠快樂的關鍵。

26 生日數字

你在金錢與商務方面擁有才能與天分。你做生意的方式具有原創性且大膽。你擁有絕佳判斷力，需要掌控自己所做的一切。你是個優秀的管理者與組織者，能夠看到大圖景，但可能忽略小細節。你充滿效率，能夠處理大型的計畫、事業或生意。

你是個現實主義者，自信、實際、野心勃勃。你的人生挑戰是著眼於物質目標時取得平衡，不要忽略體貼、同情、愛等基本人類特質。你的事業可能會讓你對別人麻木不仁、鐵石心腸。不要讓弱肉強食的心態變成你看待人生的唯一方法。所有人都擁有天分與業債——對自己得到的東西要懂得感恩，並盡你所能地與他人分享。

你可以十分圓滑老練，偏好靠說服而非強迫來完成事情。

你值得依靠，對自己有極高的期望。

你渴望地位，可能會用令人印象深刻的車子或房子，炫耀自己努力的成果。你可能很容易就會過度賣弄，在別人眼中顯得愛現。

你對自己擁有的東西感到驕傲，喜歡被稱讚。

你擁有堅強的性格，但可能會過度跋扈，喜歡指揮他人。你對弱點沒有耐性，不管是自己或他人的都一樣。你必須小心，不要太容易洩氣。人生會測試你的決心，以及你被打倒時有多願意站起來。不過你擁有勇氣與決心，可以克服任何困難。你不常表達自己的情感，你很難放下過去。

你為人慷慨，願意在危機中幫助他人。你可以當慈善家，成為社區棟樑。

27 生日數字

你是天生的領導者，也是具有效率的管理者，能夠組織他人、鼓舞他人。你特別有天分的領域包括政治、宗教、藝術與法律。你具有高度創意，很能抓準人們的心理。

你心胸開闊，應該接受各領域的教育，特別是藝術。許多偉大藝術家都擁有這個數字。

你通常大器晚成，選定一個職業前必須願意花點時間。你需要體驗並接觸各種類型的人，才能找到專精的領域。

你能與各行各業的人相處。你會常常旅行，生活多采多姿。

基本上，你對人類抱持很大的夢想。你想改善人們的處境，不論他們是否和你住在同一社區、同一州、同一個國家，或是身處同一個世界。

你心底最深處的滿足感將來自於此——造福他人。

你能夠表達自己的情感，不過有時有一點過度戲劇化。你的外表看起來冷靜，甚至帶著一點貴族氣派。然而內心深處卻有一股沮喪感，覺得沒有得到人生應得的讚賞，覺得父母、同事或社群未能瞭解你的付出。

你的挑戰是學會接受與原諒。犧牲奉獻是你人生的一部分。你必須放開負面的情感，報復只會帶來嚴重的反作用力。不管是什麼事，你必須運用自己的靈魂與哲學眼光，讓自己找到人生中的平衡。

你能從所有服務性質的工作中賺到錢。付出愈多，得到愈多，不論是性靈或是物質方面都一樣。

28 生日數字

你擁有領導天分，但與他人合作時最能展現這方面的才能。你主要採取和善勸說的方式，不會靠展示權威來領導。

你不遵循傳統、充滿理想主義、獨立自主，極度充滿抱負。你非常自信，但也需要很多的鼓勵。

你擁有出眾的分析能力，頭腦理性。你是優秀的出謀畫策者，擁有引導與管理眾人的天賦。你很容易因為日常事務而沮喪。你是冒險家。

你擁有開拓者的靈魂，喜歡當拓荒者。然而，一旦一項計畫開始之後，你偏好交由他人執行、運作下去。你是個很好的起頭者，但對於讓事情進行下去沒什麼興趣。

一旦你生出某個念頭，可能會十分頑固、不知變通，而且常不自知。你會執著於自己的想法，不喜歡改變；你在做事的時候，多數時間非常自我，難以妥協。

你情感豐富，喜歡展示自己的愛。另一方面，你可能會焦躁動怒，容易發脾氣。

你創意十足，能整理資料，推銷自己的點子。你是優秀的辯論家與推銷員。運用決心與創意之後，你擁有成功的潛力，能得到良好的財務報酬。

29 生日數字

你具有高度的直覺與創意，習慣圖像式思考。你似乎常有天上掉下來的資訊與點子。直覺是你的天賦，你強烈想要知道事物的共通之處。你追求性靈，不論你的職業是什麼，性靈與哲學的世界似乎都是你每日行為的中心。你感覺自己與更大的宇宙力量連結在一起，什麼都無法改變這一點。

你頭腦聰明，眼光銳利，但這些能力不是來自邏輯或理性思考。你比較可能靠靈感指引自己的人生，而不是謹慎的念頭。

就某種層面來說，你知道自己被命運握在手裡，必須臣服於形塑生命的更高力量。你通常是大器晚成型的人，三十歲到三十五、六歲前過著學徒的日子，發展緩慢。在這段期間，你會因為自己的進展緩慢或似乎毫無進展而感到沮喪。

你需要培養信念。你充滿精力，有很多潛力，但你必須培養骨氣與良好的判斷力，然後才能開始發揮真正的潛能。就像樹需要樹根才能成長，你也需要培養深厚的品格，才能開始以自己希望的方式出發，最後完成夢想。

強大的直覺使你成為優秀的輔導人員、治癒者或健康照護人員。你擁有鼓舞他人的天分。你受到許多人的愛慕而不自知。你是個夢想家，其他人會感受到你的智慧。

你生性敏感，很容易受到周遭環境的影響。你熱愛美與和諧。你渴望社交互動，希望眾人把焦點放在你身上。你可能十分情緒化，時常經歷極度的快樂與悲傷。你很容易受傷。你很容易沮喪，心情鬱悶時容易缺乏自信。

你十分感性，但也擁有領導才能。你謙虛、擁有社交手段、彬彬有禮。你擁有說服他人的能力，而且是強大的說服力。

你高度敏感的性格使你對他人具有同情心，仁慈又體貼。只要你不強求名聲與成功，你就有機會得到那些東西。想辦法幫助別人，傳遞讓世界更美好的訊息，你在這方面特別有天賦。這會讓你得到你想要的物質與社會成果。

30 生日數字

你擁有高度創意，本質上是個藝術家，在寫作、視覺或表演藝術方面可以表現得十分優秀。如果你的職業與這些領域無關，你應該考慮讓藝術成為業餘嗜好。

你想像力豐富，頭腦動得很快，擁有侃侃而談的能力。你十分有熱誠，旁人會覺得你很有魅力，能鼓舞他人。你是絕佳的銷售員。

你友善、喜愛社交、熱情洋溢，仁慈又深情，魅力十足，但也可能陰晴不定，情緒變化很大。

從身上的衣著到家裡的裝潢，你的一切都充滿和諧與藝術。你擁有園藝天賦，花花草草難不倒你。你可以成為優秀的室內裝潢師與廚師。

然而，你可能會把天分浪費在太多的社交上，不夠專注也不夠有紀律。

小心不要把時間與精力浪費在瑣碎的事情上。永遠要專注於長期計畫中最優先的部分。

31 生日數字

你熱愛家庭、傳統與社區。你是有志者事竟成的代表。

你喜歡實在的事物，但也相當具有藝術天分。你的藝術天分希望能以具體的方式表達出來。你熱愛大自然，也就是美、形式與功能的最終總和。

你是天生的組織者與管理者，能著眼於細節。你長時間認真負責地工作，只要好好照顧自己的身體，就能擁有驚人的專注力。你必須小心不要過勞，偶爾也要花點時間玩樂，聞一聞玫瑰的芬芳。

你的同事認可你的工作紀律，逐漸仰賴你。

諷刺的是，你可能覺得自己尚未找到真正熱愛的工作，或是你原本沒打算踏入這一行。你可能覺得自己的天賦被深深埋藏，找不到了，使你嘗試許多職業，但都覺得那不是自己真正該待的地方。

你的挑戰是目前在做什麼，便盡量去做就對了。你必須把手上的工作提升到更高的藝術境界，有什麼就發揮什麼，宇宙永遠指引著你。你必須培養信心，願意投入手邊的工作。如果你拒絕培養出這樣的態度，你會一份工作換過一份，一段感情換過一段。

運用你異於常人的堅忍不拔與決心

你可能頑固死板，堅守既有的模式，拒絕採用有創意的新點了。這常常使你感到沮喪、壓抑。事情似乎沒完沒了，特別是當你拒絕採取新方法、繼續採用原本習慣的做事方法時。

你成功的關鍵是你必須讓生活規律、遵守紀律，並且充分利用每一個機會。

一個人的命盤中，與生命歷程數字最緊密相連的就是生日數字。你的生日數字不僅指出你獨特的天分與能力，也反映出，遇到潛藏在生命歷程數字中的挑戰與機運時，你會抱持什麼樣的態度。

生日數字值得注意或很能帶來啟示的一點就是，如果你讓十個擁有相同生命歷程數字的人共處一室，可能很難找出他們的共通點。他們的命盤上還有其他太多數字，因此他們的外貌與行為也會有無數的相異處。然而，如果你把十個擁有相同生日數字的人放在一起，很容易就能看出他們有某些相似之處。

挑戰數字

我們每個人都有天生的長處與缺點。生命靈數把生命視為一個教導過程，目的是激發並增加我們的天賦，把我們的弱點變成長處，讓我們更完美。

我們的一生一共會面臨四個挑戰數字。對於許多人說，同樣的挑戰會一再重複，不過有些人則有四種截然不同的人生課題要學習。

讓自己成為完整個體時，你的任務是面對自己的弱點，不斷改善自己。人生道路上的挑戰，提供了你必須參與的特定人生課題。此外，為了鼓舞與幫助你，人生會把你放到特定情境中，而你必須運用挑戰數字帶來的相關性格，完成那些課題。

你這一生必須克服的四個挑戰數字，將在不同人生階段影響你，唯一的例外是「第三挑戰」／「主要挑戰」（Third or Main Challenge），這個挑戰會從出生一直持續到死亡。

挑戰數字將出現在人生的不同階段，但挑戰數字會流動，和一般週期不同，沒有限制在一定的發生年齡。所有的挑戰數字在我們出生時就存在了，如同站在舞台邊等待出場的演員。

你的「第一挑戰數字」會在人生早期出現在最明顯的位置，而且通常會一直持續到你剛步入中年的時期。到那個時候，你將已經克服了這個障礙。

完成第一挑戰數字之前，「第二挑戰數字」將影響你。這個數字會讓你在人生中段有最強烈的感受。

第三或主要挑戰很獨特，你的一生都會感受到這個數字，而且這個數字比其他挑戰數字都還要強烈。

「第四挑戰數字」（也就是最後的挑戰數字）的影響會從中年開始，一直到生命的結束。

如何找出你的挑戰數字

挑戰數字源自生日，是生命靈數中少數需要用到減法的數字。計算時請留意順序是「月」、「日」、「年」（歐洲的日期表示法是「日」、「月」、「年」，但請不要用這種順序）。

請用下面的算式找出你的挑戰數字。以下舉一個簡單例子讓大家更容易明白，現在我們一起來找出1950年5月29日出生者的挑戰數字。

一、就像找生命歷程數字一樣，先把生日的月、日、年變成一位數字，**但這次卓越數也要化為一位數**。

二、以上面的出生日為例，5月變成5；29日變成2（2＋9＝11，1＋1＝2）；1950年變成6（1＋9＋5＋0＝15，1＋5＝6）。好了，現在生日日期已經被化約為數字5、2、6。

三、取「月」和「日」的數字（5和2），大數減小數（找出兩數的差）。以這個例子來說，5－2＝3。

出生在這一天的人，第一挑戰數字是3。

四、取「日」與「年」數字（2和6），然後大數減小數，以這個例子來說，6－2＝4。

這個人的第二挑戰數字是4。

五、第三（主要）挑戰數字的算法是取第一與第二挑戰數字，然後大數減小數。以這個例子來說，第一挑戰數字是3，第二挑戰數字是4，因此第三（主要）挑戰數字為4－3＝1。

這個人的第三與主要挑戰數字是1。

六、取「月」和「年」的數字（5和6），然後大數減小數，找出最後的第四挑戰數字。以這個例子來說，6－5＝1。

這個人的第四與最後一個挑戰數字是1。

有的時候挑戰數字會重複，如上面的例子中，第三與第四挑戰數字相同。

下頁的表2.1示範了以1950年5月29日出生者的生命歷程數字、生日數字與挑戰數字

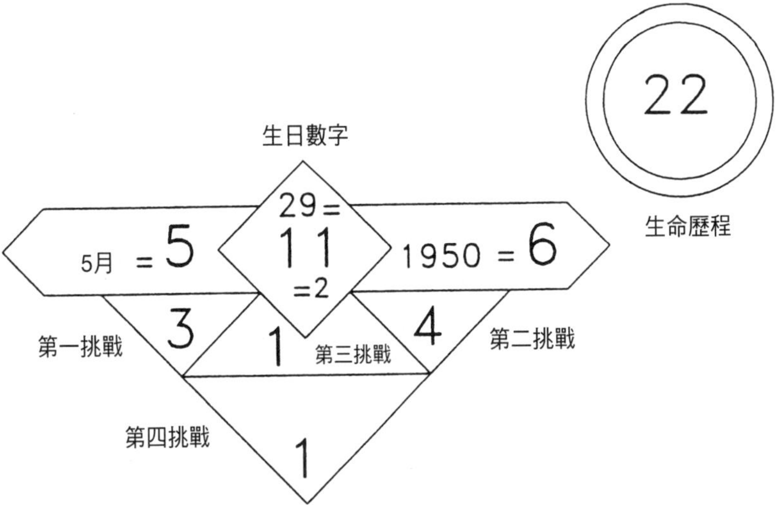

表2.1　生日命盤

排成的命盤系統與符號。

挑戰數字是少數生命靈數命盤中可以出現0的數字。如果兩個數字一樣的話會出現0（例如5月5日出生者，第一挑戰數字為5－5＝0）。此外，挑戰數字不可能是9。兩個一位數字最大的差是8（9－1＝8）。因此，探討挑戰數字時，0會取代9的特性。「挑戰0」其實是「挑戰9」。

以下是挑戰數字代表的意義。

0 挑戰數字

你投注的個人心力不足，未能努力讓這個世界變得更美好。你知道周遭窮人、病人、飢荒與其他自然災害災民所遭遇的問題與苦痛，但你不讓自己伸出援手。

你將擁有無數機會無私地貢獻，你應該在能力可及的範圍內，盡量接受這些契機。

無私的付出會帶來極大的個人滿足感。你的快樂與完成大我緊密相關。你必須服務人群，才能感到自己是人類的一分子，感覺自己與他人休戚與共。

挑戰數字0的另一個面向，則是必須去除各種形式的偏見。因為這個原因，你有機會接觸到各行各業的人。

1 挑戰數字

你必須學會獨立，被迫為自己站起來，為自己的權益挺身而出。你將面臨選擇，必須保護自認為對的東西，或者你會屈服於他人，掙扎之後才會獲得力量，瞭解自己擁有的意志力。

你必須學習堅強，信任自己的判斷力，不要人云亦云，要當你自己。整體來說，這個人生課題代表的是意識的探索，因此你必須經歷許多磨練與錯誤，有時你會爆發侵略的態度，有時你會被威脅恐嚇，內心累積許多沮喪與憤怒，直到你準備好聽從內心最深處的直覺，並且採取行動。

你將學到自己的一套價值觀，成為一個具有原創與創新概念的個體。

2 挑戰數字

你過於感性，太在意別人的期待。你壓抑自己，以避免過度引人注目。你對自己過於敏感，被壓得喘不過氣，你害怕被說閒話，因此變得羞怯。這一切造成你壓抑自己的個性與獨特性，你渴望隱身在群眾裡。

你讓自己的情感與情緒扮演過重的角色，你的過度敏感造成恐懼、羞怯與缺乏自信。此外，你經歷不必要的恐懼與情緒波動。

小事情似乎會不成比例地讓你無法克服，有時候甚至令你動彈不得。嫉妒可能造成極大的痛苦與誤解。

挑戰數字2此類的負面面向，其實有部分源自你擁有的正面特質，特別是你強大的洞察能力與直覺。你是天線，能夠接收他人的感覺；別人不必開口，你就知道他們的感受。

你缺乏內在的力量，無法支撐自己的中心，試著順從主要的情緒氣氛。

這個挑戰讓你體貼又富有同情心；你對於他人內心的混亂有著強烈的同理心，能夠做很多好事，幫助他人渡過情緒的難關。

3 挑戰數字

你是自己最嚴厲的批評者。你壓抑自己的個性與創造力。每次你想表現的時候，會在事前自我懷疑，事後無情地批判自己。你對自己比別人對你的批評要嚴苛許多。

結果就是你容易打安全牌，凡事淺嘗輒止，放任自己淺薄。你很少表達自己內心深處的東西，用幽默和打馬虎眼隱藏自己的感覺。

你常感到寂寞，獨自一人待在世上。

你害怕社交互動，說太多笑話，硬是裝出開心的樣子，會造成你和別人對話緊張。

如果你替自己的想像力找到有創意的出口，或許會有所幫助，像是寫作、繪畫、唱歌或跳舞。

說到底，這項挑戰要你展現出真正的自我。你將學習如何真正重視自己的創意天分，不管別人的批評。你必須把這樣的事視為培養個人獨特性，在過程中，你將成為一個完整的人，獨立自主，不需順從他人。

4 挑戰數字

你通常是個生活一團亂、缺乏組織的人。你不切實際，容易幻想沒什麼價值或沒有未來可言的計畫或可能性。

你必須學會分辨什麼可行，什麼又不可行。

你很難完成計畫，因為你的願景雜亂無章，弄不清前方的路。

你必須學會留意細節，讓生活整齊有秩序，要有效率。

你擁有腳踏實地和組織事物的能力，但你必須瞭解這些特質的價值。這會讓你把這些特質納入每天的生活，讓自己擁有成功的基礎。

挑戰數字４帶來的挑戰，在於為自己的人生建立持久的地基。你需要具備耐力且不斷地努力。快速致富的手法會讓你事與願違；不斷努力是未來幸福的關鍵。

5 挑戰數字

你可能見異思遷。你渴望體驗與享受生命，這可能會讓你拋下其他應該先做的事。你對於自由的渴求掌控著你，你什麼都想試、什麼地方都想去。

你必須小心不要過度放縱，甚至依賴酒精、暴飲暴食、藥物與性愛。

你必須努力建立並維持長期的人際關係。多包容、體諒別人，會讓你的生命出現更多不只是酒肉朋友的人。

你必須控制自己，不要事情一不如意，就想馬上改變。把手上的計畫做下去，維持你擁有的友誼，不要出現了一絲困難，就馬上拋下那個人或那個情境。

如果命盤上的數字5不多，你比較會害怕改變，不肯放手，不肯讓某個人或某件事過去。這會讓你一直活在過去，限制你的成長。試著謹慎地冒一點險，大膽一點。

6 挑戰數字

你面臨的挑戰是扭曲的理想主義。你的理念不切實際地高，讓你和別人的人生都不好過。你很難滿意自己做的任何事，也很難滿意別人為你做的事。你不知感激，無法看見人生的美麗之處。你也可能想法僵化，以致無法看清這個世界，無法看見已經出現的美好事物。

挑戰數字6帶來的基本挑戰，在於你戴著馬兒的眼罩，無法看到開闊的視野，以為自己擁有全部的答案，這會使你接收不到能幫助你的資訊與觀點。

你誠心想要服務他人，這卻可能讓你看不到自己也必須促進內心的成長。

你可能跋扈，表現出正義凜然的樣子，時常告訴他人什麼是對的、什麼是錯的。你常會感覺別人不懂得欣賞你。

這是教導與治癒他人的人群服務契機，但你必須在自己的理想主義與抗拒個人轉變之間，擁有平衡的眼界。

7 挑戰數字

你對於無法證明的東西，都抱持高度的懷疑，特別是你不相信與性靈相關的事物，很難找到合適的人生觀，無法擁有平和的心境並透視人生目的。

你壓抑內心許多天生的愛好，因為它們不符合你的理智與理性思考。

你需要你現在壓抑的那一部分內在：你內心世界的孩童。

所有非理性以及與生命整體相關的性格，你全都抗拒於門外，包括勇氣、幽默、嬉鬧與直覺。

你的挑戰是找到某種人生觀，強迫自己顯露其他許多基本性格，最好還能遇到能給你其他觀點的社群。如果你無法這麼做，寂寞與孤單正等著你。

你必須學會擁有信念。想一想人生有很大一部分是由看不見的事件所組成時（想法、情感、眼光、愛），你就能夠開始瞭解，生命中只有很小一部分存在於你的感官之中。你可能會過度自傲。你可能會經歷讓自己謙卑的深層轉變，釋放內心被禁錮的自我。

8 挑戰數字

你可能會讓金錢與權力變成人生最主要的事項。你對於變成有錢人的欲望，掩蓋了你其他的人性特質與靈魂的幸福。

挑戰數字8造成你對金錢的關切，勝過其他所有需求，並影響你所做的一切。你讓自己冒著成為希臘神話中邁達斯國王的風險。你能夠點石成金，卻把自己隔絕於生命其他事物之外。

對於許多擁有此一挑戰的人來說，他們容易變得太唯利是圖，可能會想要冷酷無情、不講道德的生意手段，甚至跨越法律的界線，為自己與他人帶來痛苦。

你正在面對非常實際的性靈考驗，你必須瞭解「人無法只靠麵包過活」。如果你能跨過這道障礙，你將達到真正的性靈與物質平衡，讓自己成為一條強而有力的河川，為他人帶來源源不絕的滋養，而不是一座封閉的湖，死水一攤，再也無法供養生命。

挑戰數字的重要性，在於它們帶出十分明確的缺點。我們意識到自己個性中的特定缺點時，就能努力克服。如果沒有這份自覺，我們將持續受害；缺點會一直存在，導致你無法體驗更圓融、更令人滿足的人生。

你的生命歷程數字、生日數字與挑戰數字都來自你的生日。這些數字與你進入這個世界、變成一個獨特個人的時刻有關。這些數字彼此相關，運用的時候應該相互參照。

生命靈數最具挑戰性的部分，或許是命盤上不同數字的關聯，以及數字之間如何相互影響。不過，只要多加練習、抱持開放的心態，很快地你就能更深入、更加清楚地瞭解自己與他人。

第三章 你的名字不是個意外

領我自不真實至真實！
領我自黑暗至光明！
領我自死亡至永生！

——《廣林奧義書》（*Brihadaranyaha Upanishad*）

我將人們出生的那一刻稱為時間之門。你的靈魂跨越那道時間之門、進入這個世界時，你的名字是你真正的共鳴，那是你靈魂的樂章。名字可以被視為樂譜，充滿著律動與細微變化。這樣的律動與變化並不是隨機跟著你，而是一點一滴精確反映了屬於你的共振實體。此外，你的名字也代表著自你出生的那一刻你所繼承的個人史。不論你經歷過什麼，那個過去形塑了你這個人。

歷史上對輪迴轉世有眾多說法，但不管真相為何，你進入這一世的時候是一個獨特實體，這個實體的外貌受到某種轉世的影響。那就是你。

許多人辯稱他們的名字是父母取的，而且是被任意決定的。然而我認為我們的父母在替我們取名時，潛意識會受到我們的震動影響，因此取了那個名字。他們依據在我們身上感受到的震動，給出一個聲音。拼錯字或最後一刻改變心意，是一個細微的調整過程，讓我們最後得到最適合的名字。

你可能已經注意到名字通常會和名字的主人非常搭，有的時候甚至還帶點幽默效果。英文裡Herb這個名字帶有非常獨特的人格類型，Mary與Bob也是一樣。

名字和個性會相像的另一個例子，則是作家如何替虛構人物命名。我通常覺得他們的選擇十分恰當。這些名字幾乎永遠能得出適合那些角色的生命靈數，並且配合他們在情節中的位置。換句話說，作者直覺就知道他們書中人物「真正的個性」，並且以父母替孩子命名的類似方式，替自己的角色取名字。不論是父母或作家，直覺都引導著他們。

你的名字就是你目前自身狀況的音樂震動，此外，名字也代表你在輪迴過程中所累積的知識與經驗。

萬事萬物都從震動的世界開始。你的名字是你的靈魂向外散播的聲音或旋律。生命靈數可以揭曉姓名所隱藏的資訊。

接下來，我們將研究「表現數字」、「次要表現數字」、「內心欲望數字」、「次要內心欲望數字」、「個性數字」與「次要個性數字」，仔細探討你的姓名。

表現數字

表現數字會揭曉一個人的外在與內在，以及這個人生命中的趨勢或目標。有些生命靈數家會把表現數字稱為「命運數字」（Destiny），因為這個數字代表一生的追求、一生的努力。你將在生命裡的每一天努力發揮這個潛能，因此表現數字可以透露內心目標，也就是你想成為的那個人。

此外，表現數字還會透露一個人的天分、能力、個性與缺點。你能在多少程度上學會運用這些能力，以及你能發揮多少內在的潛能，將決定你這個人是誰。

對生命靈數家來說，個人的天賦與個性，由姓名中的每個字母與字母的相應數字來代表。就像馬賽克一樣，這些字母與數字會構成整體，最後拼成的圖案會反映出真正的你。你可以把出生時的名字視為自身潛能的藍圖。此處的關鍵字是潛能。

表現數字來自你出生時的全名，也就是你的「名」、「中間名」（如果有的話）與「姓氏」。一般來說，這個名字是你出生證明上的名字。有的時候，人們對於究竟該用哪個名字會有爭議。以下列出幾個例子，說明要如何決定用哪一個名字。這些範例也適用於「內心欲望數字」與其他核心數字。

有時候，出生證明會出現登記人員的筆誤。如果父母接受錯誤，認可那個名字，使用出生證明上有拼字錯誤的名字，那麼就用那個名字來計算表現數字。

如果你的父母不接受那個錯誤，你成長時都用父母原本取的名字，不管文書上的錯誤，那麼就用父母取的姓名來算表現數字，不要用出生證明上錯誤的那一個。

如果你被領養，你的養父母給了你新名字，要用領養前原本的名字。

如果你被領養，從來不知道自己原本的名字，那就用記憶中最早的名字。如果沒有最初的名字，就無法排出完整的命盤。

即使你從來沒用過原本的名字，那個名字依舊代表你的生命藍圖，應該用那個名字找出表現數字。

行堅信禮時所取的名字、心靈導師或大師賜的名字，以及其他自宗教儀式得到的名字，都不能用來計算表現數字，但可以當作瞭解個性的輔助（請見本章的「次要表現數字」、「次要內心欲望數字」與「次要個性數字」各節）。

如果你出生時不只有一個中間名，或不只有一個姓，那就全部都用。

如果你的名字裡有junior（小）、senior（老）、third（三世）等字詞，完全不要計算進去。那些字詞太廣義，對你的名字來說沒有重要性。

如何找出表現數字

如同我在本書第一章解釋過的一樣，你姓名裡每一個字母，都對應著一個特定的一位數。

依照字母表中的順序，每個字母依序都有一個對照數字：A是1，B是2，C是3，以此推類。I（字母表中第9個字母）之後為二位數字的字母（例如M是第13個字母），就要以先前同樣的方式化為一位數，也就是十位數與個位數相加，因此M就是4。

每個字母對應的數字請見下表：

1	**2**	**3**	**4**	**5**	**6**	**7**	**8**	**9**
A	B	C	D	E	F	G	H	I
J	K	L	M	N	O	P	Q	R
S	T	U	V	W	X	Y	Z	

如果要找出表現數字，請先寫下你的全名，然後一個一個找出對應的數字。相加「名」的全部數字，然後化為一位數字。「中間名」與「姓」也是一樣。接著把三個一位數相加，然後化為另一個一位數字。那個數字就是你的表現數字。如果計算過程中出現卓越數（11或22），不要化成一位數。

本書將用Thomas John Hancock這個名字作為範例：

T	h	o	m	a	s	總數
2	8	6	4	1	1	22

J	o	h	n	
1	6	8	5	20＝2

H	a	n	c	o	c	k	
8	1	5	3	6	3	2	28＝2＋8＝10＝1

Thomas的總數是22（卓越數不要化成一位數！）。

John的總數是2。

Hancock的總數是1。

此人出生時全名的總數是25。

Thomas John Hancock的表現數字是2＋5＝7。

經過同樣的簡單加法後，你可以參閱下文，找出你的表現數字代表的意義。

表現數字的符號是中間可寫上數字的三角形（請見167頁表3.1）。

1 表現數字

你是天生的領導者，獨立自主、充滿個人色彩。你野心勃勃，是個原創、勇敢的人。你會採用尚未經過證實的新方法，既是探險家也是創新者。細枝末節的事會限制住你、令你感到沮喪。你自立自強、自信、精力充沛。

你擁有執行能力。擁有自己的事業或獨立經營企業，最能讓你成功。你需要自由地按照自己的想法做決定。你可以是個敏銳的政治家，你擁有影響周遭意見的能力。

數字1象徵領導者、先驅、戰士、冒險家、鋌而走險的人。將軍、高階政治人物、成功的生意人、白手起家的百萬富翁、宗教領袖、發明家、行動主義者、前衛藝術家的表現數字通常是1。

力量與堅忍不拔是你成功的關鍵，你必須願意走在生命的前方，遠離別人走過的路。你的心中擁有強大的意志力，你必須設定目標，引導這股力量。你不會放棄，你會不屈不撓追求自己的目標。

你相當有主張，人們容易被你強烈的性格鼓舞或者厭惡你。

你擁有強大的專注力，能夠看見自己的目標，讓它們變成可以達成的事。

你容易以自我為中心，操控一切，極端的話還會變成惡霸。你可能會高度批判他人，抱怨別人不像你那麼勤勞又有決心。然而，這種無法理解他人的性格，可能會造成朋友與家人的疏離。你必須學著控制自己的個性，維持人際關係的和諧。

一旦你相信自己的點子絕對沒錯，你會頑固地為那些點子辯護，不遺餘力地宣傳，有時甚至到了絕不變通的程度。

你要避免頑固與充滿敵意的毛病，找出平衡，對人要有同情心，堅忍不拔。

你很容易就擔任保護者的角色。需要有人出來領頭的時候，你馬上會行動。驕傲可能是你失敗的原因。你強烈認同自己的目標與野心，有的時候，你會拒絕看見自己周詳計畫的潛在缺點或弱點。

你擁有力量與決心，只要你願意努力並運用這項特長，就能擁有成功的人生。

2 表現數字

你擁有與他人合作的絕佳天分，做事得體圓滑。你擁有高度的直覺，能看清個性與情境，也因此你能不著痕跡地說服他人。你擁有某種雷達，能夠避開他人個性中的地雷，讓人們表現出和善的一面。這些能力讓你非常適合擔任外交官。

相較於獨自一人工作，你和別人合作時，比較能展現自己的能力。同樣地，你也比較適合當夥伴，較不適合擔任領導者的角色。

你尋求所有人際關係與情境的平衡與和平。敏感是你的性格關鍵，這有好有壞。你能夠感受到他人的想法與情緒，可以和善地與他人一起完成共同目標。這使你成為任何團隊合作中的重要資產。

然而，你的敏感也使你脆弱。職場上別人不和善的一句話、一場小衝突，或是具有敵意的情境，都會讓你失去內心的平衡。你會為了這種事非常不舒服，程度遠遠勝過其他沒那麼敏感的人。遇到困難時，其他人似乎只是遇上輕度亂流，你則會歷經人生的滔天巨浪，好像生命受到威脅一樣。

生活不如意的時候，你會不屈不撓，一點一滴化解抵抗。你就像能將岩石吹蝕出特殊形狀的微風。

你友善、心胸開闊，非常能夠支持他人，讓周圍的人發揮最好的一面。你是王座後的力量。你是領導者不可或缺的人物，能提供深刻的見解與建議。然而，儘管你提供寶貴的服務，常常不會得到應有的讚賞，這可能會讓你十分沮喪。不過，你生性謙遜，充當重要資產能讓你開心，而且通常這樣對你來說就夠了。

親密關係是你快樂的基本條件。單身時，你會夢想找到自己的「靈魂伴侶」。結婚後，你會關心配偶的需要、情緒與想法。你是非常理想的婚姻伴侶，溫柔體貼，會想辦法滿足所愛之人的需求。你能大力支持配偶的工作，你是熱情的情人。

當父母對你來說並不簡單。這可能是因為你缺乏維持紀律的意志力，你需要安靜、優雅、和諧的環境。

你擁有高度音樂天分，很能掌握韻律與和聲。

你是優秀的輔導老師，天生善解人意，擁有敏銳直覺。

3 表現數字

你樂觀、外向、表達能力強，能夠激勵人心。人們覺得你開朗、正面、富有魅力；你的個性擁有某種彈性與活力，能夠深深影響他人，很容易鼓舞群眾。

這種奮發向上的精力源自於你驚人的創意。你的口語能力能讓你在寫作、喜劇、劇場與音樂等領域擁有一片天。

3是自我表現的數字，充滿想像力與活力，但你必須小心，不要分散自己的天分。你的致命傷通常在於缺乏紀律，生活不規律。你要避免成為「逍遙自在」、隨意浪費天賦的人，不要逃避你的責任與承諾。你必須學會集中精神與專心。

你成功的關鍵就在這裡。你在藝術方面，以及需要運用創意解決問題的領域，都具備極佳的潛力。你擁有跳躍的想像力，能夠提出有別於過去的點子，彷彿那些念頭突然從天上掉下來一樣。不過，努力工作與專心是美好未來的基礎。

雖然你擁有優秀的口語能力，你的心智通常會把生命看成圖像而非話語。然而，你有抽象思考的能力。

創意通常是幼年時會被壓抑的敏感天分。如果你缺乏追求自身想法的自信，你可能會分散自己的能力，追求各式各樣瑣碎的事。

為了克服這個問題，你必須做出選擇，限制自己的願景，以及你參與的活動數目，集中精力，奮力一擊。你要讓自己的人生專注；選擇一個你最愛的領域投身其中。你會在那裡找到成功，並且幸福快樂。

愛、羅曼史與金錢對你來說伸手可及。你的朋友與愛慕者都會助你一臂之力。關鍵時刻通常都會有人突然冒出來幫你。你必須學會讓別人進入你的生活。你不是離群索居者，也不是特別獨立的人。你喜愛社交——你需要觀眾，也需要別人的幫助，才能完全發揮自己的天分。

你的缺點是你可能是個膚淺、陰晴不定、偏執的人。你情緒化又敏感，有時會以為別人在批評你，但其實別人沒那個意思。此外，你也容易嫉妒，愛說閒話。小心不要變成憤世嫉俗、喜歡諷刺的人。這類性格可能會壓抑你天生的創造力。

生活要有目標。你可以找出實際的方法，一步一步來，幫助自己達成更遠大的夢想。你天生就有能力成為優秀的人。

4 表現數字

你是社會的基石，也是所有事業的基礎。你是組織者與管理者，你會有方法、有條不紊地解決人生中的問題。你是建立者與實踐者，你會讓夢想成真。

你是個極度有組織感的人。你喜歡管理系統，能夠實踐詳細的計畫。你是那種一定要帶地圖出門的人。

你相當嚴肅地看待自己與家人的責任，因此你可靠、負責。

你喜歡從頭到尾監督計畫，但有時會過度執著於細節。你會緊盯一切，容易變成工作狂。

你厭惡一切不穩定、不安全、不可預測的事。你不相信非傳統的事物，喜歡經過測試的東西。然而，這可能會使你進度緩慢，沮喪不已，尤其是明顯缺乏資源的時候。在此同時，擔心資源不足會讓你變得小心翼翼，否決可能的捷徑。周圍勇敢的人提出有創意的解決辦法時，會被你拒於門外。

你必須看到限制的真諦：限制會考驗你，引導你走向目標。

你的挑戰是你必須變得更具想像力，吸引更多有創意的人到你的人生當中，讓他們提供建議並鼓舞你。

人際關係中，你在某種程度上是個道德家。你極度誠實、誠懇、正直、值得信任，但也可能僵化、頑固。不要讓自己強烈的喜愛與憎惡影響你的常識與同情心。你要更包容別人的缺點。

由於你通常會專注於細節，你會墨守成規，變得有點無聊、過度嚴肅。表現數字4的人通常需要輕鬆一點，多享受一點樂趣。

你保守、小心翼翼，很能守住錢。你非常關心收支平衡，能夠限制自己的花費；存錢對你來說很重要。

你是不可思議的好父母，喜歡和孩子在一起。從某方面來說，相較於和他人相處，你覺得自己和天真善良的孩子比較合得來，或許這是因為你在他們身上看到了自己。你和孩子一樣是理想主義者，你尊重孩子的單純。

許多會計師、簿記員、政府官員、經理、律師的表現數字都是4。你可能會被藝術與音樂吸引，但你很可能會把自己對結構與秩序的喜愛，帶到所有的藝術領域。古典音樂與歌劇特別能吸引你、鼓舞你。

你注重細節，精力無窮，能夠努力不懈地完成自己的目標。這一點最終能讓你在自己的領域出類拔萃。

5 表現數字

你是自由的靈魂，喜愛改變、冒險與刺激。你熱愛自由。就像鳥兒需要翅膀才能活，沒有自由你就活不下去。自由是原子核，你的生命都繞著它轉。你需要自由才能存活。適度運用自由後，你能探索與發展各式各樣的天賦。你會遇到各式各樣的人，旅行到遙遠的地方。你的眾多天分必須在自由的氛圍下才能展現。

你幾乎什麼都能做，而且幾乎都能做得很好。唯有避開虛假安全感的禁錮，才有辦法發揮自己的才能。

你擁有驚人的適應能力。事實上，改變對你來說是上天的禮物。同樣地，你需要挑戰與變化，你厭惡一成不變的生活，被困住對你來說是一場大災難。被拖住、壓制時，你會變得很悲慘。

生活的滋味、質地與色彩，對你來說，有著不可抗拒的吸引力。從孩提時代起，你就夢想能夠看到外國的土地，你想要體驗五光十色的世界與異國風情。你什麼都想一輩子至少試一次，生活中的一切都是你感官的遊樂場。

然而，這也可能讓你陷入麻煩。你可能無法尊重自己天生的限制（生理或社會方面）。任何形式的界限對你來說都是詛咒，你會看不到自己天生的限制，因此放縱自己對美食、甜點、酒精、性愛與藥物的欲望。

你擁有溝通的天分，擁有幾乎是無窮無盡的口語能力。你可以是推銷員、政治人物、律師、公關與牧師。此外，你也有能力分享並延伸新點子。你擁有一雙巧手，熱愛新奇、沒人試過的事物。你跑在前面，帶有一點賭徒的天性，時常下極高的賭注。這一切加在一起，讓你擁有年輕人的熱情，別人會被你感染、被你吸引。

你喜歡和他人合作，但工作時無法受到他人的限制。

你聰明、頭腦動得很快，但你的思考過程和你的整體人生一樣，可能缺乏組織，七零八落。如果你想要成功，就必須腳踏實地，讓自己專心。

你很容易墜入愛河，然後又馬上抽離，尤其是在人生的早期。你天生喜歡感官享受，一般擁有強烈的性欲。此類性格通常會帶來轟轟烈烈的愛情生活，但你必須小心膚淺的情感與戀愛。你的挑戰是發展成熟、持久的關係。

自律與設定有益的限制，是你人生幾乎各個面向的成功關鍵。出乎意料的是，你學會在自己身上設下適當的限制後，你更能自制，反而擁有更大的自由。

讓自己有始有終的時候，尤其必須如此。你一旦控制住一個計畫或工作，就很容易放棄，因為你太容易無聊。離完成工作還有一大段距離時，你就開始幻想新的挑戰，想像自己的偉大成就帶來的獎賞。

表現數字5渴望擁有全世界。你知道自己擁有眾多能帶來巨人成功的天賦，但能不能真的成功，就要看你願不願意選定一個領域，並且專心一志，努力讓自己在那個領域發光發熱。

6 表現數字

你熱心助人，容易犧牲自己，把他人的需求放在前面。你負責、值得信任，重視公平與誠實的美德。你終其一生都背負著責任，有的時候會覺得擔子太重。

你具有藝術天分。和諧與美是你相當重視的事物。你擁有音樂天分，但表現數字6的創造天分有時未能得到充分的發展，甚至會被壓抑，因為你習於犧牲自己的時間與快樂，跑去服務他人。你在人生各個領域都擁有高度創意，特別是在視覺方面。你也是具有天分的商人，能夠一步一步完成自己的目標。

你在花卉、庭院與動物方面很有天賦。你對孩子的愛，讓生命靈數家稱你為「宇宙母親」或「宇宙父親」（Cosmic Mother / Cosmic Father）。6這個數字不僅形似且象徵「滿滿的愛」（Pregnant with Love）。

你是天生的輔導員與療癒者，但你必須小心，不要干預他人的自由。人們覺得你是個理想主義者，特別是在婚姻、友誼與人性方面。

數字6是所有數字中最平衡的一個，但也是最自相矛盾的一個，就好像對立的事物被小心地放在一起。由於數字6能夠讓對立和諧，你特別適合處理並整合自己內心的衝突。因此，擁有數字6的人常常擔任治癒者或輔導者的角色，能讓對立的觀點或自己內心的衝突達到平和。

你可能相當理想主義，但也可能屈服於欲望，運用不當手法取得美麗的事物。你必須管住自己愛管閒事的行為，不要成為家中的暴君。和家人爭論時，不要永遠都照自己的意思行事。

從另一方面來說，你有辦法理解另一個人的困境，並想出具有創意的解決之道。你像有療效的香膏一樣，天生具有撫慰與溫暖他人的能力，能夠抹去痛苦。別人會愛你、欣賞你。這是應該的，因為你也能回報他們。

你會是優秀的教師（特別是年幼的孩子與特殊教育）、治癒者、輔導社工、心理學家、藝術家、設計師、園丁、花匠與農夫。你也可以在商業領域成功，尤其是當你的工作必須接觸他人的時候。

7 表現數字

你擅長分析，極度熱中於追尋生命中隱而不顯的問題的答案。你對於探索科學事物、哲學，甚至神祕主義具有強烈興趣。你在追尋真相時頭腦清楚，不屈不撓。你可以是優秀的研究人員、教育家與哲學家。

你受到對知識與真相的渴求驅使。你必須學會分辨假象與真實，不過你相當具有這方面的天分。你聰明的腦袋讓你看清生命中戴著面紗的神祕事件。此外，你也具有看穿事物的能力。在內心深處，你擁有一個寧靜的地方，你知道身處逆境時可以去到那裡。

你需要時間做你自己。太多的社交會帶給你壓力。你需要隱私和一個能躲避吵鬧人生的地方。你通常不會說出自己的想法，神祕低調。除非你的表現數字7能被外向性格平衡（通常是數字1、3、5、8的性格），你的內向性格可能會使你深陷於自己的世界，甚至可能離群索居。

你強烈厭惡膚淺與世俗事物，你常會因為別人無法理解或缺乏知識深度而感到訝異；許多人並不像你那麼重視知識的探索。這可能會讓你易於批評他人，甚至對整個人生抱持憤世嫉俗的態度。

你愈遠離人群，人們就會愈不理解你的動機。一旦能理解人們、理解人生，你身邊需要你智慧的人就會前來尋求建議與忠告。

你喜歡讓自己專精於某種知識，並深入瞭解自己的領域。你是個完美主義者。你應該趁早完成學業，不要太聽從想成功的欲望。讓事情按照自己的步調來臨，並擁抱機會，但要記住你的報酬與心滿意足將來自更高的境界。

表現數字是7的人可能表現出疏離、冷漠的樣子。受到黑暗性格掌控時，可能會不忠實、不誠實、殘酷。沉思、冥想與較為柔軟、細微的生命震動，可以讓你重拾和諧感，維持平靜與平衡。

你的頭腦合乎邏輯，你的分析技巧讓你用超然、精確的方式解決問題。研究人員、分析師、調查員、投資者、技術人員、學者、律師、銀行家、製錶匠、神職人員、哲學家、神學家、部分科學與技術領域的行政人員，都是表現數字7會想從事的行業。

8 表現數字

你擁有成就更高事物的力量與潛能。掌控世界的一小部分是你的人生挑戰，也是你與生俱來的權利。不論你的事業是什麼，你都會努力成為領域裡最優秀、最成功的人。你非常喜歡競爭，超越所有敵手後才會罷休。你喜歡挑戰與對抗。

你是個實際的人，也能規畫願景。如果你願意讓自己擁有紀律（一般來說，這個數字的人天生就有這種能力），遇到生命重大障礙時不屈不撓，金錢與權力自然會到手。

你擁有活力，做事很有效率。你瞭解事物的全貌，能夠看到大挑戰，知道如何運用集體資源來解決這些問題。你很能授權；最好把許多小細節都交給他人處理。

你是優秀的群眾領導人，很能判斷人們的性格。你對替你工作的人要求非常高，說一就是一，說二就是二：照我的方式做，不然就滾蛋！

在此同時，你會毫不猶豫獎賞忠誠與努力的員工。你不是一個很能忍耐的人，過於縱容會讓你有失去效率的感覺。你會直接用勇氣與耐力追求目標。

你天生就瞭解金錢、權威與勢力，能夠努力不懈完成目標，最終獲得權力。你天生就能平衡人性中的高貴與低下性格。你的人生挑戰是平衡遠大的理想，以及你所瞭解的人生現實。

你在達到想要的成功高度之前，必須付出許多努力，經歷許多人生起伏。人生很可能用看似無法克服的挑戰多次考驗你，但事實上那只是契機，你將學習運用權力與權勢來面對困難，並找出內心擁有多少力量。

你的成功關鍵是平衡物質與靈魂。你選擇的道路需要在「施」與「受」、獎賞與懲罰、行動與反應之間取得平衡。你一路上會遇到許多挑戰，但你善於成為最終的贏家。

你如果只專注於自己對成果或成功的欲望，可能會變得頑固、不通人情；你可能會被過度的野心驅使，造成你過於嚴苛，弄不清狀況。

小心不要飲酒過量，這對你來說很危險。你可能會為了應酬而經常喝酒，把公事與享樂混在一起，這個組合很不妙。

你是優秀的管理人員、組織者與行政人員，你在人生許多方面都具有天分，你是企業家、主管、銀行家、股票經紀人、協調人、賭徒、教練、收藏家、機構主管、建商、藝術經紀人、製造商、推廣人員、軍事將領、警探、走私者、工程師、機長或船長。

上天交付你特別的天賦，不論你加以運用或是濫用，你與身邊的人馬上就會受到影響，而且通常是以具體的形式！把你的天賦用在讓世界更美好，帶著感恩的心接受自己的好運。這是你的輪迴得到報酬的階段，你這一輩子都能收成。

9 表現數字

你是人道主義者，受到改善世界的理念或運動吸引。你是極端的理想主義者，面對人的時候，或是你運用的方法，有時會過於天真。你具有深厚同情心，你會努力創造更為人性的社會。對於身體受苦或遭遇到不公平對待的人，你會受到吸引。你是錯誤的糾正者。你最深層的欲望就是改變這個世界。

你願意為了理想犧牲。的確，這似乎是你的人生主題。有時你遇到的計畫，成敗都要看你願不願意犧牲與「自我」直接相關的事物。

你是高度理想主義者，也是一個擁有願景的人，有能力影響、引導群眾。在你內心深處，你渴望得到眾人的愛與肯定，同時也追求聲望。

你渴望名氣的部分原因，在於你需要被認同；你是自己最嚴厲的批評者。

你在參與直接為大眾謀福利的活動時，最能獲得滿足感。政治、法律、環保、教育與治療是你可能成功的領域。

你對人性有開闊的見解，不會被偏見束縛。你應該讓自己擁有來自各行各業、各種膚色和宗教背景的朋友與夥伴。人們令你著迷，讓你的人生變得更豐富。與各式各樣的人來往，擁有各式各樣的經歷，將激發並帶出你身上隱藏的特質。

你擁有眾多藝術天分，許多表現數字是9的人投身於人文這一行，尤其是文學、繪畫，以及視覺與表演藝術。

數字9代表一個週期或是一段學習過程的完成。表現數字9表示你達到一個可以出現突破的時間點；在這一生中，你可以運用你在輪迴中學到的一切東西，完成心靈修鍊的重大階段。這就是為什麼許多天才的表現數字都是9。

你擁有把眾多零碎知識整合成知識體系的能力。

外貌對你來說很重要。你會敏銳感受到別人如何看你。因此，其他人看你會覺得你是很自制的一個人。從另一方面來說，你富有魅力。雖然你展現的性格冷靜又疏離，但人們會被你吸引。

你通常會用有點冷淡的方式表達你的愛。你的心思通常會被自己的願景或理想占據，有時候會忽視最親近的人的需求。你必須提醒自己在表達愛的時候，要更有人情味、更坦率一點。諷刺的是，你是個非常有愛心且誠懇的人，但你常會忘了表達自己真正的感受。

同樣地，你可能會忽視自己的需求，避免分享自己內心深處的情感，把情緒都積在心裡。你通常會延遲滿足自己，以成就更遠大的事。你要試著更隨心所欲一點，勇敢表現出真正的自我，包括你脆弱的一面。

你堅信人性本善。這使你鼓勵他人活出最好的自己，但有時候這也會讓你容易被人利用。你不是很會判斷人們的性格。

從事改善社會的活動最可能為你帶來滿足感。你的天性就是服務他人。你覺得自己在幫助人類變得更好時，是你最快樂的時刻。

11 表現數字

表現數字11是所有數字中最具能量的一個。你就像避雷針一樣吸引強大的點子、直覺，甚至是突然出現的心靈資訊。

你的存在具有強大的力量，但你不知道自己擁有力量。你是更高階震動的管道。然而，為了情緒與心靈的平靜，你必須學會控制那股能量的流動。你擁有無意識與意識世界的橋樑。問題在於無意識世界是無窮無盡的資源，有意識世界本身則是有界限的舞台。兩者無法相容，除非學會和諧共處。這就是你要學習控制的地方。你必須學會控制來自無窮來源的能量流，否則你可能會感覺自己像是這股飄忽能量的受害者，陷入情緒騷動與神經緊張之中。

你一直都知道自己和別人不一樣，但無法說明那種感覺。你高度敏感、高度自覺，特別是在小時候。這讓你無法處理一切衝突與痛苦的情境。然而，在大多數的成長時刻，你不知道其他人並不具有同樣的敏感度，而且他們看不到你看到的東西。這會讓你把更多情感藏在心裡，你壓抑自己，無法表達自己的感覺，就連對自己也沒有辦法。由於這個原因，多數表現數字為11的人，童年特別難過。你的極度敏感讓你變成十分害羞的孩子，而這通常會讓你長成一個舉棋不定、極度易受傷的成人。你在與他人分享感受與選擇朋友時，非常小心翼翼。

你會創造一個精巧的幻想世界，來彌補童年時代感受到的疏離。你比其他孩子愛做白日夢，想像力豐富，甚至到了成年還難以分辨現實與幻想。

你的挑戰是發揮你原始、人世間的力量。你必須腳踏實地，才能處理靈光一現的心靈資訊。你愈能召喚自己與生俱來的人類力量，就愈能運用你高度敏感的知覺能力。一旦你做到了，你的敵人就會變成你的恩人。

你十分情緒化，非常倚賴情感。你的情緒會跟著你的人際關係上上下下。

你是理想主義者、不切實際，有時缺乏生活秩序。你通常擁有不切實際的期望。

你選擇做一件事的原因，通常混合了邏輯思考、情感與直覺，你很難向理性的夥伴圓滿解釋自己的理由。

表現數字11是所有數字中，最依賴命盤上其他核心數字以找出可能職業的數字。11能夠勝任每個領域，但必須選定行業與維持紀律才能做出成果。

能夠達到平衡的11是所有人中最獨特、最令人印象深刻的人，這樣的人擁有深刻見解，能夠帶來啟發。這使你成為天生的導師，不管你進入哪個領域都一樣。

22 表現數字

你是「建築大師」，擁有獨特天賦，能夠感知存在於無窮、神聖原型世界的事物，並在人世間重現。

你夢想遠大，每個目標的範圍都很廣闊。你夢想創造出會延續數個世紀的東西，你的欲望是改變歷史。你想要在人類文明上留下痕跡，你的能力無遠弗屆，你的夢想也是一樣。所有數字中，表現數字22擁有最大的成功潛能，不過在此同時，也擁有最大的責任。你必須窮盡一生發揮自己的潛能。

仍在孩提時代，你就隱隱約約感覺到你必須做的事，對於自己的任務深深感到敬畏。你感覺到自身力量的啟示，但這些感覺可能讓你因為疑慮而動彈不得。

你必須一路勇敢前進，到了成年才能開始運用自己的力量，真正投身於自己的命運。

表現數字22帶來不可限量的前景與報酬，然而實現潛能時，也會遭遇同等程度的困難與掙扎。

表現數字為22的人，若能完全意識到命運給予的機會，將能跳脫到另一個次元，擴展自己的人生。你們的創造能力與鼓舞他人的能力將加乘數倍，有辦法以恆久的方式，以及超乎人生正常界限的方式服務人類。

你可能會避開挑戰，躲在安全的自我受限，以及4的實際考量（22可以化為表現數字4）中。你可能會不想冒數字22的重大風險，試著讓自己滿足於有限的成就，告訴自己那些遠大夢想是不切實際的春秋大夢。這可能會使你沮喪，因為你在某個層面感受到宏大事物的召喚。儘管如此，即使你限制自己努力的程度，你成功的機率依舊很大。

你擁有優秀的領導能力。你努力不懈，拒絕被挑戰打敗。你喜歡在大企業工作，執行跨國性任務。國界或種族對你來說沒什麼意義。你把自己視為活躍在這個星球上的世界公民，拒絕被瑣碎的傳統限制住。

你結婚的對象不該是有福同享的人，而是能分享你的人生、但又能協助你達成目標的人。

你擁有遠大的願景，這是上天給你的禮物。你會想要把精力投注於偉大的事物，以及長遠的進展。你深深希望蓋出一棟永垂不朽的宏偉建築，而你也擁有一切完成目標的必要工具。選擇職業方向時，表現數字為22的人沒有任何限制，整個世界都等著你。

你的表現數字就是你。我們出生時的全名反映了我們個性的所有面向，包括我們心中最深的欲望及恐懼。全名也會顯現我們真正的潛能，包括尚未碰到機會運用、自己可能不曾發現的天賦與才能。可以說，生命歷程數字及其他所有依據出生日得來的生命靈數，都代表你這一生將走過的道路。然而，相較於命盤上其他數字，表現數字最能展現走這條路的人，也比其他數字更能看出職業的選擇。

次要表現數字

相較於全名，姓名簡稱（譯註：小名，例如Benjamin簡稱Ben）的影響較小，然而值得注意的是，姓名簡稱通常可以補償缺乏的數字（以及相關性格），或是補足全名不平衡的地方。

舉例來說，全名中不存在的數字，可能出現在姓名簡稱中顯眼的位置；全名中出現太多次的數字（一至多個）可以由姓名簡稱來平衡。如果因為婚姻或工作改過姓名，一個人會增減某些個性。此外，姓名簡稱也可以增強既有的性格與潛在天分。

通常我會建議不要在衝動之下跑去改名。當然，如果是冠夫姓，那就沒有什麼選擇的餘地，不過現在愈來愈多的女性會將配偶與自己的姓連用，或乾脆保留原本的姓。如果一定得改名（例如為了工作），那就盡量選擇家族中使用過的名字，好讓你和祖先產生連結。那個名字的相關個性已經存在於你的系譜之中，能更快融入你的性格。

如果你想改名，最好的指引就是你的直覺。你可以和生命靈數家討論改名事宜，也可以討論新生兒應該取哪一個名字，但永遠不要讓另一個人替你想名字，就算那個人是生命靈數家也是一樣。

以下是關於姓名簡稱常見問題的答案：

◆姓名簡稱是你在放鬆的社交場合中，你覺得最親密的名字。

◆姓名簡稱是你在思考自己時，你會怎麼叫自己，「姓」也要包括進去。你是誰？哪個名字最能代表內在的你？

◆找出次要表現數字時，永遠不要算中間名的縮寫字母，除非你在介紹自己時都會用上那個字母，例如：「嗨，我是湯姆・J・漢考克（Tom J. Hancock）。」

◆過去用過的名字會揭露一個人在過去某段期間明顯的內在情感與性格。如果你不再使用那個名字，那個名字和你目前的性格不會相似。

找出「次要表現數字」的方法和「表現數字」一模一樣。首先把「名」的數字相加，化為一位數。接著「姓」也是一樣，然後把兩個數字相加，化成一位數，就能得出次要表現數字。

舉例來說，Thomas John Hancock通常介紹自己叫Tom Hancock，因此他的計算方法如下：

T	o	m	
2	6	4	12＝3

H	a	n	c	o	c	k	
8	1	5	3	6	3	2	28＝10＝1

Tom Hancock的次要表現數字是3＋1＝4。

次要表現數字的符號是略小於表現數字的三角形（請見167頁表3.1）。

1 次要表現數字

這個數字讓你能夠應付生活中每一天的挑戰。這是個擁有優秀領導能力的強大數字，獨立自主、具有個人主義與原創性，讓人有勇氣、願意冒險。這個數字使你更堅定、朝著目標前進。

2 次要表現數字

你的姓名簡稱使你更能察覺他人的需求與感覺，以圓滑的社交手段與他人合作。你身為調停者與顧問的能力也隨之提高。

由於你現在更為感性，應該更加小心布置自己的環境，包括住家與辦公場所，使那些地方變得更和諧、平靜。

你的姓名簡稱讓你更為謙遜；你現在更有辦法待在幕後，以更間接的方式引導與影響他人。數字2常被稱為王座後的力量。

2讓你擁有更多音樂天賦。

3 次要表現數字

你的姓名簡稱讓你更能享受生活，變得更樂觀、活潑，更有品味、更喜歡運動。

你變得更能與人溝通，幽默感也隨之增強。你通常能讓他人開始行動，提振他們的士氣，你是個振奮人心的夥伴。

你的藝術天分增強，特別是在文字方面。

3是個隨遇而安的數字。從負面的角度來說，你可能迴避挑戰並試著用簡單的方式脫身。

4 次要表現數字

你的姓名簡稱讓你變得更實際、有秩序、有效率，更值得依賴。你會覺得更有原則、誠實、有決心。你有條不紊，能夠讓點子成真。

你更能處理細節，負責任、努力地長時間工作。在數字4的影響下，你會更有紀律。

你的姓名簡稱讓你成為社會棟樑。家人與朋友會更加倚賴你的判斷力。然而，你也可能變得更固執、不肯變通。

5 次要表現數字

你的姓名簡稱讓你更有彈性、個性更為豐富。你現在享受更多旅行與冒險。你對新的人事物更感到興趣，尋求人生更多刺激。

你更有活力、更有生氣，能更快想出具原創性的新點子。你的創意增進許多，口語表達能力增強，能夠成為更好的推銷員與發起人。

你被空間或嚴格的規定限制住時，會更加痛苦，渴望更大的活動與言論自由。你更可能用自己的點子或方式單獨出擊。

6 次要表現數字

你的姓名簡稱讓你提供他人更多的愛與溫暖，你變得更大方，更真心誠意地在乎他人。對於家人、生活比你苦的人，你多了一份關懷。

你的責任感增強，背負責任義務甚至會讓你獲得莫大的滿足感。

你想要做善事，變得更具社會意識，找出方法助人脫離困境。

你更具藝術天分，關心住家的美化，也可能從事療癒與教學工作。

7 次要表現數字

你的姓名簡稱讓你更渴求知識，讓你專精並深入瞭解某個領域。你的姓名簡稱幫助你專心。

你的次要表現數字鼓勵你累積知識，讓你更瞭解生命的奧祕。你的頭腦更能分析事物。你更能看穿事物表面，而不會把表象當真相。

你可能渴望擁有更多獨自沉思與冥想的時間，你想花更多時間獨處。

8 次要表現數字

你的姓名簡稱提供你更多領導能力與生意頭腦，鼓勵你在人際關係中施展更多力量，並且引導你達到更高層次的成功。

你的次要表現數字讓你更能判斷他人性格。你在評估他人與他們的潛力時，變得更實際，而不會被輕易愚弄。

你必須願意在所有面向更加努力。你對自己的要求很可能會變高。

你能成為管理人、組織者與行政人員。你喜愛競爭、意志堅定，更可能著手進行遠大的計畫、實現願景。

9 次要表現數字

這個數字的影響力會讓你更關心他人的幸福，對社會的需要更敏感，覺得必須用更直接的方式服務人類。

數字9增加你的溝通能力，更瞭解各式各樣的人。

你更意識到自己的藝術天分，感到必須表達自我。你的名字讓你看到更開闊的人生，引你投身政治運動、哲學理論與心靈事物。你更能掌握人性。

11 次要表現數字

你的姓名簡稱增加了你的感性、直覺與敏銳程度，引你更深入探究人生的奧祕。你受到宗教、哲學、性靈知識的吸引，可能喚醒心中更多直覺，甚至是通靈能力。

在此同時，你的次要表現數字讓你對自己的缺點更敏感，努力改善自己。在這個數字的影響下，你無法避免個人的轉變。

敏感度增加會讓你尋求和諧、寧靜的環境，這將平衡11可能帶來的神經緊張。

你與他人共事的能力也增加了。你現在變得更加謙遜，會找出避免衝突的方式，維持和諧的關係。

增強後的直覺能力會帶來具有高度創意的點子、頓悟與靈光一閃。

22 次要表現數字

你的姓名簡稱增加了你的抱負、紀律與完成重大工作的能力。你管理人們、引導他們完成困難與宏大目標的能力大幅增強。你對系統與組織的瞭解也增強了。

在此同時，你感覺到崇高抱負帶來的重擔。嚴苛的要求可能讓你深深懷疑自己。你可能會感受到更多的內在壓力，心中有一股力量驅使你，要你將理想化為現實。

由於次要表現數字的緣故，你更可能將精力投注在將帶來持久影響的大型目標上。

如同其他所有源自平日使用的姓名的生命靈數，次要表現數字會揭露較為表層的你。

內心欲望數字

從這個數字的名字就可以看出來，「內心欲望數字」（亦稱為「靈魂渴求數字」）代表我們心底最深處的渴望，那是最貼近心的夢想。因此這個數字會揭露你的原始動機，也就是你許多行為的根本原因。內心欲望數字會深深影響我們的人生選擇，這個靈數對於生命的牽引無處不在，你的職業、生活環境、友誼與生活風格都會受到左右。

內心欲望數字來自名字的母音。母音是自由流動的聲音，例如Aaaa、Eeee、Iiii、

Ooooo；Uuuuu。相反地，子音則有明顯的起頭或結尾，聲音是突然開始或突然結束，例如：B、D、K、P、S、T與X。

子音會有一個特殊的斷點，比母音柔軟流動的聲音強。母音揭露的是較為柔軟的一面，像是你熱愛、關心的東西，以及脆弱之處。子音透露的性格，則保護了較為脆弱的個性。子音所顯露的公眾性格說明了你是誰，但相關個性通常是你願意讓世人看到的那一面。

A、E、I、O、U是母音，其他所有字母都是子音，除了Y。

字母Y本來在本質與運用時就會有所波動，有時是母音，有時是子音，要看放在名字的哪個地方。

判斷Y是母音或子音的基本原則如下：這個字母充當母音且聽起來像母音時，那是母音。同樣地，Y是音節裡唯一的母音時，Y是母音。這樣的姓名例子包括Lynn、Yvonne、Mary、Betty、Elly與Bryan。

然而，如果Y不單獨發母音的聲音，而且連著其他母音時，Y是子音。舉例來說，Maloney和Murray的Y都是子音，因為母音的聲音是來自Maloney的長E與Murray的長A。

一般來說，音節已經有母音的時候，Y都算子音。此外，Y發軟J的聲音時，也被視為子音，例如Yolanda與Yoda的Y。

Bryan與Wyatt中的Y是母音，因為兩個名字中的Y是第一音節中唯一的母音聲音。這兩個名字中，字母A都屬於第二音節，因此不影響Y的本質。

如何找出內心欲望數字

找出內心欲望數字的方法，是相加名字中每一個母音所代表的數字，化為一位數，相加這些一位數，然而再度化為一位數，最後得出的數字就是內心欲望數字。內心欲望數字和表現數字一樣，不要將卓越數化為一位數。

（永遠把內心欲望數字放在名字的上面。名字下方的位置要留給後面章節會介紹的個性數字。）

範例：

	7	＋	6	＋	7
母音：	6 1		6		1 6
	THOMAS		JOHN		HANCOCK

Thomas這個名字有兩個母音（6和1），總和是7。

John這個名字有一個母音，也就是6。

Hancock這個名字有兩個母音（1和6），總和是7。

因此，Thomas John Hancock內心欲望數字7＋6＋7＝20，然後化成2。

內心欲望數字的符號是中間可寫上數字的圓圈（請見167頁表3.1）。

1 內心欲望數字

你渴求獨立的欲望，希望照自己的信念引導自己的人生。你的夢想是成為自身領域的領導人，不論是在職場、社區或是一般的專長領域，你都渴望成為君臨天下的人物。

你擁有領導他人的勇氣與自信。你堅信自己的判斷力超越其他所有人，這使你有信心做大膽的決定並執行，即使別人的人生會深深受你影響也一樣。你一旦做出決定，就很少回頭。

你擁有聰明的頭腦與機智，具有遠見，善於評估他人的能力。

你是絕對的個人主義者。你喜歡讓自己的儀態與服裝展現自己的獨特個性。因此，你不在乎當個具有爭議性的人物，甚至喜歡旁人的注目，以及自己對周遭造成的影響。

你不喜歡例行公事，也不喜歡任何會限制自由或獨立性的事物。

每當你投入真心喜愛的事物時，你會百分之百頑強，忍受困境，克服障礙。你具有高度責任感，厭惡推卸責任。你擁有強大意志力，不屈不撓，誓言要成功。

你永遠在尋找創新的做事方法。

由於你到哪裡都想當老大，你有支配他人的傾向。如果不小心，特別是在面對下屬與家人時，你的決定與行為可能冷酷無情。此外，你也可能變得不耐煩與偏執，特別是你開始驕傲自滿或心生優越感之後。

你是開拓者與先驅，熱愛站在最突出的地方，喜歡扛起重責大任。你擁有成功的一切天分，只要能維持生活平衡，讓其他人完全表達自己的想法並發揮能力，你就能輕易在自己選定的領域崛起，完成雄心壯志。

2 內心欲望數字

你希望人生的各面向都能達到寧靜、祥和的狀態。你希望將自己的生命投注在某個人或某件事上，很容易墜入愛河。你極度感性，情感豐富，可能多愁善感，聽到傷心的故事就會哭。你需要朋友與社交。

你能欣賞生活中的精緻事物，渴望安逸與安全感。你擁有良好的品味，可以是個鑑賞家。你熱愛音樂，擁有大量音樂才華。

你的敏感其實來自強烈的直覺，但你必須學習信任自己的直覺。

你是溫和的靈魂，你會盡量避免一切衝突。你不相信自己能處理某個情況時，你的內心會陷入交戰，而這可能讓你動彈不得。

應該替自己挺身而出時，你通常會放棄。你必須學會更果決一點。如果你面對的人具有侵略性，你往往會害怕使用自己的力量。你以為自己是柔弱的一方，你錯了；你最後讓步，只為了避免起爭執。

從另一方面來說，你極度具有交際手腕。你喜歡透過靜悄悄的說服完成事情，不喜歡強勢。

你必須對抗不確定感與自我懷疑。你必須培養自信，願意挺身而出支持自己相信是正確的事。

你最適合擔任輔助角色，用安靜、不引人注目但必要的方式，引導檯面上的人。

3 內心欲望數字

你喜歡開開心心的。整體來說，你是個快樂、友善、外向的人，天生能夠侃侃而談。你非常聰明機智，具有創造力，玩心十足。你能鼓舞並娛樂眾人，許多人覺得你是個好夥伴。

許多出色的喜劇演員內心欲望數字皆為3。你的理智與情感完美平衡，很少有事情會讓你不開心。

你擁有自我表達的天分，深受寫作、演戲、唱歌與詩歌等語言藝術的吸引，可能擁有其中一個領域的絕佳天分。如果你的創意堵塞或被壓抑，你容易做起白日夢或進入幻想世界。你的創意需要具建設性的出口，要不然可能會潰堤。

在此同時，你可能難以表達自己內心深處的情感，以及重要的個人想法。你會用機智娛樂眾人，偏好停留在表面的交際。

如果你不能誠實面對內在天性，你可能會變成滔滔不絕說個沒完的人，企圖吸乾蓄積在表面的情感精力。你無法避免或壓抑內心深處的情感生活，但你擁有天分，可以把這些情感化為更高階的創造力與藝術形式。藝術與自我表達是你的發洩管道。

你必須擁有紀律才能完全發揮自己的能力。你太常把精力分散到各處，你會展開永遠不會完成的計畫，做什麼事都是半弔子。

你能不能成功，就要看你有沒有辦法從頭到尾專心做一件事。你擁有無窮的創意，以及激勵人心的向上力量，你非常需要能夠把自己定住的錨。努力與紀律可以幫助你，讓你成就最好的自己。

由於你天生熱力四射，很容易變得膚淺與遊戲人間。你擁有自信，喜歡他人的關注，但這些性格可能導致虛榮心與自戀。

由於你擁有藝術家的自我表達能力，有潛力活出豐富又成功的人生。你成功的關鍵在於平衡創意與自律。

4 內心欲望數字

你喜歡穩定、條理分明的人生，不喜歡突然的變化。你喜歡一切事物都井然有序。不管做什麼事，你都一板一眼，能夠排定並維持例行公事，注重精確的小細節，一絲不苟。

你喜歡小心分析問題，然後用合乎邏輯又實際的方法解決。你希望成為值得依賴的人，就像磐石一樣，並且作為其他人的紀律榜樣。

工作是你人生的重心，但你容易過頭，一不小心就成了工作狂。你精力充沛，能夠完成許多事。

你想要一個家庭，也能成為好父母。你可能過度重視紀律與秩序，特別是對你的家人，弄得孩子與配偶覺得受到壓迫與限制。你的人生要能和諧與平衡，關鍵在於彈性。對你來說，架構遠比自由重要，你把自由視為混亂。然而，別人和你不一樣，他們不需要完美的制度。事實上，他們可能深深感到壓抑，十分不舒服。你從秩序中得到的平靜，但是對別人來說可能是監獄。

你需要也非常想要愛，但你自己不是很會示愛的人，可能有點死板、固執。

你誠實不做作，討厭騙子與裝模作樣的人。

你可能會非常堅決、堅持。你是任何事業的基石。你有勇氣探究問題的本質，並提出解決之道。探究基本細節的時候，小心不要忘了大方向與夢想。

5 內心欲望數字

自由是你快樂的基本條件。你熱愛改變與新體驗，喜歡認識新朋友，也喜愛冒險與旅遊。你熱愛具有異國風味、遙遠的地方。變化對你來說不只是人生的調味料，你需要變化才能活得好。你極度具有彈性與適應力。好奇能夠殺死一隻貓，而你比那隻貓還好奇。你頭腦聰明，擁有文字天分。你是天生的溝通者，你會用清楚、流暢、富有想像力的方式，說出所有吸引你的東西，而你感興趣的東西不可勝數！

你的內心欲望數字讓你相當能面對生活。改變會讓一般人感到威脅，但你不同，改變對你來說是家常便飯。你聰明機智，遇到危機時通常能用清楚的腦袋思考；你的頭腦與肢體都擁有良好的本能反應。每當你摔下去時，最後都能好好站著。

你熱情洋溢，很容易為新點子或新機會感到興奮。你天生反傳統，有點像是賭徒，只要你覺得報酬值得，就會願意冒險。

你是個非常喜愛社交的人，很少是個無趣或無聊的人（如果這有可能的話）。不用說，你會被和自己很類似的人吸引，也就是具有原創性思考與令人興奮的人。

你喜歡同時參與數個計畫，需要時時被新鮮有趣的東西刺激，通常會很快拋棄無聊的消遣。

你熱愛自由與改變，這可能會帶來多種結果。你可能會不負責任，特別是必須完成任務的時候。你很難專注並專心完成一項特定計畫。

你必須小心自己對感官享樂的愛好，不要過度沉溺於酒精、美食、性愛，甚至是藥物。

你有點像英雄主義者，想要拯救這個世界，但這會讓你許下你通常無法遵守的承諾。在你內心深處，你渴望討好每一個人，而這是不可能的。

許多內心欲望數字為5的人，可能擁有膚淺的情感。他們愛得轟轟烈烈，但恐懼做出深遠、長久的承諾，因此他們會抗拒太深的情感依附，停留在表面。那樣比較安全。

你會經歷許多改變與不尋常的事件，但多加體驗是你最能學習的方式，因此你的人生將多采多姿，你會有長足的進步。

6 內心欲望數字

你的注意力放在幫助與關心你所愛的人，你是極度居家的人。你愛你的家與家人，你會努力工作讓他們得到溫飽。你對家人朋友的愛是你幸福的主因，但有時也會讓你不開心。

你強烈想要幫助他人，常常犧牲小我。你可能會做過頭，過於介入他人生活。你可能會干涉私人事務，或是用太強烈的情感，令你所愛的人感到窒息。這對孩子來說特別不好。如果成人過於保護，孩子永遠無法感受到自己的力量。

你極度忠誠，很少讓任何人失望。你需要被自己付出與關心的對象感激，你想知道自己被需要。

你慷慨，非常容易原諒人。你有辦法忽視別人最糟糕的錯誤，並找出那人足夠的優點，繼續兩人的關係。

你是個耐心、溫暖、具有同情心的人，有的時候甚至到了多愁善感的地步。

你天生具有輔導與療癒的能力，你是出色的聆聽者，具有同情心，善解人意。別人身處困境時，你不但能同情，也能有同理心。你身為輔導者的挑戰，在於你必須接受足夠的教育訓練，才有辦法幫助他人，而不只是同情地聆聽或提供肩膀讓人哭泣。

你擁有豐富的藝術才能，不過你可能對自己的能力沒什麼自信。藝術帶給你極大的快樂與滿足感。你對周遭環境特別敏感，能夠替住家或工作空間帶來具有藝術感與療癒氣息的和諧氣氛。

你最深的欲望是愛周遭的人並且被愛。6是所有數字中最充滿愛的一個，特別是在一對一的人際關係。你天生會關心自己的家人與朋友。你夢想活在一個充滿愛的美麗和諧生活之中，你希望自己所有的社交互動都能像那個樣子。你的愛會獲得許多回報；人們感激你以及你給予的愛，他們願意費心思留你在身旁。

7 內心欲望數字

你熱愛知識，喜歡鑽研事物。你重視自己天生的才智，會用頭腦深究生命中的神祕事物。你不會只看表面，厭惡膚淺的想法與意見。

你擁有分析與研究的天分。一旦抓住一件事的基本事實之後，你的創意與抽象思考能力會讓你的初步思考變成哲學思考。你能夠提出理論，但不會沉溺於幻想或胡思亂想，偏好依據科學事實提出理論。

你喜愛智力與魔術方塊一類的腦力遊戲——你喜歡破解、拆卸與重新拼湊。

有些人可能會覺得你冷酷或冷漠。你有一點內向；你可能會覺得和他人有點格格不入，甚至有點不太一樣。幻想像隱士或僧侶一樣學習與沉思，對你來說深具吸引力。

人際關係之中，你容易公事公辦，冷漠無情。你偏好談論某個情境的事實，而不是模糊的情感與個人感受。你不相信感受，不管是自己或他人的都一樣。情感這種事對你來說不可信賴，有點沒必要。

你的致命傷是你無法完全瞭解人生中的情感面向。你過於理性，心的不可預測性會嚇到你，讓你吃驚。

你的挑戰是學習信任。你必須和某個人分享你的心。這對你來說需要很大的勇氣，但這會讓你成長，並帶來很大的滿足感。

這裡要給你的建議是和另一個人建立真正的連結。如果不這麼做，你可能會出於方便，或為了符合社會期待而結婚，但這種婚姻無法帶你走出孤獨。你愈是遠離人們，愈可能孤寂、尖酸刻薄，養成憤世嫉俗的人生態度。

這個選擇是你性靈成長的重大轉折點。你和他人分享自己時（這不需要放棄你的獨立性與隱私），你能夠培養迷人的魅力，並分享你對人生的瞭解。你是天生的教師與顧問。你在人生中累積的豐富知識，就是要拿出來與人分享。

以上不代表你必須放棄自己對隱私的需求，以及獨自沉思的時間。這是你個性的一部分，對你的成長來說不可或缺。這樣的性格對你的配偶來說，不該是威脅，對方必須瞭解那是你這個人很重要的一部分。

你天生擁有絕佳直覺，經常冥想與思考，將能開發這方面的天分。你的「內在聲音」是你最強大的嚮導與朋友。

你是個理想主義者，對自己有很高的期待。你要學著平衡自己嚴肅的天性，定期做有趣的事。

你的聰明頭腦與教養，讓你看起來富有魅力，鶴立雞群。你年紀漸長、更能接受自己的性格時，人們自然會被你吸引。他們會看見你的智慧、你對於人生的深刻瞭解，以及你散發的高雅氣質。

8 內心欲望數字

你渴望最極致的成功——財富、權力與物質享受。你擁有巨大野心，夢想著做大計畫、大事業，並得到大回饋。

你是個夢想家，眼睛望著地平線與前程。一般來說，你也能看到實現願景的必要方法。不過你不是很能處理細節的人，你需要別人幫你處理大願景裡的小地方。你的挑戰是全面發揮自己其他核心數字顯現的能力。同樣地，你必須帶出他人最好的一面，讓人們用天賦實現你的願景。簡單來說，你必須以身作則，展現眾人應有的信念、決心與優秀表現。

以上一切都需要奮發努力。你將遇到阻礙與難關。你的決心與信念將遭受考驗，但你擁有克服每一項挑戰的力量。你能夠完成你為自己設定的目標。

你的人生任務是學習以更精緻、更高層次的方式發揮自己的力量。力量的表現與運用，與一個人的個人成長有絕對的關係。以原始的方式利用力量，將帶來暴力與剝奪。高層次的力量表達，將取決於你能否關心、照顧你的成員與計畫，在適當時機以適當分量，給所有人他們需要的東西。

你具有創意，做生意與解決問題都很有一套。

你必須培養自己看人的能力。

你必須參與能挑戰你與提供潛在報酬的計畫。如果你未能忙於值得投注心力的工作，你可能會變得極度沮喪、憂鬱與失意。你將坐實了那句老話：「遊手好閒的人會誤入歧途。」要是沒有挑戰，你可能失去生活中的平衡，變得自私、殘酷，甚至自我毀滅。你的失意會粉碎一切，造成自我形象低落與不自愛。

洞察事物的眼光對你來說很重要。你天生具有平衡性靈與物質層面的能力。

你必須培養勇氣與精力。勇氣是一種選擇。面對恐懼時，你必須決定自己要勇敢。平衡的8是所有數字中最強大、最有所回饋的一個數字，擁有最終贏家的精神，失敗時能夠站起來，再創人生高峰。

9 內心欲望數字

你希望服務這個世界。你最深的滿足感來自於知道自己推動了促進人類福祉的目標。

你的理念屬於最高層次。你是個完美主義者，希望讓世界成為烏托邦，每個人擁有更好的命運，使自己變得更完美。你的人生挑戰之一，就是努力完成崇高的目標。在此同時，你必須體認到自己是在做好事。

你喜歡人們，會被各式各樣的人吸引，花一輩子的時間研究人類天性。你具有高度的直覺，但不是很會判斷他人的性格。你也有點天真，以為大家的價值觀都和你一樣。

你渴望擁有金錢、體力與心靈等各方面的資源，立刻解救正在受苦受難的人們。

你聰明、擁有許多智慧，這使你成為天生的導師、輔導人員或療癒者。

雖然你很想服務他人，也渴望成名、得到眾人的認同。在一生之中，你會花許多力氣讓自己站在觀眾面前，常常是推銷員、慈善家或藝術家，所賣的產品對社會有益。

你會受到藝術類職業的召喚，特別是演員、攝影師或作家。然而，不論你的職業是什麼，只要你能涉足藝術，甚至只是嗜好，都能得到深刻、持久的滿足感。

你偷偷夢想能對世界帶來巨大影響。別人可能會覺得你自以為是，特別是還年輕的時候。不過你是真心在關懷別人。你必須朝這個方向努力，才能使自己得到心靈上的滿足。

你的願景是為大眾服務，反而因此忽視身邊人的需求。你也需要個人層次的愛，但通常會把自己的需求放在一旁。儘管如此，你是深情的人，只是需要提醒你也要愛身邊的人。如果你只把自己的注意力放在群眾身上，人們會覺得你有距離感，有點漠不關心。

你情感豐富又敏感，可能鬱鬱寡歡、吹毛求疵。你對自己和別人都有很高的期望，期望落空時，你會非常憤怒。你最重要的人生課題就是學會寬恕。

由於你一直努力達成崇高的理想，你可能會覺得自己比別人優越。自負是許多數字9的人會落入的陷阱。自負的危險會讓你與你的最愛隔絕，也就是人群。

因此，你的快樂與滿足感與你能服務與影響人類的程度息息相關。

你的內心欲望數字聽起來很矛盾：你因為給予而有所得。犧牲自己與服務他人，將能帶來物質方面的成功與心靈的滿足。

11 內心欲望數字

你擁有超齡的智慧。即使是在孩提時代，你就對人生有著深刻的體會，不過其他人可能不會發現這件事。

你是天生的調停者，擁有解決衝突、製造和諧的欲望。你是療癒者和夢想家，希望能讓這個世界成為更美好的地方。除非你能把自己的生命投注在具有意義的理想上，否則你無法得到安寧。

思考與哲學是你的天下。你受到能量世界的吸引程度，勝過機械與物質世界。哲學、宗教、較為非傳統的療癒方式是你的專長。

你執著於心靈的啟蒙之旅。

你極度敏感，擁有強大直覺。他人細微的訊息與情感逃不過你的法眼。你能強烈感知他人的想法與感覺，你必須立穩自己的重心，否則每天的情緒可能會上下震盪。你的感知能力是上天給你的禮物，也是考驗，因為你會強烈希望取悅他人，讓周遭環境和諧。

許多數字11的人都生長在極度不友善或混亂的家庭。這通常會導致童年時期的精神痛苦、缺乏自信及害羞。內心數字欲望為11的孩子能察覺家中的問題；這會造成他們內心的衝突，因為他們天生愛自己有問題的父母，卻無法處理父母的行為。

因此，許多內心數字欲望為11的人早期會有傷疤。他們瞭解他人的苦難，希望能以某種方式服務他人。

事實上，這是你治療自己最簡單的方式，使你得到最大的滿足。

你瞭解深情與親密關係的重要性，因此你會小心選擇自己的朋友與配偶。你是個浪漫的人，充滿理想，但有點不切實際。除非你擁有其他能夠平衡的性格（例如命盤上出現的1、4、8等數字），你最好尋找較實際、實在的夥伴。

你的個性具有磁場，充滿魅力。你喜歡思考抽象事物。你的腦筋具有電力，似乎能憑空想出點子、問題的解決辦法和發明。

你隨時處於備戰狀態，這會造成神經緊張。你必須照顧自己的神經系統，多休息，給自己平靜的環境與適當飲食，避免暴飲暴食與藥物濫用。

你通常較為關心群體而非個人正義。

數字11是卓越數，擁有巨大潛能。上蒼給你這份禮物是因為你值得擁有它。關鍵是堅持自己的理想，想出實際的辦法加以實現。

你擁有特別的天分，在這個世界扮演獨特的角色。在時間與身心成熟後，你才能完全理解上天給你的這份任務。有了耐心、毅力，你會發現為什麼在孩提時代你感覺自己和別人不同，甚至有些獨特。成為成熟的大人後，童年時期讓你感覺脆弱的東西會讓你感到強大的自信。

22 內心欲望數字

在你的內心深處，你渴望對這個世界造成深遠的影響。你內心強烈渴望做一件大事，可能是政治運動，可能是企業，也可能是哲學思考。

22和11一樣是卓越數，擁有強大的力量，聰明、敏感，擁有驚人創意。22擁有11的創造能力，也有4的務實。這個組合讓你有強大的能力可使夢想成真。

內心欲望數字22遇到的挑戰，與潛能一樣巨大。要完成自己高尚的夢想，你得整個人完全投入。

你所選擇的道路並不簡單。你需要時間讓自己成長，達到某種境界的成熟，否則不太可能達成夢想。

不管你自己知不知道，你的生命擁有強大的力量。你生下時就具有這股隱性的力量，但從某方面來說，你並沒有意識到這件事。在生命的早期，這股力量會使你的內心感到格格不入、不舒服。你的自我形象永遠是矛盾的極端：從某方面來說，你感覺自己是擁有潛能的獨特個體；從另一方面來說，你又有一股不安全感，甚至覺得自己不如他人優秀。

這種矛盾會造成你不停地質疑自己、缺乏自信，但這也能產生強大的能量。這股能量加上22其他崇高的性格，可以變成一股具有動能、永不停歇的推進力。為了紓解如此強大的力量，你必須擁有一個神聖的目標，將這股力量導向那裡。

你在面對你真正的夢想帶來的挑戰之前，很可能會嘗試好幾種不同的職業。

你可以是出色的領導者，用你的願景與職業道德鼓舞並激發眾人。你的點子具有創意又出色，可以引發同事的熱情，有時甚至會全心奉獻。

你應該到大企業或政府機關服務。你擁有組織能力，能讓困難、敏感的案子順利進行。一旦發揮全部的力量，你得面對許多心理與精神上的陷阱。你可能會變得自大、有優越感，以為自己的判斷不容質疑，別人的忠告與支持都不必要。你可能會在企業裡試圖掌控所有力量。這種自我中心的危險態度，有時會延伸到家人身上，連家人你都想操控。

一旦開始運用真正的天賦，你的挑戰是面對自己優秀的成就，也能保持謙虛。

當家庭穩固又支持你的時候，你會有最好的表現；你必須擁有能夠分享夢想的伴侶，而且對方必須擁有強大的力量並獨立自主，才跟得上你的腳步。

你是愈挫愈勇的人。你的人性特質會隨著你的表現而增加，包括創意、謙卑、善解人意與同情心。因此，你必須追求卓越與內心的成長。

一旦完全掌握數字的複雜性與原型人格，以及數字在命盤上的位置，就能得出其他有用資訊。舉例來說，你將瞭解，內心欲望數字對你在選擇周遭環境時的特殊影響，知道自己會選擇哪些居住環境，以及吸引哪些類型的人。因此，深刻掌握你的內心欲望數字，能為人生帶來實際又正面的改變。

次要內心欲望數字

次要內心欲望數字來自姓名簡稱的母音。全名反映出你的複雜特質，姓名簡稱則是較為精鍊的特質，能夠強化並整合你的全名所反映的能量。次要內心欲望數字會強化你的部分特質，弱化其他部分。因此，簡稱通常能反映你人生真正想要的東西，並揭露你有多瞭解自己這一生想要什麼。次要內心欲望數字讓你同時看到兩件事：一是你對於哪些事物有強烈欲望，二是你是如何限制了自己的潛能。

找出次要內心欲望數字的方法，是依據找出內心欲望數字的相同方法，相加姓名簡稱中的母音。不要忘了，不要將卓越數化為一位數。

（如同內心欲望數字，把數字放在名字之上。）

範例：

	Tom	Hancock
母音數字	6	1　6
總和	6	7

Tom這個名字有一個母音，總和是6。

Hancock的母音數字總和是7。

Tom Hancock這個人的次要內心欲望數字是4（6＋7＝13，1＋3＝4）。

次要內心欲望數字的符號是小於內心欲望數字的圓圈（請見167頁表3.1）。

1 次要內心欲望數字

次要內心欲望數字是1的人，會從自己身上得到更多力量與決心。你會想要變得更具原創性、更加獨立。你重視勇氣，願意直接面對逆境。

你希望領導，不願追隨。你不容易受人影響，也不接受恐嚇威脅。你願意獨當一面，也很會為對的事挺身而出（檢查一下第四章介紹的隱藏欲望數字，找出自己是否擁有過多的1〔超過五個以上〕）。如果是的話，你會顯得自私、頑固、喜愛操控他人）。

2 次要內心欲望數字

你的姓名簡稱讓你的心靈鎮定下來，令你圓滑、有社交手腕，也讓你更為感性，察覺周遭事物，你有的任何音樂才能會因此提升。

你會更為優雅細緻，可能變得不願意站到最前面，也不願意單獨做事。2是一個輔助數字，喜歡與他人合作。

3 次要內心欲望數字

你的姓名簡稱讓你的個性更添熱忱、創意與活力。你更具文字天分，對藝術有更深刻的理解。寫作、歌唱、演戲與舞蹈對你來說會變得易如反掌，特別是如果你本來就擁有相關的天分。

你的次要內心欲望數字會鼓勵你更愛社交、更具彈性、風趣，變得不那麼嚴肅。你會更幽默機智、啟發人心。3會讓你擁有向上提升的力量，鼓舞身邊其他人。

4 次要內心欲望數字

次要內心欲望數字4會讓你的個性更有條理、實事求是，變得嚴肅、負責與實際。

你的姓名簡稱會促使你注意細節，留心事物的具體要素。你對日常事物不再感到那麼不耐煩。姓名簡稱讓你更為腳踏實地，多加考慮自己與親朋好友的基本保障。你更可能成為完美主義者，對多采多姿的社交生活不感興趣。

你擁有強烈的是非對錯感。

5 次要內心欲望數字

你的姓名簡稱讓你在人生中尋求更多自由與冒險。變得更不遵循傳統、更個人主義一些。你天生的才智與想像力增強，變得更有動力、更有熱忱、更具彈性，為人生加進刺激的事物。5這個次要內心欲望數字讓人更能適應改變。

6 次要內心欲望數字

你的簡稱讓你更加流露溫暖、關心與仁慈的性格，你對其他人更有耐心，也會成為更好的聽眾，願意扛下別人的負擔。

次要內心欲望數字6會增加你的創意與愛家本能。女性會更喜歡待在家裡；男性擔任丈夫、父親、家庭供養者等角色時，會變得更自在。

你的和諧感與社會意識增強，更能解決爭端。

6是所有數字中最平衡的一個，能和其他所有數字和諧共處。命盤上6處於明顯位置的人，很少會偏離自己真正的本性。

7 次要內心欲望數字

你的姓名簡稱會增加你研究、專注與精通某領域的欲望，更加需要冥想與沉思的私人空間，探求內在心靈，反思自己的內在天性，思考深層的人生問題。

次要內心欲望數字7讓你更理解與掌握抽象資訊。此外，也會發現自己表現出不遵從主流的氣質。數字7的人高度內斂、充滿直覺、追根究柢，不會滿足於表象。

8 次要內心欲望數字

次要內心欲望數字8會增強野心與內在力量，更能處理商業、管理與組織方面的事務。專心在自己的目標上，用足夠的毅力與努力實踐夢想。

你的姓名簡稱會增加你的領導能力與個人力量，更專注於物質財富。你願意為了提升自己的地位或財富而努力工作。

你的姓名簡稱讓你更會看人，並且發展這方面的天分，最後成為精明的性格鑑定人與優秀的談判專家。

9 次要內心欲望數字

你的姓名簡稱會開拓你對人生的視野，更具同情心、更熱愛社會與關心人類福祉。

次要內心欲望數字9會增強你的理想主義，犧牲小我完成大我。

你想讓人生變得不一樣。

你可能會變得更冷漠，更難擁有你所需要的私人情感。

你會更欣賞藝術，擁有的一切藝術天分都會增強。你可能更想成為教師，受到讓自己朝這個目標走的知識所吸引。

11 次要內心欲望數字

你的姓名簡稱會增加感性程度、直覺與感知能力，更加深入探究人生中的神祕事物，受到宗教、哲學、性靈知識的影響。這可能會喚醒你的直覺，甚至是通靈能力。

在此同時，次要內心欲望數字11會讓你對自己的缺點更加敏感，更努力改進自己。更加感性的個性會讓你尋求和諧、寧靜的環境，平衡11可能帶來的緊張焦慮。

你會更希望與他人合作，變得更謙卑、穩重。你會找出方式避免衝突，維持和諧的人際關係。

你的直覺變得更強後，將帶給你具高度創意的點子與靈光一閃。你將瞭解許多事。

22 次要內心欲望數字

你的姓名簡稱會增強你的野心與紀律，以及完成大型重要工作的能力。你會發展出個人的管理技巧，努力讓別人朝夢想前進。你還希望研究組織人們的方法。

你更加關心身旁的人，促進他人福祉。除了天生的實際性格，還更具理想性和靈性。

在此同時，你可能會覺得被這些新的沉重目標壓垮。高度的挑戰可能會讓你懷疑自己，感受到內心的緊繃。那是因為你急於讓自己的理想化為現實。

由於次要內心欲望數字22的緣故，你會把心力投注在宏大、具有深遠影響的事業上。

一個人的次要內心欲望數字，在許多方面都有重要意涵。如果要完整瞭解次要內心欲望數字所代表的意義，你必須誠實以對。同時去分析內心欲望數字與次要內心欲望數字是一項挑戰。不要放過自己，試著找出自己試圖隱藏或迴避的事物。

個性數字

你的個性數字源自全名的子音。個性數字就像通往你真正天性大廳的狹窄通道，那是你開始一段關係時，願意讓人看到的那一面。等你認識他們更久、更信任他們之後，你會邀請他們進入你的內心深處；讓他們看到真正的你，也就是你的內心欲望數字、表現數字，及其他數字所展露的你。

你的個性數字通常是一種審查機制，也就是你允許自己顯露的樣貌，以及你允許他人看到的樣子。個性數字會審查你允許進到心裡與腦中的人物與資訊類型。因此，你的個性數字通常會比真正的你還要狹隘，更自我保護，可以排除你不想要面對的人事物，但也會歡迎與你內心相通的事物。

可能是幸，也可能是不幸。這個狹窄的通道是別人對你的第一印象，他們會因此歡迎你或對你產生好奇心，也或者他們會對你失去興趣。

如何找出個性數字

找出個性數字的方法是相加名字中與子音相應的數字，就像前文找出內心欲望數字的方法一樣。請注意：計算個性數字時，不要化約卓越數。

範例：Thomas John Hancock

T	h	o	m	a	s		
2	8		4		1		15＝1＋5＝6
J	o	h	n				
1		8	5				14＝1＋4＝5
H	a	n	c	o	c	k	
8		5	3		3	2	21＝2＋1＝3

Thomas這個名字有四個子音（2、8、4與1），總和是6。
John這個名字有三個子音，總和是5。
Hancock這個名字有五個子音，總和是3。
因此，Thomas John Hancock的個性數字是6＋5＋3＝14，然後再化為5。

個性數字的符號是裡面可寫上數字的正方形（請見167頁表3.1）。

次要個性數字

次要個性數字的依據是姓名簡稱的子音，讓你更瞭解你是如何向外面的世界呈現自己。這個數字主要說明你最能接受、已經與外界分享的性格。

你在人生中因為婚姻或工作緣故而改的姓名，將帶給你重大影響，包括你用什麼樣的方式與態度對待他人。這一切將可從次要個性數字看出來。因此，我不建議改名字。改名字一定要慎重考慮，可以請教生命靈數專家。如果是因為結婚必須改名，我建議使用雙性，這樣一來將可增加你的特質，但又不會完全改變你的性格與態度。

次要個性數字的計算方式是相加名字簡稱中與子音對應的數字，然後化為一位數。不要化約卓越數。

範例如下所示：

T	o	m		H	a	n	c	o	c	k
2		4	+	8		5	3		3	2
	6			21	=	2	+	1	=	3

Tom Hancock的次要個性數字是（6＋3）＝9。

次要個性數字的符號是個性數字的縮小版（請見167頁表3.1）。

接下來的敘述同時適用個性數字與次要個性數字，但不要忘了，次要個性數字的影響力，遠弱於依據出生全名得出的個性數字。

1 個性數字與次要個性數字

你散發著動能與幹勁，一切顯得都在你的掌握之中，你是能幹的人。面對逆境時，你看重勇氣與努力，自己也會顯現相關特質，其他人感到無法擺布你。

你應該衣著得體，重視儀容細節。你可能成天穿著穩重的西裝或端莊洋裝，但鮮豔明亮的顏色也很適合你。你很時髦，但也有自己的風格。

體重過重時，你的外表會比多數人容易產生負面影響。過重會直接抵觸你想要投射的性格。筆挺高眺的外貌將能凸顯你的良好身材，讓你看起來更像領導者。

人們覺得你是個拓荒者；你對於該如何做事有自己一套想法。你願意冒險，具有原創力與高度創意。

你看起來可能太具侵略性或麻木不仁，這點你要注意。如果你不想辦法讓自己的外貌溫和一點，你可能會嚇到人。如果你能做到這一點，你能吸引較沒那麼有自信的人。他們將更願意告訴你他們的想法與建議。

2 個性數字與次要個性數字

你看起來友善不做作，外貌溫暖和善。其他人覺得你是個溫和、安全的避風港。人們會被你吸引，其中一個原因就是你看起來溫暖、不具威脅性。

你的衣著乾淨整潔。你應該選擇舒適、柔軟、飄逸的衣服，並且避開低調樸素的選擇，努力讓自己的外表更大膽、更刺激一點。這有助於你平衡你感性、開放的個性。

你溫和、體貼的個性會吸引異性，但他們也會感受到你外表下的熱情。你擁有性魅力。運動對你的外表來說很重要，還能加強你所散發的力量。

你耐心十足，善解人意，是很好的聽眾，能讓別人覺得自己很重要而且被愛。

你生性敏感，不和諧的環境會令你緊張。小的時候，你聽過不少負面批評，這使你在成長過程之中害羞起來。雖然你可能已經克服了那份羞怯，你還是有一點脆弱，而旁人常常察覺這一點。

你是個和平主義者。爭論會讓你筋疲力盡。人們感覺到你渴望和諧，但你必須避免成為別人投射的對象。人們可能會低估你的力量，但他們錯了。你很堅強。你會彎腰，但不會被折斷。

你擁有美感與絕佳品味。你動作優雅，這反映你對和諧與精緻的強烈感受。

3 個性數字與次要個性數字

你富有魅力。許多個性數字是3的男性長相十分英俊，女性則通常擁有驚人美貌。

你充滿生命的能量震動，令人振奮，激勵人心，魅力四射。你通常是個很有趣的伴侶。

你機智與魅力十足的個性，讓你成為派對的焦點。

你外向樂觀，喜愛珠寶華服，也喜歡盛裝打扮。你散發光芒，異性會追著你跑。

你生性浪漫，很快愛上一個人，然後又馬上抽離。你溫柔親切，慷慨大方。

不要因為自己的魅力而沉溺於遊戲之中。你要努力培養深厚持久的關係，避免為了受歡迎而分散精力。

你可能會輕易承諾，過度戲劇化或者誇大。

你的機智可能會讓你過度依賴膚淺、幽默的對話。

你是個幸運兒，一生之中會遇到許多機會。此外，你也有能力提升自己並鼓舞他人。如果能夠努力工作並自律，成功指日可待。

4 個性數字與次要個性數字

你散發著可靠、不屈不撓的氛圍，人們會信任你，相信你的判斷。你被視為事業的基石，人們倚賴你的工作效率與專業長才。

你擁有力量，受人尊敬。你的穿衣風格貼近實用風，注重傳統、實用性、耐久性與價格。你在他人面前表現出得體、端正、一板一眼的樣子。

這一切源自於你最受重視的特質，就是你的工作。你希望別人評斷你的依據是你的表現，而不是你的外表。

你節儉，一塊錢也很重視。你關心未來的保障與你所愛的人。然而，在別人眼裡，你可能顯得有點過度簡樸。

你通常穿大地色與保守的服裝。你可以讓自己的穿著多一點優雅風格，多穿令人心情愉悅的顏色，少穿線條剛毅的衣服。如果你穿咖啡色西裝，可以搭配亮眼的領帶或一點珠寶。

你是個顧家的人，熱愛家庭提供的親密感、穩定性與安全感。你會養家，也會保護家人，不過家人可能會把你的付出視為理所當然。

你是個愛國者，不但熱愛自己的國家，也是社區不可或缺的一分子。不屈不撓、努力完成你精心策畫的計畫，能帶給你舒適與有保障的未來。

5 個性數字與次要個性數字

你活力十足，你新鮮、原創的點子能讓社交場合熱起來。你所說的話通常新鮮有趣，機智風趣。

你妙語如珠，魅力十足，可能是出色的推銷員。你的體內有許多尋找發洩出口的緊張精力。

你熱愛自由，把這一生視為永無止境的冒險，而且樂觀向上。你的這一面會感染並鼓舞身邊的人。

你擁有強壯、誘人的身體，肌肉十足。你動作靈活、優雅、擁有運動員的體態。不要放縱自己大吃大喝，你很容易發胖。不論是性愛、美食、酒精、藥物，凡是能夠挑逗感官的一切你都愛，你必須嚴守紀律。個性數字5的負面性格，在於容易成癮。

你喜歡時尚的打扮，色彩鮮豔的衣服在你身上不會突兀。然而，你必須注重品味，不要過度打扮。

你有一點不負責任，很容易屈服於自己的聲色欲望。你容易受到吸引，再加上天生善於推銷自己，你很容易用新鮮刺激的關係滿足自己的欲望。

你的個性有一點愛吹噓，人們看出你很愛冒險。他們期待你做出驚人之舉。如果他們沒有這種心理準備，你通常會讓他們嚇一跳。

你頭腦動得很快，兼容並蓄，會吸引四面八方的資訊。然而，你可能有點膚淺，涉獵眾多主題，但淺嘗輒止，這可能導致你一知半解。大部分時候，這沒什麼大礙，但為了你的成功與幸福著想，你應該試著選定一種知識，深入瞭解。

你多才多藝、適應力強，幾乎能運用人生的各種機會。你會很快決定行動方針，時機通常抓得不錯。你散發成功的潛能，這會吸引其他能夠在一路上助你一臂之力的人。

6 個性數字與次要個性數字

你散發善解人意與同情的氣質。人們會感受到你的溫暖與一視同仁。因此，你會吸引許多需要撫慰的人，包括弱勢團體。人們會尋求你的協助，你能讓他們產生信心。

你正義感十足，盡一切所能維持和諧，甚至犧牲小我，完成大我。

然而，你可能會做過頭，有時候甚至扮演殉道者的角色。你要小心，不要讓別人占便宜。有時你不太會看人，只看到別人最好的一面。

你也可能太過介入別人的生活，傷到自己（這個面向可以靠命盤上其他數字平衡）。

你好客、愛家，愛孩子，是好父母。你浪漫、忠實，非常會保護自己的家人。

你是藝術家，熱愛音樂、花卉與園藝。你是天生的室內設計師，擁有絕佳的色彩感與品味。

相較於你的外表，你更在乎性靈，這讓你沒那麼在意穿衣風格。你對舒適與實用性的重視，勝過衣服展現的個人風格。

個性數字6極度慷慨，碰到錢的時候，思考不是很有邏輯。

你無力抵擋讚美與批評，容易擔心東擔心西，造成胃部毛病。

人們視你為具有母性／父性的人。有你在，他們會想放鬆與吐露自己。你是眾人的避風港。

7 個性數字與次要個性數字

你看起來神祕，與眾不同。人們覺得你嚴肅又愛好學問。你非常獨立，自給自足。你出眾的頭腦與智慧很快就會被發現，人們尊敬你。你之所以吸引他人，不是因為性格溫暖或具有同情心（不過你可能也有這兩種特質），而是因為你明顯能夠看透生命的神祕之處。

你是個很難懂的人，通常沉默寡言。人們常會發現你在說話說到一半時，注意力就轉到自己的內心。

你擁有知識分子與貴族的氣質，但你必須避免驕傲自大與「全都被我看穿」的態度。

你的人生有某些時期會不修邊幅，有時候又非常注重自己的服裝，並且標新立異。

不管你穿什麼，都有莊嚴的氣質，但衣著得體再加上一絲瀟灑，將帶給你好處。你知道自己盛裝打扮時，自信會增加。

人們覺得你充滿靈性又虔誠，你對人生的意義與造物者，有自己的一套哲學。

你是侃侃而談的演講者，但這只有在討論你真正感興趣的主題時才會發生。你不是個能閒聊的人。

你顯現出對知識的熱愛與智慧。

8 個性數字與次要個性數字

你的外表強而有力，性格令人敬畏，光是身上散發的力量就足以影響、甚至令他人害怕。你天生帶有一股權威感。你的能力與動能會吸引握有資源的人。

你散發自信。人們會聽從你，因為他們感受到你做事確實又有成效。

你也散發受到節制的善心。一旦你覺得一個目標值得支持，人們會感受到你的慷慨。

你必須衣著得體。你身上散發一種權力與幹練的風範，而這點必須靠你的服裝強化。甚至可以穿得有些俗麗，你撐得起那種衣服。品質是你最重視的事，你應該讓自己的穿著也反映那一點。

雖然大部分數字8的人擁有強健體質，他們容易罹患消化不良、潰瘍與心臟病等疾病，因為他們用餐與飲酒不知節制，而且通常是工作狂。

你的致命弱點是過於自我中心。負面性格會造成你無情、貪婪、極度孤獨。

另一方面，你也可能是個自然、隨意的人。你的本質溫暖、快樂。在你內心深處，你想讓每個人和你一樣隨性、快樂。你身邊的人常會察覺這點。你的同事與員工通常喜歡你。

9 個性數字與次要個性數字

你的外表令人印象深刻，具有貴族氣息。不論你身高多少，你都會有貴族的氣派，身形筆直。你嚴格掌控讓他人看到的自我形象。

許多演員、舞者與其他表演者，個性數字都是9。你優雅、高貴、富有魅力。許多人仰慕你。

你的才幹會讓人們被你吸引或厭惡你。有些人會嫉妒你，試圖貶低你。

你身上散發的自傲氣息，某種程度上也助長了這樣的行為。所有個性數字為9的人都應該小心這件事——有的時候會獨善其身，姿態放得很高。

你的挑戰是回到地面，和你的同伴待在一起。

從另一方面來說，你同情人類，想要奉獻自己，改善他人命運。比起處理一個人的問題，你更能解決眾人的苦難。你有能力從事宏大的事業，幫助社會上有需要的人。相較之下，你比較無法處理一對一的個人問題。

你仁慈、富有同情心、願意幫助他人、存有善心。在冷靜自制的外表下，你是個感性、脆弱、情感豐富的人。

你擁有絕佳品味。住家環境與衣著在在顯現你優秀的藝術天分。

你會把自己視為社會的守護者與仁慈領導者，你會引導社群邁向更美好的世界。

11 個性數字與次要個性數字

個性數字11與個性數字2相仿，甚至更為感性，內心有更多緊張的精力。你通常太過脆弱，就連一句輕微的批評都能對你造成極大傷害。個性數字或次要個性數字為11的人，應該更自覺地培養並表達更多原始的力量。

個性數字為11的人能夠深入掌握人類心靈，是天生的輔導者。然而，他們自己的人生通常難以穩定，時常缺乏自信。他們逃不過死纏爛打的推銷員，學習說「不」是非常大的挑戰。此外，也容易吸引錯誤的戀情，特別是在生命早期。

年紀漸長，個性數字11成為重要的資產。你洞悉他人的能力及交際天分，讓你在「人」這方面占優勢，能夠影響他人，甚至操縱他人。

22 個性數字與次要個性數字

個性數字22與個性數字4類似，但有能力達成更高的目標。你讓人印象深刻，他們不是成為你的仰慕者，就是遠離你。你踏進房間時，人們會注意到你。

你和個性數字11一樣，擁有影響他人的能力，但原因完全不同。你擁有強大的力量與自信，很願意在面對他人時運用這些天賦。你可能行事專橫，許多較弱的個性數字會想遠離你，跑到較為安全的地方。你的挑戰是更加留意他人的感覺，尊重這些感受，不要刺激別

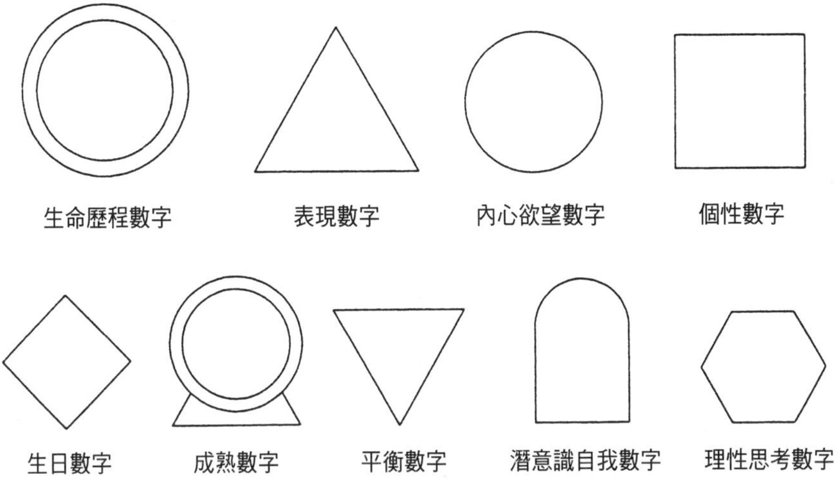

表3.1 生命靈數符號

人。

個性數字是22的男性強勢、令人印象深刻，申請貸款、協商合約，或是要求升遷比一般人來得輕鬆。個性數字是22的女性則沒那麼強勢，然而在這個社會上，她們經常得克服障礙，對抗社會對於女人應扮演角色的期待。她們可能會嚇到男性，或是讓男性感覺沒那麼自信，因而充滿敵意。因此，對於個性數字是22的女性而言，要更留意他人的感覺。

個性數字與次要個性數字讓你瞭解別人如何看你。畢竟個性數字是你能夠接受以及願意讓外界看到的個性。

如果你能思考自己的個性數字與次要個性數字，並搭配其他的核心數字，你將更加瞭解自己。你讓別人看到多少的自己？你試圖隱藏自己哪方面的性格？

你出生時的全名揭曉你真正的個性，也就是潛在的你。你的出生日期揭曉你為這一生選擇的道路，以及一路上你將遇到的契機與挑戰。你出生時的名字以及你的出生日期都無法更改或抹去。不論是好是壞，你都會受到影響，直到你離開這個世界的那一天。

你的姓名簡稱，也就是你向他人介紹自己的那個名字，則反映了你察覺到自己在哪些領域擁有真正的潛能，以及你把哪些事列為人生的優先要務，還有你對自己性格的哪些部分感到自在。這個名字揭示你個性的哪些部分被推到台前，哪些性格被增強，或有時被軟化。你可以更改姓名簡稱，很多人會不只一次更動。這是你能選擇的名字。不過，我認為改名的時機最好是順應天時的整體運作。

在絕大多數案例中，改名最好依據個人直覺，再加上在你人生中扮演重要角色的人的感應，而不是試圖小心分析各個名字與相對應的數字。

我看過許多因婚姻而改名的案例帶來很好的轉變，但不會一下子就很明顯。我見過暱稱增強一個人的正向特質並減少缺點，即使那個暱稱只被叫過一小段時間。我也見過有人堅持改成大家覺得莫名其妙的名字，那個人不知為何就是覺得那個名字很重要，完全超脫邏輯理性，而這樣的改名最後還是有所助益。然而，我也見過有人異想天開，衝動之下決定改名，或是想要成為他們不是的人。這類案例很少會為改名的人帶來正面效果，通常會造成混亂。

我不會假裝我瞭解我們如何成為今日的我們，以及我們的性格如何在千變萬化的人生中支持我們。這個問題的背後有許多理由，而且有無窮無盡的複雜過程。我真心懷疑我們的理智這輩子是否有辦法瞭解這麼宏大的事物。然而，我相信人生是一個能扶持我們、有秩序的系統，因此你的命名與出生日期絕非偶然。你出生在那個精準的時機，被賦予完美的名字。這一切都是要讓你完成個人的輪迴，讓你的性靈更加圓滿。

第四章

進一步深入瞭解你的姓名

認識你自己。

——德爾菲神諭石刻

目前為止，我們已經討論過一個人性格當中最強烈、通常也最明顯的部分，現在我們要進入較隱祕的領域。人會被欲望或野心驅使，就連他們自己可能都沒察覺。為了成為自由自在的人，我們必須意識到這些未被察覺的細微特質。我們必須瞭解自己內心最深處，才能掌控自己的人生。要不然，我們只是自己無意識欲望的奴隸。本章會幫助讀者找出這一類隱藏的特質。

業債課題命盤

生命靈數的前提是我們進入這一世時，帶有某些特定的力量與弱點。業債課題（Karmic Lesson）是我們目前的弱點所在，我們必須在這一生中學會面對並處理。業債課題可能不只一個。如同前文所述，名字中每個字母都對應到一個特定數字。某些數字會重複出現在名字之中，有些則不會出現。1到9的一位數之中，如果你的名字缺乏某個數字，將可指出業債課題。如果某個數字出現兩次以上，則可指出業債力量（請見本章的「隱藏欲望數字」）。

姓名中的字母與對應數字，可以指出你擁有的天賦與能力。打個比方來說，這些相關特質就像是你能在工作坊裡取得的工具。如果你的名字缺少某些字母，少了某些數字，那就代表你無法使用那些工具，你必須在這一生中學習並善加運用。

一般來說，如果名字很長（十八個字母以上），而且八個或九個一位數字全部出現，代表那個人很能幹，幾乎什麼事都能處理。這樣的人個性十分完整，興趣廣泛，擁有克服困境的明確能力。

如果是短的名字（不超過十五個字母），但也出現八個或九個一位數字，則代表力量強大、強烈希望領導或在眾人之中出頭。這樣的人擁有許多種天分，通常是最後的贏家。他們不屈不撓，比別人更快、更容易從逆境中站起來。

如果名字很長，但出現的數字很少，不到六個，這樣的人則會面對生命中強大的矛盾。從一方面來說，他們的個人生活會遇到眾多阻礙，面對劇烈且常起衝突的人際關係。此外，他們缺乏浴火重生的能力，很難從這方面的厄運中站起來。

從另一方面來說，這樣的人往往在特定領域具有出眾的天分，有能力投入自己所有的資源，在那個特定領域獲得極大的成功（如果名字長，而且只有六個以下不同的數字，至少會有某些數字重複出現好幾次）。

許多優秀的演員、歌手、科學家、軍事策略家、電視名人、工匠、藝術家名字都缺乏多個數字，但他們擁有這種名字所暗示的專注力。

如果你的姓名缺乏三個以上的數字，你絕對要專心於自己的職業與天分上，遇到困難險阻時，一定要撐下去。這樣的名字帶來的專注精力，讓你在人生某個面向獲得很大的成功。然而，在這樣的成功來臨之前，一定要先克服逆境。因此，堅持下去將是你幸福的關鍵。

姓名出現六個數字的情況並不罕見，但很少出現五個數字。一般長度的名字只出現四個數字更是罕見。我認識一位女性，她的姓名有十六個字母，但只出現三個不同數字（十個5、兩個4、四個3）。為了明顯的理由，我不會透露她的名字。我可以告訴各位的是，雖然她一生遭遇許多困難時刻，也遇到許多人幾乎無法克服的挑戰，但她不屈不撓，現在是一位極為出色的歌手與舞者。

如何找出你的業債課題數字

以下再次以Thomas John Hancock這個名字為例，示範找出業債課題數字的方法。

T	2
h	8
o	6
m	4
a	1
s	1
J	1
o	6
h	8
n	5
H	8
a	1
n	5
c	3
o	6
c	3
k	2

我們可以看出Thomas John Hancock這個名字出現的數字如下：四次1、兩次2、兩次3、一次4、兩次5、三次6、沒有7、三次8、沒有9。

Thomas John Hancock這個人擁有兩個業債課題：他的名字少了7和9兩個數字，這對一個有十七個字母的名字來說很正常。因此，他要看下文7和9的解釋，瞭解這兩個業債課題數字的意義。

表4.1介紹了本書命盤體系所使用的業債課題命盤：

4 (1)	2 (2)	2 (3)
1 (4)	2 (5)	3 (6)
0 (7)	3 (8)	0 (9)

表4.1　業債課題與隱藏欲望命盤

以姓名Thomas John Hancock為例的業債課題與隱藏欲望命盤。

這個名字缺少數字7和9，因此7和9是這個人的業債課題。

1是這個姓名中出現最多次的數字，1是他的隱藏欲望數字。

1 業債課題數字

你必須讓自己的人生更有進取心。你必須學會讓自己更果決，增強意志力。你將被迫挺身而出，支持自己認為是對的東西。你必須自己下決定，一定要學會更加獨立。

你的人生會出現很多強勢的人，你會和他們起衝突。你必須學會更果斷一點，不然你會被這些強勢的人吃得死死的。你的人生之所以出現這樣的人，是要讓你學會更堅強、更活潑。試著不要太在乎他人的想法。你可能會過度柔弱、膽小，你要學著推銷自己。努力加強自信，對自己的判斷與能力要更有信心，不要讓自己有拖拖拉拉的機會。

如果你的核心數字至少有一個1，這個業債課題數字的影響會減少。

2 業債課題數字

你必須學會更長袖善舞、更圓融。如果有必要，待在幕後不要張揚。做事的時候，不要老是想著要被人讚美或得到獎賞。你要學習成為團隊的一分子。

你必須學會更加體貼其他人的需求與感受。你會經常發現，通往成功的唯一一條道路，就是耐心與專注。你必須密切與他人合作。

如果你的核心數字至少有一個2，這個業債課題數字的影響會減弱。

3 業債課題數字

你高度自我批判。每次成為眾人焦點時，就會想盡辦法找出自己表現不足或丟臉的地方。你設定了不可能的完美標準，還把這個標準當作衡量自己的唯一指標。你必須放自己一馬，控制自己體內批判的因子，不然你可能無法真正享受生命。你過於嚴肅。樂觀一點，開心一點，你要享受生命原本的樣子，並與他人分享這份喜樂。

你的生活會要求你發揮想像力，以及與他人溝通。你會在這些領域受到考驗，你將被迫面對這種挑戰。

缺少3這個數字的人常常會成為藝術家。但如果想成功，就必須努力工作，堅持下去。如果你的核心數字至少有一個3，這個業債課題數字的影響會減弱。

4 業債課題數字

你對於自己的人生方向感到困惑，你必須建立一套有方法、有紀律的途徑。你必須為自己的人生奠定基礎，不然你自覺迷路了，人生一有變化就不知所措。

你很難找出自己最能發揮的工作，容易不切實際、缺乏組織。你向外尋求人生問題的答案，沒有向內求。新工作一開始像是答案，但一下子就失去吸引力。你很快就發現新工作需要同樣的努力與毅力，卻沒有你期待的興奮感。這會使你太快放棄。

你必須加強自己專心的程度。如果你的核心數字至少有一個4，這個業債課題數字的影響會減弱。

5 業債課題數字

你必須讓自己更具冒險精神。你必須克服自己對於生命的恐懼，抓住每個體驗人生的機會，讓自己旅行，造訪異國土地，認識新朋友，並且見識許許多多的新東西。開拓自己的視野，多跟別人來往。你必須學會擁抱改變，人生將迫使你適應新環境。

你容易過於死板、缺乏彈性，你必須克服這一點。你的人生課題是學會擁抱信念。你將學習跟著人生走，適應改變並成長。你將透過體驗人生學到許多東西。

如果你的核心數字至少有一個5，這個業債課題數字的影響會減弱。

6 業債課題數字

你無法承諾，對他人負起責任。

你很難承諾婚姻與其他重要的人際關係。你必須學會顯露真正的情感。

你可能會覺得孤單寂寞，但不瞭解原因，其實是因為你雖然會與他人建立關係，但依舊戒心十足。讓人看見情感，卻沒有真正傳達愛與關心。這可能會讓你與他人的連結十分表面。你必須學會建立真誠的人際關係。

你將學習擁有親密友人與持久關係的重要性。你會學習給予，必要時還得犧牲。這是通往真實友誼與恆久真愛的唯一道路。

如果你的核心數字至少有一個6，這個業債課題數字的影響會減弱。

7 業債課題數字

你必須學習某個領域更深入的知識，培養自己的能力。你缺乏意志力與決心，無法充分發揮自己擁有的特殊天分。不用痛罵自己，但你必須學習批評自己，才能讓自己的能力得到最好的發展。

你將學會凡事不能只看表面。如果你對重要事物只有膚淺瞭解，你無法完全發揮真正的潛能。

如果你的核心數字至少有一個7，這個業債課題數字的影響會減弱。

8 業債課題數字

你能吸引許多錢財，甚至成為成功企業家，但你在運用自己的資源時不是很小心，因此在財務方面會有重大起落。

你是個非常獨立的人，不讓別人指揮你做事。你很難面對權威人士，這是因為你有一種

「我什麼都知道」的態度，行事倔強，無法明白自己的限制。

你必須瞭解如何處理金錢。你極有可能吸引足夠的錢財，但容易讓它們溜過指尖。這個業債課題數字會迫使你瞭解自己的不足，以及你的資源有哪些限制。

學習當個有效率的人。

如果你的核心數字至少有一個8，這個業債課題數字的影響會減弱。

9 業債課題數字

你必須學習讓自己更具同情心、更寬容、更善解人意。你必須學習瞭解他人的苦難。有的時候，你必須犧牲以自我為中心的野心，才能完成計畫或某些更為大局著想的目標。

你必須學會開拓人生視野，從更寬廣的角度來看事情。你能影響自己與他人的命運，卻沒有意識到自己的巨大潛能。因此，你能夠幫助他人，也能夠帶動某些社會理念，但裹足不前。你在獻身社群及人類福祉時，會有所遲疑。

如果你的核心數字至少有一個9，這個業債課題數字的影響會減弱。

西方姓名最常出現的業債課題數字是7，這反映出一個事實。雖然組織信仰是西方的主要力量，透過獨處與沉思所帶來的性靈追求不被鼓勵（這可能也是組織信仰帶來的結果）。有趣的是，東方的名字常常出現7這個數字，特別是中國、日本、印度與東歐。

隱藏欲望數字

如同上文的業債課題數字所述，姓名中出現兩次以上的數字，代表某種特別的力量或能力。你的名字中最常出現的數字，代表你特別擅長的領域，或是特別集中的天分。

這個天分有一股非常特別的力量，會形塑你的人生。你會特別想發展那項特別的能力，讓世人看到。你會依據那個天分的天性而活。因此，隱藏欲望數字會影響你的性格，引導你的人生。

如何找出自己的隱藏欲望數字

找出你的姓名中最常出現的數字（可能有一個以上）。舉例來說，Thomas John Hancock的隱藏欲望數字是1，因為他的名字出現四次1，超越其他數字（請見上文的業債課題數字）。

有趣的是，北美社會中占多數的北歐姓名（源自英文在內的條頓語系），代表5的字母（E、N、W）最常出現，因此隱藏欲望數字也通常是5。美國人（以及北歐人）最重自由，恰恰反映出這個隱藏欲望數字（「U.S.A」〔美利堅合眾國〕與「America」〔美國〕的表現數字也是5）。

另一方面，南歐姓名源自拉丁語系，充滿代表數字1的字母，特別是A與S，而這反映在南歐人的個人主義與容忍非傳統的性格。

一個人可能擁有一個以上的隱藏欲望數字（請見第115頁表4.1。該命盤也列出了隱藏欲望數字）。

由於隱藏欲望數字依據的是姓名中每個字母所代表的數字，只有1到9，不會有隱藏欲望數字11或22。

1 隱藏欲望數字

你擁有出人頭地的強烈欲望。你有強大野心，希望有一番成就。你喜歡與人競爭，不管做什麼，都希望自己是最優秀的第一名。你精力充沛，創意驚人，能夠影響他人，甚至操控人們。你擁有高度政治手腕，必須擁有遠大理想，否則容易屈服於操縱他人的誘惑。

諷刺的是，有時你缺乏自信，特別是在早年的時候，不過你擁有克服這個障礙的能力。你是個存活者、戰士與領袖。許多優秀運動員與政治人物的隱藏欲望數字都是1。擁有太多1（名字如果是一般長度，卻有六個以上的1）可能會讓一個人像一頭公牛，具侵略性與暴力，甚至專橫如暴君。

2 隱藏欲望數字

你善解人意、感性、充滿直覺。你尋求寧靜、開心的環境，努力讓周圍的人與同事和諧相處。你很適合團體合作，特別是擔任和平使者。

你可能看起來有點害羞、膽怯，雖然你喜歡人們，內心卻會害怕，你不喜歡噪音與粗魯的人事物。

你工作認真，能夠發揮高度的專業、耐力與堅持。你吸引著資訊，常常是所有組織的樑柱，人們很自然就會依賴你。

你很容易過度擔心瑣碎的小事，把時間浪費在不重要的事物上。你也可能過於感性，容易受傷；你的感覺可能會使你無法理性地判斷。

你擁有音感，音樂與韻律難不倒你，而且你喜好藝術。你熱愛周遭的美麗事物，擁有高雅品味。

3 隱藏欲望數字

你喜愛社交，天生擅長表達自己。你喜歡請客，也熱愛參加派對。你非常受歡迎，是個好朋友。

你在一個以上的藝術領域都擁有高度天分，例如寫作、演戲、音樂或繪畫。

你需要刺激，百無聊賴的時候，你容易天馬行空，甚至誇大。

你很能鼓舞與帶動他人，天生具有豐富的魅力與領導能力。你高度樂觀，這可能讓你有點沒定性。你會覺得更好的機會一定在別的地方。

你必須讓自己有紀律，發揮自己全部的天分。你可能會過度分散自己的精力。要小心不要過度自私，過於沉溺於感官享樂。

4 隱藏欲望數字

隱藏欲望數字是4的人做事有條不紊，很少有達不到的目標。你擁有決心、毅力，是個有紀律的人。

你堅若磐石，值得信任。你的親朋好友相信你，知道你能照顧他們。

工作是你生命很重要的一部分。如果做的是自己不喜歡的工作，你可能會極度痛苦。你不會放過細節，熱愛行事曆帶來的安全感與安定感。你不喜歡出乎意料的事。

你是個腳踏實地、實際的人。你關心社群福祉。

你熱愛大自然，也喜愛自然法則的美感與效率。

你擁有良好的判斷力與理解力，能夠評估某項計畫是否可行。

你擁有良好的專注力。

家人與居所對你來說十分重要。

你是個深情的人，極度忠誠並保護身邊的人。

對於擁有許多4的人來說（四個以上、出現在名字裡或命盤中顯眼處）必須小心，不要讓自己變得過度執著於細節，不知變通，這會使你心胸狹窄，讓人感到無趣。

5 隱藏欲望數字

你熱愛旅遊、改變與新挑戰。你很能適應環境，多才多藝。你擁有語言天分，一般來說對文字很在行。寫作、行銷、公關工作非常適合你。

你熱愛感官享受，有一點衝動。你喜歡滿足自己的感官，這可能帶來麻煩。擁有太多5的人（六個以上）經常沉迷於過度的美食、飲酒、性愛與藥物。

你聰明機智，具有原創性。你幽默感十足，出口成章。

你強烈渴望自由，需要強大的意志力與紀律，才能完成自己開頭的東西，否則容易過早放棄計畫或情勢。

你可能會對太多東西都有興趣，這可能會讓你難以專注在一個領域。

你與傳統背道而馳。

如果要幸福快樂，你一定要專注於情感與工作。你容易一段感情換過一段，一個工作換過一個，這讓你難以維持深度的關係與專長。

6 隱藏欲望數字

你希望自己服務社群以及自己所愛的人。你擁有成為治癒者、輔導者或教師的天分。

你的責任感很強，願意犧牲很多東西。你必須小心，不要成為不感謝你的人的擦鞋墊，不要被人利用。

你是個理想主義者，主觀很強，容易自以為是。

你是慷慨的人道主義者。

你是理想的父母與婚姻伴侶。你熱心助人，永遠願意聆聽他人的困擾，但要小心不要過度插手。

7 隱藏欲望數字

你擁有高度發展的心靈與強烈直覺。你聰明，非常能處理抽象概念。你喜歡獨處沉思，一個人研究。

你喜歡哲學與形上學，然而你也可能對事物抱持高度懷疑，對不能證明的東西冷嘲熱諷。

你是深度思考者，擁有不尋常的理解力與洞察力。你不喜歡浪費時間在瑣碎的事情上。

你是專家，也是完美主義者。你會想出獨特的方法解決問題。如果那個主題吸引你，你聽起來會極具說服力。

你可能會以自我為中心、憂鬱、沮喪消沉。擁有太多7的人很容易寂寞，必須學習獨處又不感到孤獨。你必須學習信任自然的秩序與平衡。你可能看起來有點與眾不同、孤立、很難認識他人，但是人們一旦「懂」你，就會愛你、尊敬你。即使你容易什麼都藏在心裡，你很願意分享自己的愛，真心關懷周遭人的快樂，不過你不會表現出來。

8 隱藏欲望數字

成功與物質獎勵對你來說是很重要的動力。你相信努力就會成功，驅使自己朝著目標前進。你擁有願景與商業常識，能支配身旁的人，令他們印象深刻。你是天生的經理人與組織者，下屬通常會喜歡你。你顯然擁有領導能力，散發權威感，不過最好不要咄咄逼人、頤指氣使。你非常會看人，能察覺他人的長處與弱點。然而，隱藏欲望數字為8的人必須小心，避免貪婪、冷酷無情，濫用這方面的天分。如果你能運用天生的輔導直覺，你更能善用瞭解他人「底細」的能力。儘管許多隱藏欲望數字是8的人，在商業世界占有優勢，能追尋成功，他們的人生大都過得十分艱辛，必須先克服重重考驗與挫折。更重要的是，他們必須達成精神與物質之間的適當平衡，不能過與不及。你需要你引以為傲的家庭與身分地位，才能感到人生得到獎賞。你容易炫耀財富與成功。

9 隱藏欲望數字

你溫暖、慷慨、具有同情心。如果你從事的工作，不只能帶給自己還過得去的薪水，還能同時對人類有益，你會表現得很好，而且會十分快樂。你是個藝術家，數字9帶給你許多創意。然而，相關天分通常會被壓抑，有時候要到中年或老年才會顯現出來。你有想要看透與瞭解萬事萬物的強烈欲望。你情感豐富，不是永遠都懂自己的感覺，常常受到壓抑。你可能會陷於白日夢與理想之中，不切實際，不過你的熱血與熱誠還是能吸引幫助你的人。你的雄辯能力時常能扭轉情勢。你決心做自己的事，相當獨立。

西方姓名最常出現的隱藏欲望數字是5、1、3與9。有趣的是，這些數字相對於講求實際，代表了理想主義。

潛意識自我數字

潛意識自我數字反映出你對個人力量與能力的自信，以及你應付突發狀況的能力。另外，這個數字也顯現出你正確評估情勢與做出相對反應的能力。

潛意識自我數字來自業債課題數字。你的姓名可能出現1到9全部的數字，或是少於九個。事實上，可能少至五個，多至八個。舉例來說，你可能不會有6或7。這代表你遇到需要6或7性格的情況時，你會有點心有餘而力不足，或是不確定要如何處理相關挑戰。

從另一方面來說，你的姓名依舊出現其他七或八個數字，也就是你有良好能力，能夠處理需要那些數字的情境。你擁有某種自信，你覺得自己熟悉那個情境，能有效解決。因此，一個人的姓名出現八個數字，比起只有五個數字的人，在大部分情境下擁有更多自信。

一般來說，姓名中擁有八個數字的人，能夠處理大部分情境。

矛盾的是，九個數字都有的人通常個性冷漠。發生突發狀況時，容易過於自負。

如何找出你的潛意識自我數字

方法很簡單，只需數一數姓名中出現幾種數字，請參考上文的「業債課題命盤」，或是用9減去你的業債課題數字個數，即可得出你的潛意識自我數字。

舉例來說，我們從上文的業債課題數字，得知Thomas John Hancock這個人的姓名中缺少7和9兩個數字（請見174頁表4.1）。因此，他的潛意識自我數字是9－2＝7。或是倒過來看，他的姓名一共出現七個數字，因此他的潛意識自我數字是7。

潛意識自我數字會是3到9。從來沒有一個姓名只有兩個以下的數字。

潛意識自我數字的符號是一道拱門（請見167頁表3.1）。

3 潛意識自我數字

你遇到緊急事件時會尋求親朋好友的協助，然而生命將迫使你面對這些事件，直到你學會運用自己的力量。你很早就開始尋求自己能依賴的伴侶或夥伴，你的結婚對象年齡可能比你大，對方能提供你某種程度的安全感與保護。你必須小心，不要讓自己陷入極度的憂鬱之中。此外，你必須控制自己，你容易過度放大自己的情緒。在挑朋友的時候，標準要更嚴格一點，你成功的關鍵在於找到可以努力的明確目標。這將集中並引導你的精力，讓你有機會達到非常可觀的成果。

4 潛意識自我數字

你可能容易迷失於瑣碎的細節，猶豫不決，甚至無法快速、有力地行動。你必須學習信任自己的直覺，馬上行動，避免猶豫與拖延。你的人生需要結實的基礎，你需要負起責任、有人依賴你的家庭與工作環境，以及你完成特定任務後可得到的報償。

5 潛意識自我數字

你通常會到處分散自己的精力，難以完成計畫與任務。你的人生需要紀律與組織。遇到困難時，你會強烈想要逃避，硬是改變，而不會試著解決問題。不過，你學得很快，很容易適應改變。你這一生要成功，就看你能否讓自己定下來，承擔責任。家庭與事業的確能讓你定下來。

6 潛意識自我數字

你喜歡幫助他人，有時甚至不會注意到自己的需求。你的第一要務是家庭與家人，其他都是其次的。你散發著愛，真心關懷他人。遇到困難時，你會尋求親朋好友的協助。你是個負責任的人，願意為他人犧牲。

7 潛意識自我數字

你可能看起來對周遭環境不感興趣，有點離群索居。你身心平衡，能夠多次度過風暴。遇到考驗時，你會縮進自己的世界，用自己具創意與理性分析的頭腦，尋求慰藉與答案。你可能會有點孤獨，不輕易與他人分享自己的感受。

8 潛意識自我數字

你能有效處理突發狀況，反敗為勝。你學得很快，通常不會犯同樣的錯誤。你希望努力能帶來報酬，你用物質衡量自己的成功。你值得依賴，幾乎不管在什麼狀況下都很可靠。你不易驚慌或被嚇到。你實事求是，很快就能找出問題的處理方法。你很能掌握金錢與處理問題，是個生存者。你顯露領導與組織能力，外表給人勇敢又能幹的感覺。

9 潛意識自我數字

你的姓名中每一個數字都有，這讓你擁有處理所有情況的能力。矛盾的是，你可能有點疏離，甚至是漠不關心與自負。雖然你可能會覺得自己體貼他人，甚至到做過頭的程度，但事實上你可能會過於自覺，以致感受不到他人傳達的訊息。

要解讀情境與看人，你必須減低自覺的程度，不要那麼壓抑。必須小心某個情境的潛在陷阱時，你卻可能忽略。你可能會純粹因為錯誤解讀他人，使得人際關係陷入麻煩。或許你把太多的自己投射在情境或人身上。

潛意識自我數字有幾個值得特別注意的面向。基本判斷原則是數字小的潛意識自我數字，代表艱辛的一生。然而，你的姓名長度也應該納入考量。名字短、潛意識自我數字小，代表能夠集中與專注自己的精力。這通常會帶來成功的職業生涯。名字長、潛意識自我數字小，通常代表生命中許多面向都會遭遇困難，包括職業生涯。然而，下這類結論時必須十分小心，而且永遠要搭配命盤上的其他數字。不要忘了，生命靈數不是精準的科學，很容易得出錯誤結論。得出錯誤的負面結論時，將帶來許多問題。

平衡數字

人們在遭遇人生挑戰時，內在反應各有不同。有些人遇到困難情境時，會先退到一旁，好好想清楚。有些人則會抽離自己的情感，試著不要感受任何東西。有些人會情緒爆發，但情緒來得快、去得也快。有些人會抓著不放，陷入情緒之中，早該放手了還在執著。

人們通常未經思考或分析，就有特定反應或情緒反應。我們受到影響時，就會有這樣的反應。成熟度與自我發展會幫助我們學習用更有效的新方法，面對自己的世界，處理遇到的困難。你的平衡數字會給你指引，讓你知道什麼才是處理問題或威脅的最佳方式。

平衡數字的符號是倒過來的三角形（請見167頁表3.1）。

如何找出你的平衡數字

找出平衡數字的方法是把全名的縮寫字母相加，然後化為一位數。計算平衡數字時，永遠要化約卓越數。卓越數不適用平衡數字，因為平衡數字代表一種方法或一種態度，而非才能或特殊能力。

以Thomas John Hancock這個名字為例，縮寫字母是T、J、H。相加這些字母代表的數字（T＝2、J＝1、H＝8），得出平衡數字11，然後化為一位數2。

Hancock先生要看底下的平衡數字2，找出事情不順利的時候他要怎麼做，才能用最有效的方法解決問題。

1 平衡數字

你要運用自己的力量，但也要願意與親朋好友訴說自己的煩惱。你遇到困難時，可能會單打獨鬥，這讓你在艱困的時刻孤立無援。你要接受他人的建議，讓你用更寬廣的視野看問題，你能用這樣的新資訊找出解決之道。

力量、創意與勇氣能助你贏得戰爭。

2 平衡數字

運用圓滑手腕，不要那麼情緒化。找出解決方法時要有勇氣，不要因為害怕衝突就逃避問題。努力紓解緊繃的情勢；你的內在天分是找出雙方都能滿意的解決之道。你願意妥協。樂觀點、輕鬆點，試著不要把問題放太大。你過於敏感，必須努力讓身心更為平衡。你讓自己著手處理任何問題時，平衡與和諧會馬上出現。你可以擔任調停者的角色。

3 平衡數字

遇到問題時，要輕鬆樂觀一點。試著和他人合作，一起找出大家都滿意的解決之道。用你的驚人魅力來影響情勢。

遇到問題時，你可能會極度情緒化。要試著控制這種傾向，需要一定程度的客觀。你可能會太過專注於自己尋求的解決之道，而未注意到事情能夠解決的話，對大家都好。

4 平衡數字

遇到令人情緒激動的事件時，你要試著從更多角度來看事情，態度要輕鬆一點。控制你的憤怒，控制你的力量。

此外，你要看著大方向，要能妥協。寬恕、同情與感同身受等美德成為指引時，你的正義感會被提升到另一個層次。處理理想主義的一個實際解決之道，就是在遇到衝突時，試著替他人的立場著想。問題的處理角度，永遠比你認知的還多。

5 平衡數字

試著專注於你的問題，而不是迴避。你可能會縱情聲色，避免面對問題，不讓自己感受到衝突帶來的痛苦。小心不要飲食過度，避免陷入暴飲暴食、酒精與藥物的世界。不論是什麼問題，只要你專心，馬上就能找到具高度創意的解決之道。解答就在眼前。

6 平衡數字

你的力量來自於瞭解人們以及衝突的基本狀況。然而，你可能過於倚賴親朋好友提供安慰，而不是直接負起責任處理問題。你也可能過於沉溺在不相關人士提供的慰藉。這裡的重點在於負起責任。一開始會出現這樣的局面你也有份，你必須一起找出解決之道。你要接受你的角色。

7 平衡數字

你會逃進自己內心的安全避風港，希望自己不用處理手上的難題。然而，你頭腦清楚，善於分析，足以看透問題，能夠輕鬆找出解決之道。

你必須學習不帶感情、冷靜努力面對自己，面對你遇到的困難。你可能陷入情勢帶來的情緒，你的頭腦會被蒙蔽，無法清楚思考，找出答案。不要被情緒所擾，就能找出答案。

8 平衡數字

以平衡的方式運用你強大的能力。你可能會以操縱的方式使用這分力量，無法有原則地對待人們。

用更高層次的方式運用自身能力，意味著接受承擔一件事及解決之道的個人責任。你創意無限，也具有領導能力，幾乎任何問題都能找出解答。

試著不要強迫人們採用你提出的解決方法，而是要讓他們參與，表達自己的關切與意見，提出更全面的解決之道。試著為所有人的福祉運用你的力量。

9 平衡數字

當你對他人的困擾感同身受時，你將找出解決之道。你天生能夠瞭解各式各樣的人，可以看到事物的全貌。然而，你太常離群索居，住在象牙塔裡，把自己視為高於群眾的貴族。當你腳踏實地、接觸大眾生活的現實世界時，就能找到解決方法。有付出才有收穫。

平衡數字不是核心數字。然而，經歷情緒騷動時，你的平衡數字會變得重要起來。你的心煩意亂完全掌控生活時，至少在短期之內，平衡數字的影響力甚至會大過核心數字。

姓名裡的特殊字母

姓名中的每一個字母都代表你的個性，但字母位置會決定影響力。舉例來說，姓名的第一個字母（出生時的名字）被稱為「基石」（Cornerstone），讓你一瞥自己的性格，特別是碰到機會與阻礙時的反應。

名字的最後一個字母，則揭曉你在完成自己開展的計畫時，你會展現哪些能力與態度。這個字母被稱為「頂石」（Capstone，建築物最上面的那塊石頭）。將「基石」和「頂石」放在一起，可以得知自己成功開展與完成一項計畫的能力。

名字的第一個母音揭露你的內在。如同我在第三章解釋過，內心欲望數字有點隱祕，卻是命盤中的重要核心數字。那是你不會輕易揭曉的重要性格，你不會讓所有人都看到自己那一面，只有親朋好友看得見。你姓名中的第一個母音是一扇小窗，讓人能夠初步一瞥你的內心深處。

有趣的是，一個人平日使用的名字的第一個母音，如果和出生時原本的名字不一樣，這樣的人特別害怕讓人看到自己內心深處。

舉例來說，Thomas這個人名字第一個母音是字母O，而他平日自我介紹的時候說自己是Tom，第一個母音同樣是O，那麼他在和陌生人第一次見面時，讓人從第一個母音這扇小窗，以有限的方式一窺他的內心深處。

名字是Albert的人如果介紹自己是Bert，那麼他比較保護自己脆弱的內心欲望，不願意揭露自己名字真正的第一個母音。只有和他熟識的人會知道他的出生名是Albert，從這扇小窗看進Bert的內心。

底下我會描述字母代表的一般意義，不過不要忘了它們在命盤上的位置，解釋的時候要隨之調整。

A 特殊字母

你獨立，擁有野心與衝勁。你不易受到影響。你直接，可能會堅持己見，想要掌控一切。你擁有意志力，不屈不撓朝著目標前進。你勇敢大膽，但也頑固任性。你必須學會讓自己更有彈性、更願意聽別人的意見。

B 特殊字母

你感情充沛、感性、有點害羞。你友善，善解人意，和平與和諧對你來說不可或缺。你忠誠，堅決相信自己的理念，常常在想法過時之後，還緊抓著不放。你必須學習與時俱進，讓自己更能獨立思考。

C 特殊字母

你充滿直覺，很能表達情感。你擅長表達自我，擁有強烈的幽默感。你能鼓舞身邊的人，令人感到愉快。你表達的方式比較強烈，有時到了誇張的程度。你愛說話，想做就做，自由自在，是個樂觀的人，然而你常會分散精力，無法專注。

D 特殊字母

你腳踏實地、務實、充滿效率、井井有條。此外，你聰明有決心，能夠專心克服眾多困難。你天生散發權威感，但也可能頑固不知變通。

E 特殊字母

E需要許多自由。由於你喜愛聲色、熱情洋溢，可能會結不只一次的婚。你喜愛社交，喜歡娛樂眾人。你非常敏銳，不容易被騙。你具有獨創性，多才多藝，也能從不同角度看事情。你必須學會紀律。

F 特殊字母

你是個負責任、犧牲奉獻、深情、好客、友善的人。你擁有一顆溫暖的心，具有高度同情心。你能感受到他人的痛苦，溫柔體貼。你喜歡幫助他人，但一定要小心，不要干涉他人生活。你容易陷入過度的憂鬱與沮喪之中，這點一定要留意。

G 特殊字母

你擅長思考，擁有強大的意志力與決心。你的個人願景與想像力可能帶來財富。你做事有條有理、有紀律，井井有條，但機會來臨時也能火速行動。你也可能具有過人的洞察力。

H 特殊字母

你具有創意與獨創性。你容易賺錢，也容易賠錢，但長期來說，財務方面應該沒有問題。你獨立自主，依賴自己的判斷。有時你過於孤獨一人，最大的敵人是你懷疑他人也懷疑自己。你需要待在大自然，感受真正的自我，讓自己重新找回方向，以及清楚的頭腦。

I 特殊字母

你情緒豐富、體貼、善解人意，是個藝術家，擁有良好品味。如果缺乏平衡、穩定的生活，可能會神經緊張，容易發生意外。你必須試著不要從一個極端跑到另一個極端，你要尋求平衡。

J 特殊字母

J代表著「justice」（正義）。你誠實、忠誠、可靠、誠懇。你想要改善他人生活，可能會太過努力討好他人。你聰明，具有非凡天分。然而，你必須找出自己的幹勁，才能善加發揮天分。

K 特殊字母

K是字母表中第十一個數字，啟發、直覺與啟示是K的關鍵字。你情緒豐富，具有創意，強烈想要成功。你可能相當具有說服力，多才多藝。11這個數字高度敏感，具有理想主義，神經緊張、恐懼與遲疑是這個數字的負面面向。

L 特殊字母

L對於發生在自己身上的事，通常會思考再三，結果就是做決定或反應的時候花上許多時間。你誠實、誠懇，願意付出，天性溫和。你常常搬家，也比多數人常旅行。你在遭受情緒壓力時，容易發生小意外。對L來說，維持生活各面向的平衡是相當重要的一件事。

M 特殊字母

你精力充沛，工作認真，有點工作狂傾向。你做事有效率，不容易累。你很可能擁有強健體魄。你居家，希望財務有保障。你吃苦耐勞，堅忍不拔。你必須學會對他人更有耐性。

N 特殊字母

你充滿直覺、具有創意與原創性，不符合傳統。你堅持己見，必須經過大量討論才會改變心意。你喜歡靠寫日記來記錄生活。你喜愛感官享受，一生當中可能會談多次戀愛。

O 特殊字母

O的基本特色是意志力、宗教信念與高道德標準。預備展開新旅程的時候，你會耐住性子徹底準備。你尊重規則與規定。你情感豐富，必須小心嫉妒的毛病。你容易陷於沉思與想像之中。

P 特殊字母

你聰明，擁有許多方面的知識。你會帶來深刻的第一印象，人們覺得你威風凜凜。你可能離群索居、過度神祕，帶有距離感。你具備常識與良好判斷力，但常會不耐煩。你可能過於在乎財產，吝於分享時間。

Q 特殊字母

Q會招財，但也可能起起伏伏，造成突然的損失。你天生具有權威感，能夠影響他人。你不好懂，讓人感到神祕，可能常常成為八卦的受害者。你直言不諱，擁有演說天分。處於負面狀態的Q，可能變成令人無聊與滔滔不絕的談話者。

R 特殊字母

你個性溫和、仁慈，樂於助人，但也高度情緒化，擁有緊繃的內在力量。你精力充沛，能夠勤奮工作。你必須努力讓自己維持身心與情緒的平衡。此外，你必須學會不要那麼愛批評，多容忍一點。你願意為了一個好理由奉獻自己的時間與精力。你容易掉東西，記憶力可能很差。

S 特殊字母

S具有強大的魅力，同時也是溫暖與犧牲奉獻的人。你情緒容易擺盪，可能是因為童年不快樂的緣故。你精神緊繃，可能會用極端的作法來回應事情。你太常過於衝動；必須學習在做決定之前，花一點時間小心排除自己的情緒。你狂熱又深情，會經歷許多情緒起伏。

T 特殊字母

你活力充沛，過著忙亂的生活，有時候可能必須強迫自己慢下來。你喜歡不斷擴展自己的世界，高度保護他人。一旦你決定投入一份工作或一段感情，可能會幹勁十足。你通常過於感性，太快受傷，這可能會蒙蔽你平時良好的判斷力與道德感。

U 特殊字母

你會經歷累積與損失，特別是在金錢方面。優柔寡斷與自私是問題的根源。你要學習用更快的速度衡量情勢，準備好付出精力與承諾。你具有高度創意與直覺，頭腦聰明。你有本領出現在對的時機與對的地方，通常是個幸運兒！你具有吸引力與魅力，相當迷人。

V 特殊字母

你充滿直覺與透視力量，能獲得靈感，可能有預言能力，但你的想像力同樣強烈，可能會蒙蔽你的客觀性。你擁有遠大的計畫與想法，也具有執行的能力。你做事有效率，並且想看到結果。你可能個性奇特，這一點對你來說不見得是好事。你誠懇、忠實，值得依賴；然而，你也可能相當不可預測，占有欲過強，特別是在異性關係中。

W 特殊字母

W的註冊商標是強大的直覺、毅力與決心，以及鞭策自己達成目標。你喜歡參與眾多活動，你需要變化，喜歡認識新朋友。你擁有魅力，你是令人興奮的夥伴。非常能表達自己，也非常具有創意。不過，你容易拖拖拉拉，也容易便宜行事。可能會流於膚淺。

X 特殊字母

你的感官高度發展，具有藝術氣息。此外，你纖細又敏銳。學習對你來說不是難事。你熱愛冒險，小心不要過度縱欲。此外，你的性格難以捉摸，容易沉迷。

Y 特殊字母

Y熱愛自由，強烈憎恨侷限與限制。你充滿野心、勇敢、獨立自主，是個很有「型」的人。然而，你常常猶豫不決，做決定時拖拖拉拉。你擁有良好直覺，觀察力很好。

Z 特殊字母

你樂觀又有活力，傾向看人生好的那一面。你期待很高，不過也具備常識。你善解人意、慈悲、和善。你頭腦聰明，必要時反應很快，擁有良好的反射能力，不論是身體或頭腦都一樣。你有智慧，也有能力調停對立的雙方。你必須避免衝動與不耐煩的行為，你可能冥頑不靈。

姓名中的字母能夠揭曉你的長處與弱點。從你來到人世間的那一天，那些優、缺點就是你的一部分。仔細分析命盤之後，特別是姓名字母以及字母出現的順序，你就有機會發現並克服自己的弱點，同時也能夠善加利用自己的長處。

研究每個字母的描述，然後用大寫把你的姓名寫在一張卡片上，仔細思考每一個字母與它們出現的位置。你將會驚訝地發現，這個方法能讓你深入瞭解自己。

表現面向

我們每個人都會體驗四種不同的人生面向：肉體（physical body）、心智（mental faculty）、情緒（emotional make-up），以及直覺（intuition）。這四種領域都用獨特的方式來理解資訊。肉體具有碰觸、品嘗、喜悅與痛苦的能力，讓我們感受到實體世界。心智則和情緒與直覺一樣，能夠接收看不見的世界。我們的心智則會處理思想的世界。

當然，我們的心被情緒世界完全占有。我們的感覺教我們許多關於自己和他人的事。最後透過直覺，我們能夠直接接觸更高的領域。直覺傳達訊息在一瞬間。直覺是非理性的，

（理性屬於心智面向的世界），像是擺在我們心頭的門階上。因此，除了感知之外，直覺跳過一切事物。

這四種能力存在於所有人身上，但我們每個人取得知識的方式，主要會仰賴其中一、兩種。有些人十分仰賴感官，有些人則幾乎完全倚賴自己的心或頭腦。生命靈數能指出我們每個人在每個面向的表現。

字母表中的字母源自四個類別：肉體、心智、情緒與直覺。這四個類別在姓名中的比例，能說明我們哪些表現面向最強、哪些最弱，進而瞭解自己的天分與能力。

此外，字母表中的字母也可分為具有創意（creative）、波動（vacillating/wavering）或務實（grounded/practical）的特性。

下列表格顯示字母各屬於哪個類別：

	創意	波動	務實
肉體	E	W	DM
心智	A	HJNP	GL
情緒	IORZ	BSTX	
直覺	K	FQUY	CV

（注意：字母表中沒有任何一個字母同時屬於務實又屬於情緒化）。

	創意		波動		務實		總和	
	字母數	代表數值	字母數	代表數值	字母數	代表數值	字母數	代表數值
肉體					M	4	1	4
心智	AA	2	HJHNHN	8			8	1
情緒	OOO	9	TS	3			5	3
直覺	K	2			CC	6	3	8
	6	4	8	11	3	1	17	7

表4.2　表現面向命盤

「表現面向命盤」是生命靈數中較為複雜的系統；然而，深入掌握生命面向，能使你得知自己許多事情。

如何找出你的表現面向

請按照表4.2畫出一張命盤，把你姓名中的字母依據類別填入表中。數一數橫排有多少字母，找出你的命盤中哪一個面向最強。

接著，把各領域的字母所代表的數字加起來，化成一位數字。把橫排每一格都加起來，也把直排都加起來，算出來之後，化成一位數字。卓越數11不要化約，然而卓越數22極少出現，而且屬性不符合任何表現面向。因此，22要化為4。你可以參考Tom Hancock的命盤。

現在讓我們來研究Thomas John Hancock的表現面向。仔細解讀一卜，你將得出這樣的結論：

Tom的創意多過務實，但他的創意擁有務實的特質，能夠起作用，沒有不必要的繁文縟節（創意欄的4）。

他喜歡用雙手工作，並用視覺形式表達自己的創意，而不是用音樂或寫作（表格裡有六個字母）。

波動數值得出的8，顯示他在意財務方面的事。這個人並不衝動，做決定前會好好想一想。如果他能大量倚賴直覺來瞭解情勢，並且更大膽一點，願意冒險，而不是枯等並錯失機會，他會表現得很好（11）。

他容易被能言善道的推銷員占便宜（波動欄的8）。發生此類情況時，他應該相信自己的感覺；如果感覺不對勁，那事情大概就是不對勁（11再次發生作用，11是好資產）。

他的直覺能力，由直覺面向的三個字母強烈表達出來（這種姓名長度的平均直覺字母數是一至二個），顯示他擁有治癒與輔導能力，而且作法實際、想要得出結果（字母K代表的數字2，以及兩個C得出的6，總和是8）。

從情感面向來看，我們可以看出Tom的想像力有時會帶來混亂（三個創意與情緒字母），但他也非常關心自己的親朋好友過得好不好（字母O出現三次），也在意一般大眾的福祉（數值為9）。他沒有很認真地追求這方面的事，而是抱持樂觀主義並鼓舞他人（情緒面向與波動欄的3）。他喜歡保護他人（字母T），願意變通（字母S）。

相較於心智面向有八個字母，情緒面向是五個，顯示Tom這個人偏向從心智層面來理解自己的經歷；不過，有人需要建議或安慰時，他也喜歡參與表達自己的想法（5和3）。在那樣的情況下，他頭腦轉得很快，很能解決問題，而且方法具有原創性。在此同時，如果事情跟他不是那麼有關，他不會讓自己的心過度參與（再次是因為3和5的組合）。

Tom的心智面向字母數值最大，他首先是個喜歡思考的人；然而，他不是個果斷的人（心智與波動那一欄有六個字母）。他依賴心智的程度多於其他面向，永遠注意到可能的報酬（八個心智字母）。

他頑固，不常尋求他人的意見。他令人印象深刻，甚至操控他人的討論。有時候，他會拋出具有原創性的點子（兩個A），但他會懷疑自己的點子是否真的可行，以至於他無法百分之百利用這些具原創性的時刻。他擔心別人會覺得他是個傻子，這會讓他阻止自己說出許多不尋常與原創的點子（創意欄與心智面向的2）。

Tom命盤中的肉體面向，顯示他對於運動沒有興趣。他不是運動員，也不愛外出（只有一個字母）；然而，他身強力壯，大部分的肉體力量位於身體下半部（字母M，數值為4）。

他只有站在地上才會心安，飛翔不符合他的天性。游泳或划船不令他興奮（也是因為4）。他喜歡獨自散步（1）。他容易依賴自己的體力，生病時可能拖太久才去看醫生（也是因為1）。

表現面向命盤涵蓋豐富的資訊，以上分析只是一個例子。如果要進一步瞭解每個字母代表的性格，請閱讀第六章的轉換字母，並留意代表數值。

下文將介紹表現面向命盤每一個面向中，所有字母的數值總和所代表的意義。

肉體面向解析

你的肉體面向如果出現好幾個字母，代表你會用實際的身體行為來處理事件與情境，用熱切參與、直接身體力行的方式解決問題。

這樣的人是個運動員，看體格就知道了。你喜歡參與體能活動，透過觸感你更能瞭解物質。你是天生的廚師、園丁、建造者，或從事任何需要體能的職業。

以下個別介紹肉體面向數字。

1 肉體面向

你活躍、能帶動他人；你在商業與生活其他領域都很大膽。

你愛恨分明，聽從自己的想法而活。

你充滿魅力又機智，但很容易感到無聊。你努力工作，意志堅定，一切以達成目標為原則。同時擁有熱誠與挑戰，使你神采奕奕，缺少的話，則使你無聊又漠不關心。你像閃光一樣，會在特定的一段時間內耀眼燃燒，但你必須持續進行其他的計畫，才能讓自己永保興奮。

2 肉體面向

你高度感性，人生許多時刻都苦於害羞與缺乏自信。你可能會覺得自己體能方面很弱，事實上卻相當強健。你的力量持久但溫和。

你容易想太多，常感到害怕，主要原因是你對自己的個人力量缺乏自信。

你擅長蒐集資訊，很能專注於細節。

一旦你對自己有了一定的信心後，你會展現天生的優雅與韻律。

3 肉體面向

不論你自己是否發現，人們被你強烈吸引。你的體內散發某種氣質，你應該加以培養，你有潛力成為魅力十足的人。

你迷人又機智，擅長表達自己的感覺。你情緒豐富，但面對他人時，通常會採取你知道會吸引人的方式。換句話說，你容易壓抑自己真正的感覺。

你具有高度藝術氣息，想像力豐富，引人注目，舉止帶著一定程度的優雅。你不喜歡下苦工，必須培養自律精神。你喜歡找樂子，在社交場合是個令人愉快的好伴侶。

4 肉體面向

你有大量的精力與毅力，腳踏實地，做事有條理。你擅長處理細節，有辦法遵守常規。你擁有絕佳專注力，是相當嚴肅的一個人。遇到阻礙或敵人時，你能夠不屈不撓。你忠心、誠實、溫暖、慷慨，不喜歡改變，可能會不知變通。你是優秀的辯論者。你必須控制自己想要操縱人們與情境的欲望。你喜愛傳統與由來已久的常規。

5 肉體面向

你天生擁有強健體格，多才多藝，頭腦聰明，身體靈活，反應很快。你喜歡改變、旅遊與認識新朋友。你擁有推銷點子的天分。你會受到新鮮刺激的事物吸引。你靠實際體驗去尋求知識與理解。你會用獨特創新的方式過生活，避開傳統與一般作法。你什麼都能聊。如果你相信自己的產品，會是個絕佳銷售員。

6 肉體面向

你實際但又是個藝術家。許多成功藝術家的肉體面向都是6。

教學與治療對你來說像是與生俱來的能力。從你的周遭環境，就能看出你對美與藝術的欣賞。

你是絕佳的婚姻伴侶。為人父母會令你感到滿足，自然而然就會服務身邊的人。

你深情而且情感豐富，對別人的生活十分好奇。然而這可能會給你惹來麻煩，尤其是你錯把干涉他人當成幫助的時候。

你是個理想主義者，想像力豐富。

7 肉體面向

你必須提醒自己要維持健康的身體。在這一生，你的身體將教會你很多東西。你會學到許多關於治療的事物。你應該研讀營養學，以及其他形式的身心健康知識。

你擁有成為治癒者的天分。你能深入瞭解身體細微之處，就像幫樂器調音並呵護樂器一樣。這對你以及許多人來說，將帶來好處。

你擁有絕佳的直覺，能瞭解抽象事物。你的頭腦天生就能理解科學與工藝，你在所有的相關領域都有極佳的發展。

安靜的地方最適合你。你需要寧靜的心靈與沉思的時間。你應該專注於一門特定學問。

你是個完美主義者。你不會只看事物的表面。你喜歡探究，會找尋更深層的答案，回答生命裡的問題。

你能夠自制、保有尊嚴，但必須小心不能太沉默內向。

8 肉體面向

你野心勃勃，擁有優秀的領導與管理天分。你愛好競爭，什麼都要爭第一。你具備強烈的正義感，積極爭取你認為自己應得的東西。

你十之八九會擁有強健體格。許多肉體面向是8的人身體強壯，聲音有威嚴、令人印象深刻。

你有遠見與強烈的方向感。你會努力工作，實踐自己的夢想。除非不得已，你不會發現自己脆弱的地方。

金錢與權力是你人生不可或缺的面向。你的挑戰是取得物質與精神之間的平衡。

你對自己的地位很敏感，有時會過頭，忍不住炫耀自己的成功。

你努力工作，擁有願景，過著成功的人生，許多人會尊敬與仰慕你。你有絕佳的機會，在打拚一段時間後取得財務方面的成功，不虞匱乏。

9 肉體面向

你擁有強烈的存在感，富有魅力，性格戲劇化，可能因此進入劇場。

你受到政治、出版、推銷、公益服務的吸引——凡是需要在公眾面前出現一定時間的行業，都使你感興趣。你喜歡做規模很大的事。

你是個人道主義者。你關心社會福祉，擁有豐富的同情心與忍耐力，是個慷慨的人。

你是高度理想主義者，像個夢想家。然而，你並不實際。其他人常常無法理解你，有時會覺得你有點冷漠無情。

從某方面來說，你想討好所有人，容易承諾可能做不到的事。

如果你好好培養自己的能力，你有很大的成名機會。

11 肉體面向

你精力充沛，富有魅力，可以用原創的點子，以及對生活的真知灼見，鼓舞許多人。

雖然你明顯有力量，你很可能帶有敏感的神經系統與體質。

你的身體是最重要的導師之一。你必須學習好好對待自己身體的方式，像是如何讓身體變得更強健、如何維持那股力量。由於你體質敏感，必須調整飲食、運動，以及對抗壓力的方式。

你擁有強烈的直覺，常會靈光一閃。你的信念以及善於發明的頭腦引導著你。

22 肉體面向

肉體面向22與4類似，但也代表想要證明自己的強烈欲望，就算只是向自己證明也好。

你擁有讓許多事成真的巨大潛能，然而你也害怕失敗。如果你讓這股害怕變得太強烈，你可能會動彈不得。肉體面向的22，可以讓一個人成為眾所矚目的焦點。

心智面向解析

如果你的心智面向擁有許多字母，代表你會用腦力來處理事件與情況。你會思考、分析，決定自己的立場，試著找出什麼是最好的，並依此行動。

你喜歡探究，永遠在探索事物更深層的意義。你擁有讓概念在腦海中形象化的能力，不需要紙筆就能解決實際的問題。

以下個別介紹心智面向數字。

1 心智面向

你聰明機智，一瞬間就能想出良好的創意。你能快速處理資訊，但通常一下就拋到腦後。你會為了特定目的利用資訊，可是一旦和你目前最關切的議題無關，你會馬上忘掉。大家都知道你念書很快。你像真空吸塵器一樣吸取資訊，可能擁有語言天分。

你極度具原創性，喜歡到達任何事業的最前線，並提出有創意的方法。你是一個創始者。

你聰明又有魅力，容易感到無聊。

2 心智面向

由於你的記憶力良好，你能留住許多資訊與知識。你對其他人的想法與自己的感覺高度敏感，這會使你無法清楚思考。

你的感性會讓你避免正面衝突。你會努力評估別人想要的東西，試著配合。你能維持人際關係的和諧與平衡。你擁有超強的彈性，這是一項極佳的天賦，但你也是變色龍，會跟著風向改變自己的政治或社會看法。

3 心智面向

你擁有絕佳的藝術天分與創意，有一點浮誇。你適合時尚、室內設計與建築設計。你擁有設計辦公空間與美化景觀的天分。

然而，你的頭腦可能有一點散亂，隨機這裡冒出一個點子，那裡冒出一個點子。你必須訓練自己自律與專心的能力。

4 心智面向

你是個良好的計畫者，對細節很在行。你非常認真實在。然而，你可能會迷失於計畫細節，看不到大方向。

你必須學習圓滑一點，給其他人空間，依據自己的標準而活，特別是你的家人。你可能會有一點跋扈，尤其是你關心他們的整體幸福時。

5 心智面向

你多才多藝，頭腦靈活，能快速吸收大量資訊並記住重點。

你對常規作法感到不耐煩，如果被迫長久遵守任何既有模式，你會起而反抗。你很可能同時參與好幾個計畫，充滿活力，聰明靈活。

6 心智面向

你擁有詩人、作家或演員的頭腦。你用藝術的眼光來看人生，天生擁有教學與治癒的能力。

你身上有許多責任，非常值得依賴。你會遵守自己的義務。你熱愛周遭環境中的美與藝術。

由於你務實與負責任的行為，你在商業方面擁有絕佳的成功潛能。

7 心智面向

你勤奮好學，擁有學者的腦袋，可能擁有專精某種學問的天賦。你會深入鑽研某個主題，如果是你認為重要的事，你會厭惡膚淺的理解。

你會無窮無盡地分析事物。你想知道事情內部運作的道理，你想知道是什麼讓它們起作用。你可能會陷入自己的思緒之中，容易離群索居，特別是情緒不佳的時候。

你可能會對自己和別人過度批判。你分析人們的性格時，會想要找出他們的祕密與缺點。你的腦袋可能會太執著於事物的黑暗面，認為人性本惡。你的挑戰是採取有建設性的方法，運用自己聰明的腦袋，而且要抱持信念。

你擁有絕佳直覺，這會給你的人生帶來好處。

8 心智面向

你擁有成為生意人的優秀天賦，能處理大型公司與組織。你瞭解如何組織人們，能帶他們走向更宏大的共同目標。

你野心勃勃，愛好競爭。你用金錢與權力來定義自己，你的自尊源自於此。

你必須避免自大與自以為是的毛病。你可能飛揚跋扈。

你對自己和別人要求都很高。你追求卓越，拒絕妥協。

9 心智面向

你的思考面向很自然就會導向大圖景。你關心社會大眾，看事情看得很長遠。

你非常具有同情心，但你和別人相處的時候有點超然，人們要花很長的時間才能與你親近。在此同時，你無私地把自己的精力用在重要目標上，你的犧牲奉獻會贏得他人的尊敬。你生性浪漫，有點戲劇化。你很可能會受到公益服務或劇院的吸引，可能會是贊助人、演員或作家。

你對人性有開闊的眼界，能與各行各業的人輕鬆來往。你很少有偏見，甚至完全沒有。

11 心智面向

你頭腦活躍，具有創意、直覺，善於鼓舞人心。你不是一個非常以理性或邏輯思考的人，創造力是你的強項，你擁有新鮮點子、不落俗套的看法，以及非傳統的問題解決方式。

你極度感性，很難接受批評。如果是用不具威脅性的方式，你會敞開心胸聽別人要說的任何話。

不論是什麼情形，你都會尋求真相，即使事實並不美好。

你有魅力，對每個主題都有有趣的看法，這會讓你吸引異性。

你擁有自己的風格，甚至在面對他人的時候會有某種姿態。

22 心智面向

你擁有上文「心智面向4」的所有特質，但也有能力計畫並執行絕佳願景。這個心智面向數字非常難發揮，因為你必須克服許多恐懼，身邊的人對你的期望與認可，讓你感到壓力。如果要活出這個數字的潛能，必須拿出勇氣與自信。

情緒面向解析

情緒面向出現許多字母的話，代表你對事件與情境的最初反應是訴諸感情；你會有所感受，然後你的心會馬上回應，帶你走上某個方向，讓你知道該做些什麼。對你來說，你的心通常引導你的腦子。你無法抵抗別人的情感問題，你會馬上配合與同情。你容易小題大作，很容易戀愛，對象不一定都是對的人。

以下介紹個別情緒面向數字。

1 情緒面向

你情感豐富，甚至是情緒化。你常常神經緊張，可能會敏感焦躁，容易愛上某樣東西，也容易生氣，有頑固、驕傲的傾向。對於某個特定計畫或某個人，你可能覺得自己和他們高度相關，情緒因而受到影響。你會讓自己產生很深的連結，甚至是占有欲。

你對周遭的人要求很高，特別是對戀愛與婚姻生活。如果不小心，你很容易變得喜愛操控他人。你需要一個堅強、但有彈性的人當你的配偶。

2 情緒面向

你極度敏感脆弱。你小心翼翼守護自己的心，要花很長時間才能全心全意信任他人。你很可能具有音樂方面的天賦。

你圓滑、富有外交天分，不喜歡衝突。你的力量來自堅持不懈、但溫和的勸說。

你太容易憂慮，需要非常多的愛與理解。你必須培養自信。

你是個完美主義者，會讓自己做的每件事都加入美感。你喜歡他人的陪伴，不喜歡獨自一人工作。

3 情緒面向

你非常浪漫，具有高度的創意與想像力。

你會幻想自己完美的「另一半」：騎馬的白衣騎士，或是美麗的公主。面對痛苦的情緒情境時，你的解決之道是創造出一個幻想世界，並且躲在裡頭，特別是童年的時候。成年之後，你依舊會這麼做，這對你有不利的影響。現實沒有你幻想的那麼浪漫、那麼刺激。

你可能是個混亂而缺乏秩序的人，相當情緒化。

你很可能擁有豐富的藝術天分，特別是在寫作、演戲或歌唱方面。

4 情緒面向

你不信任情緒，想要控制自己的情緒。你喜愛秩序，這使你不喜歡任何與感情有關的情境。然而，壓抑會造成你暴怒，甚至是神經緊張。

你容易接受令人不快的情境與人際關係。這沒有必要，應該要避免這一點。

你擁有管理與組織能力；擅長處理細節。

5 情緒面向

你對人有強大的興趣，喜歡認識新朋友、旅行，到處談戀愛。

然而，你的情感不是很深刻，難以維持長遠的關係。

你可能會情緒化與沉默寡言。你是天生的觀察家，很少有東西能逃過你的法眼。

6 情緒面向

你情感豐富，不過你擁有罕見的平衡能力。你熱愛親朋好友的程度，很少有人能企及。

你操心太多，覺得必須為別人的行為負責。

你極度嚴肅地看待公平與誠實；然而，你可能會自律過頭。

你擁有藝術天分，熱心公益，願意犧牲自己的需求。你擁有教學與治癒的能力。

你需要許多愛，也能得到回饋。你非常理想主義，一旦決定了靈魂伴侶，就會全心全意投入。

7 情緒面向

你情感豐富，也需要愛，但你很難表達自己的感受。你容易隱藏情緒，不讓自己受傷，這會讓別人覺得你有點冷酷、不近人情，但事實上，你的內心容易產生強烈情緒。你無力抵抗情緒上的爆發。

你可能會羞怯，需要學習自然地顯露自己的情緒。這需要心中很大的信任與勇氣。

你頭腦敏銳，擁有驚人直覺。

安靜的地方最適合你。你能控制自己，也有自尊。你可能過於陷入自己的世界，離群索居，特別是遇到情緒方面的困擾時。

8 情緒面向

你的情緒很強大，傾向操控人際與生意關係。

你很可能是任何關係之中操控的那一方。

你野心勃勃，天生喜愛競爭。你通常對地位感到敏感，希望讓全世界看到自己的成功。金錢與權力是你人生不可或缺的一部分，你夢想做大事，像是掌管公司、建立大企業，以及指導一大群人。

9 情緒面向

你熱愛人類，想要奉獻自己，照顧那些比你不幸的人。你願意為有意義的目標做重大的犧牲。你知道自己的人生對別人有正面影響時，你會獲得極大的滿足感。

相反地，你很難維持一對一的關係，特別是碰到異性的時候。別人覺得你冷漠，甚至有點離群索居。此外，你也可能是個很難認識的人。

你的人生被夢想占據，如果某一段關係對那個夢想來說不是很重要，你很難維持。別人覺得你自給自足，這可能使你難以擁有親密關係，因為人們想要被需要。

你相當有藝術才華，特別是在各式各樣的藝術領域，如室內設計、照相、演戲與寫作。你擁有豐富的同情心與理想主義。事實上，你是如此的理想主義，顯得有點不切實際、不著邊際。你需要一個實際、腳踏實地的目標，才能發揮最大的效力。

11 情緒面向

你情緒非常豐富，直覺很強，對周遭環境極度敏感，情緒容易隨著最明顯的刺激而起起伏伏。

你過度在意別人的意見。

你對別人在想什麼高度敏感，你能察覺他們的動機與隱藏的情緒。

你享受、甚至需要身邊的美感與和諧。你非常圓滑老練，天生能在對的時間說對的話。

你難以承受壓力，可能會有許多精神緊繃的狀況。如果不好好照顧自己，會導致某種精神失調。

你心思敏銳，擁有成為治癒者與輔導者的天分。

22 情緒面向

（請見情緒面向4。）很顯然，由於卓越數22帶來的力量與動力，再加上對這個數字的人來說，追求目標與願景的務實作法，以及努力投身於計畫或方案，比情感經歷還重要，這個數字落到情緒面向之外。數字22根本不關心與情緒有關的事物，因此情緒面向出現22的時候，永遠都化約為4。

直覺面向解析

直覺面向如果出現許多字母（這是極為罕見的情況），你的直覺會強到可比通靈的程度。你在體驗以及對事件、情境反應時，偏向直覺處理；你通常會在思考前就行動，而且可以全身而退。事實上，以你的情況來說，這通常是正確作法。

你的一生會經歷許多預兆。如同所有擁有直覺的人，你必須學習分辨幻想、想像與直覺。

以下介紹個別直覺面向數字。

1 直覺面向

你具有高度直覺，會靈光一現。你大概認為自己的想法主要來自思考能力，但事實上，你的洞察力來自另一個較為高階的源頭。

2 直覺面向

你擁有良好直覺，極度敏感，傾向把自己的思考導向性靈與形上學。你會吸引這類直覺式的洞察力。

3 直覺面向

你非常具有原創性與想像力，有時對性靈事物會有了不起的看法。你的藝術天分很高，很能啟發人心。你擁有說話天分，可能會踏上布道壇。

你的直覺超乎常人，但容易渲染並誇大自己的洞察力。

4 直覺面向

你很傳統，喜歡既定作法。抽象與未經證實的點子令你不安。你偏好讓自己的想法實際又有用。你的宗教信仰通常偏向傳統。

5 直覺面向

你具有高度直覺，極其仰賴自己的洞察力。你的知識與理解超乎你研究的主題本身。你對人生許多面向都有直覺式的「感覺」，然而你必須運用紀律、努力工作與專注力強化自己的理解。

你的想法五花八門，必須用紮實的功夫賦予根據。

6 直覺面向

你非常直觀、性靈。你非常看重自己的性靈念頭與體驗，容易太過執著於自己的想法而感到失落困惑。

你擁有成為教師或牧師的天分。

你的通靈體驗通常與親朋好友有關，應該認真看待相關的啟示。

7 直覺面向

你對抽象與形而上的事物，擁有良好的直覺與洞察力。你試著用開闊的觀點看待所有的直覺事物。你喜歡替自己所有的洞察力提供科學與理性的證明。

你善於發明創造，通常擁有作家或作曲家的天分。

8 直覺面向

你擁有強大的直覺與許多通靈能力。你的直覺力量會帶你走向商業與組織方面的事物。你能夠在很短的時間內精準評估一個人，非常會看人。

9 直覺面向

你熱愛抽象事物，對於性靈有崇高的看法。你能夠影響廣大群眾。

你是個理想主義者、夢想家，不是特別實際。你非常容易被別人影響，有時候會信任不值得信任的人，因而容易被占便宜。

你在人際上必須更有判斷力。

11 直覺面向

你具有非常強大的直覺，甚至是通靈能力。你會事先感知事物，包括接下來會發生的事件、人們的情緒或潮流的改變。你必須努力讓自己的人生奠基於某種務實領域，不要讓自己的想像力與直覺失去控制。

22 直覺面向

（請見直覺面向4。）卓越數22又務實又有夢想，完全專注於實際存在的事物，也就是實際的物質世界，以及計畫與點子的世界。

卓越數22感受到一股想讓點子成真的強大力量，想創造偉大的事物，並用自身的力量來帶動與領導他人。數字22迴避直覺、不安感與自我懷疑，因此直覺面向出現這個數字時，要化約為4。

表現面向命盤可能是生命靈數命盤最複雜的部分。然而，一旦你瞭解字母表中的每一個字母，就能夠透過研究表現命盤，深入瞭解一個人。

你的隱藏欲望數字、業債課題數字、潛意識自我數字、平衡數字，以及表現面向數字，全都指向你個性中的不同面向。

你的隱藏欲望數字指出那個數字的欲望與天賦，並且與你的內心欲望數字息息相關，因為這兩種靈數不但揭露你的特定天分，還提供你方法讓自己更幸福。你可以把自己的相關天分與欲望運用在職業與生活風格上。

你的業債課題數字告訴你哪些領域是你應該努力的，等同於你的挑戰數字。你瞭解自己的業債課題數字後，將更有能力克服困難，你的生活品質也會因而提升。

你的潛意識自我數字，最能清楚說明你如何評價自己，揭露你在各種情境下的自信與決斷程度。這個數字和你的業債課題數字有關，因為一旦你瞭解自己的業債課題數字部分或全部的面向之後，也能提升對自身能力的信心。

每當你歷經情緒波動時，你的平衡數字會占據最顯眼的位置。相較於能力與天分，平衡數字更能指出方法與態度。透過平衡數字，你可以讓自己的力量與天分在經歷最少阻力的情況下發揮出來。不論造成你混亂的核心問題是什麼，你都能夠面對。

你的表現面向數字，說明你的精力是如何分散在肉體、心智、情緒與直覺面向四個類別。一旦你開始瞭解自己的表現面向，你可以運用相關知識來選擇職業、生活風格與環境。舉例來說，如果你的肉體面向出現許多字母，而你的工作能讓你動手做或牽涉體力活動，你會更快樂、更成功。又或者，如果你有很多字母出現在心智面向，你最好待在鼓勵研究與智力互動的環境。

雖然生命靈數表的這些面向不如核心數字重要，也沒那麼容易辨認，瞭解這些面向能帶給你極大幫助。

改善自己是一種自然而然、每天都要做的歷程。生命靈數提供的指引能幫助你善用自身獨特的性格。順水行舟比逆水推舟容易，你是在自己的私人河道上划船，競爭者只有你自己。

第五章 姓名與出生日期的關聯

柔勝剛，弱勝強。

——老子

在生命靈數的體系，一個人的內心可由名字表現出來；一個人與時空的關係，則可以從出生日期看出。前文已經分別詳細介紹過姓名與出生日期，但接下來我們要看這兩種資訊來源結合在一起時，我們可以發現什麼，因此接下來要探討的是橋樑數字、成熟數字、理性思考數字。

橋樑數字

瞭解橋樑數字之後，我們將知道如何進一步調和命盤上不同的核心數字。橋樑數字並非我們的缺點，而是改善之後，可使我們不再那麼羞怯與自覺的領域。

核心數字是你的命盤中特別強烈的個性。變得更像自己，則像是在搭起不同核心數字之間的橋樑。

為了讓你在面對人生主要課題以及預定的成長方向時（生命歷程數字），更能發揮天賦與能力（表現數字），你將必須搭起人生這兩個方面的橋樑。

你的外顯人格（個性數字）及內在的需求與欲望（內心欲望數字）結合在一起時，你會更能接受自己。融合各個核心數字，將能使你成為完整的個體。

如何找出你的橋樑數字

找出橋樑數字的方法，是把大的核心數字減去小的核心數字。表現數字是7與生命歷程數字是1的人，橋樑數字是6。如果個性數字是8，我們可以多找出兩個橋樑數字，也就是1（個性數字8減去表現數字7）和7（個性數字8減去生命歷程數字1）。

計算橋樑數字的方式是交叉所有核心數字（此時所有核心數字出現的卓越數都應該化為一位數字）。你會發現幾乎所有的基本數字都會出現。

舉例來說，如果某個人的生命歷程數字是1，生日數字是6，表現數字是7，內心欲望數字是4，個性數字是8，這個人會有以下的橋樑數字：

1（7減6與8減7）

2（6減4與8減6）

3（4減1與7減4）
4（8減4）
5（6減1）
6（7減1）
7（8減1）

顯然這是有道理的。要變成真正完全的整體，你必須吸收所有基本數字的正向性格。不過，較為重要的橋樑數字是能夠縮減「生命歷程數字」與「表現數字」、「內心欲望數字」與「個性數字」，以及「表現數字」與「內心欲望數字」差距的數字。以這個例子來說，這樣的橋樑數字是6（表現數字7減去生命歷程數字1）、4（個性數字8減去內心欲望數字4），以及3（表現數字7減去內心欲望數字4）。這是少數幾個生命靈數命盤會出現0的時刻，9則永遠不會出現，因為兩個一位數字最大的差是8（9減1）。

以下說明橋樑數字。

0 橋樑數字

橋樑數字0代表你至少有兩個同樣的核心數字。這是很幸運的一件事。在這一生中，你有機會在那些重複數字所代表的領域達成真正的進展。舉例來說，如果你的生命歷程數字和表現數字都是7，你的頭腦與性靈成長是命盤中特別強的部分。

然而，如果你有三個以上相同的核心數字，那會失去平衡。舉例來說，如果某個人有三個7，他會變得離群索居，難以接受自己與他人的感情。

此處的挑戰在於取得平衡。如果你有三個以上相同的核心數字，你應該研究這個數字的意義，問問自己是否有過度的相關個性，也或者，你完全逃避這個數字（這相當常見）。

最糟的情形是單一數字占據了命盤（例如姓名中四成以上的字母都代表同一個數字），此時這個人會承受那個數字所有的負面面向。我會建議那個人努力擁抱被忽略的性格，在最極端的情況下，我甚至建議改名。

1 橋樑數字

你應該更加倚賴自己的力量與能力。更果決一點；表達自己的想法和感覺時，不要拐彎抹角，直接一點。你需要讓自己更常當家作主，離開走過的路，找出原創的方式來做事。不要試著依循傳統，也不要依據別人的期望行事。

2 橋樑數字

你要對別人的需求與期望更敏感一點。不要太常惹事生非，要維持平靜，試著讓事情順利進行。你必須輕柔、圓滑地用自己的能力影響他人，而不是造成衝突。你要更能與他人合作。

3 橋樑數字

放輕鬆一點，享受一下人生，讓自己能夠充電，對自己好一點。和身邊親近的人聊你內心的感受，不要害怕。讓自己發揮更多的創意，特別是在舞蹈、寫作、演戲或詩歌方面。培養對自己的信心。

4 橋樑數字

你要避免拖拖拉拉的毛病，努力讓自己更值得信賴、更守時。做事的時候要實際一點、要有方法，井井有條。你要留意細節，迴避混亂，努力做到生活的基本原則。運動與戶外活動能讓你更貼近自己，所以親近大自然吧，做一點園藝活動，或是搭建籬笆。

5 橋樑數字

只有6和1、7和2、8和3，以及9和4能讓命盤出現這個橋樑數字。不論是以上哪一種組合，你都必須更有彈性、更能變通。你要願意出門冒險，大膽一點，違反傳統一點。不過，不同的組合有不同的任務，以下列出個別組合：

如果要找出你是哪一個組合，請確認你的「內心欲望數字」與「個性數字」。

6減1

試著在極端的自我犧牲與自私行為之間取得平衡。有時你太過嚴肅看待自己的責任與義務，有時又會無視於那些東西。過度依賴對你來說可能會造成問題，要學著獨立一點。

7減2

這個組合很矛盾：不和諧但又有潛在天賦。你敏感，需要愛與關懷，但又非常喜歡獨處，專注於自己的內心世界。這造成某種程度的內在衝突。你有自憐的傾向，一旦一段關係出現最微小的混亂，你就容易退縮。你太把批評放在心上。這個組合能發揮最大潛能的時刻，是同時出現分析能力（7）與直覺（2）。

8減3

具有商業頭腦、以目標為導向、意志堅定、擁有願景的8，加上愛開玩笑、有創意、活潑、隨遇而安的3，這個組合並不穩定。

你的力量來自於以做生意的方式運用創意天賦。你的弱點是你容易壓抑自己的創造力，偏好選擇職業與事業。這可能使你過度小心謹慎，下決定的速度過慢。

9減4

你應該少花一點時間在瑣碎的細節上，把注意力放在世界與人道關懷事物、大型計畫，以及政治與環境議題。你容易浪費時間與潛能。你應該學著盡量把事情分出去。

要有耐心與彈性，接受改變。僵硬的點子與教條，將使你無法伸手追尋自己的夢。把自由列為你人生的高度優先事項。

6 橋樑數字

唯有透過服務、多參與家庭與社區活動，以及更多的責任感，才能搭建起這座橋樑。此外，你應該讓自己的創意更自由地流動。

橋樑數字6來自7和1、8和2、9和3的組合。如果要找出你是哪一個組合，請確認你的「內心欲望數字」與「個性數字」，瞭解是哪一種。

7減1

7和1的組合一般來說很和諧，不過上文的建議也適用於這個組合。這個組合常會造成奇特的人——高度有創意、高度反傳統。

8減2

8和2會帶來類似的麻煩，不過通常會出現在失敗的戀愛關係中，部分原因是過度敏感、批評、愛八卦，以及財務方面有巨幅波動。這個組合的正面面向是天生的協商能力。你是領袖，也是外交官。

9減3

這是個非常具有創意的組合。你內心是個藝術家，必須依循自己的心而活。此處的難題在於天分的壓抑，以及無法認真執行。這個組合的正面之處在於你擁有貨真價實的天賦，能夠鼓舞並帶動群眾。

7 橋樑數字

相關組合有8和1或9和2。這個數字會促使你花更多時間、精力在性靈上。

8減1

8減1的組合，可能會造成一個人對物質生活過分有興趣。過分專注於金錢、商品與維持現況，可能會讓你無法抗拒物質世界的誘惑。

9減2

9減2的組合難以捉摸。你容易因為花很多時間與精神在人類福祉上，強烈感覺自己正在朝聖人之路邁進，而這可能是在自欺。

不論你是誰、有什麼成就，你自以為是的正義一直是個障礙，帶來偏見、驕傲與冷漠。

這個組合會帶來兩個你可能覺得特別棘手的挑戰：更為謙虛的需要，以及你讓自己擔負的責任。救你自己是一輩子的工作。

8 橋樑數字

這個數字只可能來自9和1的組合。這裡的重要主題是瞭解金錢的作用。錢是交易工具，僅此而已，不多也不少。這個數字組合暗示你是理想主義者。有時理想主義太過頭，變得不切實際。這通常會表現在厭惡金錢上。

偶爾1會宰制9到極端的境界，這個組合的人會過度執著於個人的成功。9和1加在一起，通常會顯露具有雄心壯志的人道主義者，有潛力成為相當成功的生意人，或是在任何提供國際往來與活動的職業嶄露頭角。

深入掌握你的橋樑數字，可以幫助你進一步發揮自己的天賦與才能。橋樑數字會告訴你如何讓自己的核心數字彼此更協調，以及如何避免對立的核心數字常造成的內在衝突。

成熟數字

你的成熟數字暗示潛藏的希望或欲望，這會在你三十至三十五歲之間逐漸浮現出來。你更瞭解自己之後，這個潛藏的目標會開始浮現。清楚自己是什麼樣的人，就會更能察覺真正的自己，知道生命裡真正的目標，以及自己想為人生設定什麼方向。簡而言之，這是成熟帶來的禮物：你再也不用把時間和精力浪費在和自己獨特生命無關的事物上。

不論你目前幾歲，你的人生正朝著某個特定方向前進，走向一個非常獨特的目標。這個目標可以是獎賞或完成承諾，你目前的努力都是為了這件事，而且通常是在沒有自覺的情況下。雖然這個數字的特徵通常在孩童時期就看得出來，我們常會在成長過程中迷失了方向，不過無論如何，我們的人生永遠受到這個數字的影響。你的成熟數字在三十五歲之後，會有更深遠的影響。隨著年紀愈來愈大，這個數字的影響會愈趨穩固。

如何找出你的成熟數字

把你的生命歷程數字與表現數字相加，化成一位數字，就可以找出成熟數字，不過卓越數不要化為一位數字。

舉例來說，Thomas John Hancock的表現數字是7，生命歷程數字是5。計算方法是相加表現數字（7）和生命歷程數字（5），得出成熟數字3（7＋5＝12，1＋2＝3）。

成熟數字的符號是一個兩頭削尖的台子加兩個同心圓（請見167頁表3.1）。

1 成熟數字

你成熟的過程中，會發現自己愈來愈需要自己的空間，你想成為一個個體。你會更加努力得到你自覺應得的認可與獎勵，愈來愈不願意接受任何形式的失敗或限制。

你的衝勁與決心增加，當家作主的能力也會增強。

如果你的命盤上已經有好幾個1，特別是核心數字的話，你必須努力不要讓自己變得跋扈、不肯變通、頑固與自私。如果讓此類個性任意發展，年紀漸長後會變得粗魯與寂寞。

如果命盤上的1不多，成熟數字1的影響會幫助你成為獨立、成功的人。在此基礎之上，到了一定年紀，你將擁有活躍、多采多姿與精彩的人生。

2 成熟數字

你成熟的過程中，會發現自己愈來愈擁有理解以及與他人合作的天分。你透過圓融的手段影響他人的能力增強。這些天賦使你在工作或事業上有所進展。你愈來愈聰明，學會看人的藝術。你對他人的需求與欲望變得十分敏銳，有辦法用更清楚的視野與不可思議的準確度評估人們的動機。

你會發現，靠說服與和善的引導，自己能成就的事比強迫來得更多。

你可能也必須學習當王座後面的力量。你的影響力比較不屬於公開的那一種，不會永遠得到你應得的眾人肯定，不過你的成就感來自於看到自己的點子、團隊合作與眾人的努力開花結果。

如果你的命盤上已經有好幾個2，特別是核心數字，你可能會過度感性。你必須控制這樣的性格。如果命盤上的2不多，這個成熟數字的影響力，將大幅提升你和他人和睦工作的能力。

3 成熟數字

你成熟的過程中，會發現自己愈來愈外向，對自己的未來更樂觀。你的自我表達能力與創造力會大幅增加。你可能想從事某些藝術工作，例如寫作、演戲或音樂。你可能早已涉獵這些領域。

你的溝通能力會有長足的進步。你會自然而然變得更流暢，發現自己展現某種風格。要小心，不要被膚淺的外表騙了，也不要追逐五光十色與奢華的生活。

成熟數字是3的人可以期待自己年紀漸長後，擁有愉快的社交生活。你的態度會愈來愈正面，受歡迎的程度也會提升。

如果你的命盤上已經有好幾個3，特別是核心數字，你可能容易分散精力，不是那麼重視責任。如果你的3不多或是完全沒有3，有了這個成熟數字，你可以大鬆一口氣，擺脫生活的壓力與嚴肅。你會變得更放鬆，更能享受人生。

成熟數字3對下半場的人生來說相當好，為你帶來樂趣、親密友誼與幸福快樂。

4 成熟數字

成熟使你愈來愈實際、井井有條、更為腳踏實地。你有能力讓自己的點子變得具體。你的人生將走向成就與活力。

你會變得更為專注、以目標為導向，較不願意放棄細節與抄捷徑。你沒有興趣安安靜靜退休，你埋頭苦幹，忙著讓自己的計畫與努力成真。

你的親朋好友會因為你的成熟數字4而受益，因為你會變得更樂於助人、更值得依賴。然而你必須小心，不要變得過度死板、心胸狹窄與堅持己見，特別是你的命盤上已經有好幾個4。如果你缺少4，或是只有一、兩個，對你來說好處多多。你會更能瞭解體系、組織，以及有條不紊的生活帶來的獎勵。

你應該找時間休息，每天享受一下芬芳花朵，這對你來說會是一件好事。

5 成熟數字

進入成熟期後，沒有什麼能讓你慢下來。你的影響力會增加，變個更有活力、多才多藝。你會開始瞭解自己一生追求的目標：自由。

你會遇上旅行、冒險、刺激與出乎意料的事件。你的原創力、創意、語言天分會增強。你開始對從沒想過的領域感興趣。你可能變得容易坐立難安與不耐煩。計畫如果進度緩慢，你可能很快就會失去興趣或感到無聊。生活將考驗你的耐力，因為你很容易拋棄再也不感興趣的事物。你必須努力，保持專注力與紀律，不要分散焦點。不要把精力用在各式各樣的興趣上。

命盤上已經有好幾個5的人要特別注意以上這點，特別是核心數字多次出現5的話。對命盤上5不多的人來說，適應力增強與願意冒險，使生活多了許多樂趣。

6 成熟數字

你成熟的過程中，會發現自己愈來愈關心家人、朋友與社群的幸福。你會想要擔任治癒者、輔導者與導師的角色。你愈來愈能安慰他人，並提供焦頭爛額的人建議。面對你照顧的人，你自然而然擔負起父親或母親的角色，不論對方年紀多大。你會變得更有責任感、更能保護他人。你可能會參與環保、義工或政治活動。

你是個天生的理想主義者，你成熟並擁有更多個人資源後，會努力實踐理想。小心謹慎、平衡地做生意與處理金錢的手法，使你在接下來的人生永保成功。成熟數字6替未來提供絕佳的財務基礎。

此外，由於6的影響，晚年你身旁會有親朋好友圍繞。

如果命盤上的6不多或是完全沒有，成熟數字6可以帶來你大半生追求的親密關係。

7 成熟數字

你成熟的過程中，將發現自己主要的生活內容是思考人生的大哉問、閱讀、沉思、深入思考自己是誰，以及人生的意義。

你可能會投入哲學或宗教的懷抱，但很可能會同時檢視各個面向，增加自己在許多領域的知識。

你的直覺會增強，不論你研究什麼，你看透表面的能力也會提升。你有能力分析抽象問題，依據自己崇高的理念過生活。

你可能會覺得自己需要更多獨處時間；你對隱私的需求也很可能增加。

如果你的命盤上已經有好幾個7，你必須小心不要變得太避世、太離群索居。

如果你的命盤上沒有7，成熟後你將有能力深入瞭解某個領域，有機會擁有某方面的扎實學問。

8 成熟數字

你成熟的過程中，會愈來愈成功，得到更多金錢報償。你會發現自己更加投入工作，更容易克服一路上遇到的阻礙。你運用權力的能力將增加，被人視為重要的影響力，成為社群依賴的台柱。

你必須自立自強並自律，預防突然且令人痛苦的物質損失。小心不要過度膨脹自我，這是失敗最明顯的徵兆。

成熟數字8需要在某種程度上學會超脫，不要執著於物質方面的成功，否則那將毀了你的人格，使你著迷於金錢。超脫可以使你專注於人類更崇高的價值。你的重要動機之一應該是打造、創造或推行事物的欲望，以享受商業遊戲。

許多人會看到你的智慧與高超的判斷力，你會吸引重要職位。別人可能會請你照顧與管理他們的資產。你也可能被要求帶領大型組織。

如果你的命盤上已經有好幾個8，特別是核心數字，要小心不要變得自私自利、追逐名利與貪婪。如果命盤上的8不多或完全沒有，成熟數字8將大幅增加你成功的機會，你將更能達成財務自主。

9 成熟數字

你成熟的過程中，會愈來愈關心社會。你會受到吸引，想從事許多公益服務。社群甚至是世界的長期福祉會愈來愈占據你的心思。

成熟也會使你欣賞各種形式的藝術與美。你可能很早就開始積極參與藝術活動，現在更是明顯，而且通常是以贊助者的身分。

服務人群是你人生的基石。成熟會使你愈來愈瞭解這個世界並擁有智慧。參與國際事務或慈善服務將帶給你許多成就感。

如果命盤上已經有好幾個9，特別是核心數字，你必須小心傲慢、冷漠與疏離的毛病。

如果命盤上的9不多，這個成熟數字會使你再度感到自己在人群中占有一席之地。你會擁有歸屬感，覺得自己替未來提供了長遠價值。

11 成熟數字

（請先閱讀成熟數字2的段落。）11會帶來極大的直覺力量。你會經歷數種徵兆及其他通靈體驗，特別是年紀漸長之後。你的感知能力增加，變得更加敏銳，常常因為自己第一印象之精準而嚇一跳。你變得更精神導向，更能理解生命。你將相信自己的直覺，在接受別人進入你的世界時，會更具判斷力。唯有容忍別人的氣質與風格，才能維持長遠的關係。

22 成熟數字

（請先閱讀成熟數字4的段落。）這個成熟數字是生命歷程數字11與表現數字11的組合。你的人生早期並不好過，時常覺得自己是人生裡的陌生人。你極度敏感、脆弱。年紀漸長，你會發現自己擁有充沛的個人力量，能完成最大膽的夢想。你變得更為實際，學會如何影響他人。成熟數字22有許多潛能，實踐的關鍵是自信。

瞭解了成熟數字的計算方法，你會發現這是個值得期待的數字。成熟數字是生命歷程數字與表現數字的結合，一旦成熟數字的影響開始在人生中發揮作用，你有能力把自己的力量（請見表現數字那一章）引導至前方的道路（你的生命歷程數字）。你的成熟數字反映你如何結合自己的力量與人生挑戰。

理性思考數字

這樣說吧，理性思考數字可以揭曉你的思考方式。

你是個實際、有條理的思考者，或是一個夢想家？你常常讓想像力影響自己對事物的看法嗎？面對實際的問題時，你是個不遵循傳統與原創的人嗎？也或者，你會堅持採取在過去有效的方式？

從你的理性思考數字可看出這方面的資訊。

如何找出你的理性思考數字

理性思考數字的計算方式：相加名字中每一個字母代表的數字，然後再加上你的出生日。舉例來說，假設Thomas生於25日。

T	h	o	m	a	s	
2	8	6	4	1	1	22

Thomas這個名字的字母總和是22（計算理性思考數字時，不要化約卓越數）。

Thomas生於25日，可以化為7，因此Thomas的理性思考數字是11（22＋7＝29，2＋9＝11，11是卓越數，不要化約成一位數）。

理性思考數字的符號是中間可寫上數字的六邊形（請見167頁表3.1）。

1 理性思考數字

你是獨立的思考者，具有原創性，不會輕易受他人影響。你容易執著於線性思考，靠頭腦做決策時，你可能會操控一切。

你傾向用直截了當的方式來解決問題與策畫方案。你很少讓自己分心。常常到了後面的階段，才發現其實還有其他沒注意到的選項，計畫可能因此卡住，沒機會繼續發展。當你發現自己處於這種狀況時，通常會高度沮喪，但馬上恢復正常。你會直接從頭開始，不會輕易放棄。

2 理性思考數字

你會採取細膩的手法，讓自己的直覺引導自己的智力探索。

你能夠敞開心胸傾聽他人意見，可能有點太容易受到影響。你在思考計畫或面對困難時，容易接受太多選項，看不清楚問題所在。然而，如果需要考量眾多潛在變數，以及可能影響結果的變數，很少人比得上你。

你擁有不尋常的能力，能夠規畫案子，解決需要動員許多人的問題，在此同時又能讓相關人士和諧相處，一起努力。

3 理性思考數字

你擁有創造力，然而你的點子常常東一點、西一點。你的思考跳來跳去，沒辦法專心。你會想出非邏輯性的解決辦法，但通常有效。

對你來說，「理性思考」四個字是矛盾的字詞組合。你提出、解釋與分析計畫與問題的方式，常令人目瞪口呆。然而，如果要找出嶄新原創的方式來看事情，沒有人比得上你。你常會提出獨特的答案。

歷史上許多具有原創性的著名思考家，都擁有這個理性數字。這裡的關鍵字是「原創」。

4 理性思考數字

你是個務實、井然有序的思考者。你會依照步驟思考，別人質疑你的邏輯推理時，你幾乎永遠都準備好了答案。

你的方法可能有點死板，未經證明的新點子常讓你感到不自在。你迴避風險，偏好既有程序。你沒有重新發明輪子的欲望。

其他人常會相信你的判斷，重視你的參與，風浪之中你能夠穩住群眾。參與團隊計畫時，你會讓大家心安，特別是事情即將陷入混亂之際。

5 理性思考數字

你適應力強，很能隨機應變，馬上想出解決辦法，即席演出。你擁有狐狸的機智，再困難的情況都有辦法用一張嘴幫自己脫困，但你的優先目標常是贏得競爭，而不是做對的事。

你熱愛重新發明輪子。別人覺得牽強的點子，你也會大膽嘗試。

你擁有不尋常的適應能力，常常能讓糟糕的情勢轉而對自己有利。

6 理性思考數字

你是個聆聽者，你會找出每一件事對別人的影響。

你會注意到別人沒注意的事。然而試圖找出解決方法時，你常會專注於細節，忘記大方向。正義是你重要的考慮依據，許多法界人士都擁有這個數字。

如果一項計畫或問題需要看穿心思的能力，而對象是小孩、非常年長的長者或身心障礙人士，很少有人比得上你。你天生會保護弱者，再搭配上命盤上的核心數字，你可能想進入與法律有關的行業，或是與教學和療癒相關的領域。

7 理性思考數字

你永遠不滿足於簡單的答案。你傾向於鑽研一個問題的所有面向，直到覺得自己完全掌握這個問題。接著你會毫不猶豫地解決問題，你知道自己在做什麼。在找出答案上面，很少有人能與你匹敵。

你會搶在所有人之前察覺問題的潛在因素，接著你通常能以獨特、深入的方式分析那些元素。

你是個完美主義者。你和喜歡抄捷徑的人合作時，很快就會感到沮喪。不管是什麼情境，你都重質不重量。

8 理性思考數字

你有遠見，專注在大方向上。你會忽略細節，偏好引人注目的解決方式，你喜歡讓別人驚嘆。

你能掌握理性與非理性之間的平衡，不費吹灰之力結合這兩者。

你擁有清晰的想像力，你常會訝異別人沒辦法像你一樣，馬上掌握你覺得清楚又有邏輯的概念。

別人因為恐懼或謹慎而放慢腳步時，你沒有什麼耐心。

9　理性思考數字

你永遠意識到別人的期待，你會等到每個人都表達意見後，才說出自己的看法；接著，你會指出他們的錯誤或忽略的事物。你能夠解決問題並找出答案，是因為使用了刪去法，而不是因為你將有邏輯的答案組合起來。

11　理性思考數字

11是照亮者。你像燈泡一樣提供答案與洞見。你的理性思考數字是最神奇、最難以理解的數字（對別人來說）。你擁有成為發明家或心靈嚮導的條件。大量依賴直覺將使你成功。你的感知能力強過分析能力。

22 理性思考數字

理性思考數字22擁有願景，也有方法，是最有可能成功的數字。你能快速地從大方向切換至需要時時照顧的小細節。你有遠大夢想，也能替自己的夢想打下基礎。你能夠清楚指示每個步驟，以及需要處理的每個小細節。理性思考數字22只會得自名字相加的11，以及11號或29號生日。這暗示強大的直覺面向。藉由預兆及直覺來評估未來的影響是你的強項，你可以利用並培養這方面的能力。

面對智力挑戰時，理性思考數字的影響會大幅增加。必須留意的是，如果手上的議題主要與情緒有關，這個數字幾乎毫無作用。

橋樑數字、成熟數字與理性思考數字需要經過一定的思考，才能完全瞭解。如果想深入瞭解這些數字有什麼效用、對你的人生會產生什麼影響，一個有用的方法是花點時間專心地一一研究。

要瞭解命盤上每個數字是如何影響人生的特定領域，是一件困難的事，需要練習。初學者容易把生命靈數命盤上的所有資訊統統混成一大鍋湯，分不清每種生命數字影響的領域。這些領域可能不好分辨，但非常重要。分析某個數字時，必須搭配命盤上其他數字一併考慮，但不要忘了，每種數字都有自己特定的影響範圍。

⊙命盤中的位階

你完整分析自己的名字與出生日期後，你會注意到命盤上幾乎什麼數字都有，大部分的人都是如此。很自然地，這會讓人有點無所適從。會摸不著頭緒，是因為我們尚未學會排出每個數字的相對重要性，以及它們在命盤上的位置。

舉例來說，生命歷程數字的重要性，遠高於成熟數字與平衡數字。此外，每一個核心數字對我們的個性來說，都有著獨特的影響力。內心欲望數字代表你內在的需求與動機，也就是較為隱祕的你。在此同時，個性數字展現你公眾的那一面，那是你讓這個世界看到的那張臉或面具。人們看見你的時候，會先看到那一面的你。然而，和你比較親近的人，會接觸到你的私密內在，也就是你的內心欲望數字。

生命靈數的好處之一，就是能夠分辨並說出個性與內心的眾多面向，揭曉那些面向如何相互影響。下文將簡單介紹如何排出命盤上數字的優先順序，以及如何分辨個別數字的重要性，此外，還會告訴你命盤上的每個部分如何連結到你這個人的特定面向。

首先，生命歷程數字是命盤中最重要的數字，接下來則分析生日數字。以重要性來說，生日數字排名第五或第六，但這個數字與生命歷程數字緊密相關，應該被視為連動數字。接下來是表現數字，這個數字可以揭曉你的天分、能力、目標，對事業來說特別重要。

接著分析內心欲望數字，把這個數字當作你所有選擇背後的動機，特別是和生活風格與環境相關的部分。此外，研究你的次要表現數字與次要內心欲望數字，這兩個數字會影響你整體的野心與性格。個性數字補足核心數字沒說完的部分。不要忘了，個性數字雖是核心數字的最後一個，卻是人們得到的第一印象。個性數字通常是你被雇用的原因，而你日後的表現會多優秀，則最受到表現數字影響。內心欲望數字會影響你喜歡的工作情境：單獨一人還是與人合作；小型非營利組織或大公司；在市中心還是在鄉村。

核心數字會勾勒出基本個性。命盤上其他部分則揭曉近距離的你：你的許多小細節、性格特徵，以及優缺點。

再接下來則是挑戰數字。就我個人的看法，挑戰數字是命盤上最重要的資訊來源。比起其他數字，挑戰數字更能指出你個性中的哪些方面需要再加強，代表你和成功之間最明顯、最首要的障礙。

接著是成熟數字。不過不要忘了，一直要到三十來歲之後，成熟數字才會開始發揮影響力，隨著年紀增長，成熟數字的影響會愈來愈重要。成熟數字是某種第二人生歷程數字，會替你的人生增加特定的挑戰，也會帶給你更多能力。

接著研究業債課題數字。這個數字會揭示你的弱點及尚未成熟的部分。再來是隱藏欲望數字，這個數字會說出你擅長什麼、喜歡做什麼。然後再看潛意識自我數字，這個數字揭露你在運用天賦能力時，你自信及有把握的程度。

平衡數字和其他數字都有點不同，不過可以告訴我們許多事，特別是你什麼時候會因為情緒困擾而失去平衡。平衡數字揭露你在混亂時刻能展現什麼樣的力量。

命盤剩餘的部分有橋樑數字、基石、頂石、第一母音、理性思考數字，以及表現面向。本書對這些部分都有完整的定義，可以很容易地找出它們在你人生中扮演的角色，每一項都代表你的個性中隱而不顯、但重要的面向。

研究命盤時，先看個別數字以及它們在命盤上的相對位置。接著，找出彼此強烈影響的數字（生命靈數的這個部分需要練習，要一段時間才能掌握）。舉例來說，如果某個人的內心欲望數字是1、表現數字是8、個性數字是2，會發生什麼事？另外，如果某個人的核心數字出現三個4，但姓名中許多字母代表的數字是5，那代表什麼意義？練習之後，你就能帶著自信，清楚解讀命盤。

本書第二部分將進一步介紹命盤中的位階。

第二部分

時間與時機

目前為止，我們只討論了生命靈數命盤中和個性有關的數字。這些數字會影響人們的一生。現在我們則要來關心週期，也就是只影響一個人某段時間的數字。

為了進一步掌握命盤上這兩個不同部分（「個性命盤」〔personality chart〕與「進展命盤」〔progressive chart〕）之間的關係，永遠記住個性命盤是用來揭曉你是誰，進展命盤則顯示某段時間的你。你的生命歷程數字透露你替這一生選擇的人生道路。從你的姓名得出的數字則反映你的性格。進展命盤上的數字說出你會碰到哪些機運、外在影響與障礙，以及你會如何處理。然而，即使兩個人的週期一樣（這不太可能），他們也會以不同的方式，依照各自的獨特性格來面對這些週期。

因此，你試圖分析某個人的人生週期之前，必須先清楚掌握個性命盤。

第六章

循環週期與模式

時間是作者的作者。

——哲學家培根（Francis Bacon）

生於現代的我們，容易把時間視為直線進行。舉例來說，我們通常會把自己的一生看成從出生到死亡的線性發展，然而，在東方與西方的所有傳統文化，時間被視為循環的，甚至是螺旋的。這要看我們如何親身體驗自然中的時間，例如四季比較像循環，而非線性。太陽與月亮的模式也是一樣，循環多於線性。我們人生的基本週期也是一樣：吸氣與吐氣、醒來與入睡，甚至是生與死。

這些週期構成了我們的人生。仔細想一想，你會發現生活是一個永不止息的循環模式，有些重複的模式太容易辨認，你甚至會把它們視為一段時間內的某種體驗或是學到的教訓。你必須在人生中某段特定時間，學習某些人生課題。過了一段時間之後，必須從不同角度再次接觸同樣的課題。

舉例來說，在生命的某些時刻，你必須學習如何與權威人士打交道。過了一段時間，你可能遇到新的權威人士，此時你先前累積的知識將派上用場。你自己甚至必須成為權威人士，用上所有累積的知識（身為追隨者與領導者的知識）。從那個時點起，另一個循環又開始了。

人生依據的知識與智慧是從許多年、許多循環中累積而來，我們在發展性靈的同時，必須在各個階段持續運用它們。

生命靈數有許多和名字及生日相關的循環。有些是長期的循環，長達二十七年，有些則比較短，長度為九天至九年之間。

這些週期並非任意的選擇，而是依據人生的有機發展模式，大部分奠基於九個發展階段，依據九個基本數字進行。以下讓我們快速瞭解一下如何把這九步理解為九階段的循環。

如果你曾試圖完成目標，你知道努力的最初階段只有你一個人。你先有個點子、或是展開某項特定計畫。最初階段的特徵是個人的努力；你必須出力讓齒輪開始轉動。你必須花工夫瞭解任務的本質：自己將面臨哪些挑戰、機遇，以及可能的陷阱。這可以稱為發展的第一階段。

接下來的階段，則升高至你開始認識那個領域的人，開始吸引他人的幫助。這段時間，你需要圓滑的交際手腕與彈性。儘管如此，你必須繼續專注於自己的長期目標，別人的影響固然必要，卻不會讓你失去自我。這是第二階段。

累積了精力與支持之後，你現在準備好把那些精力用在單一產品上。這是創意的時間。

在這個階段，你有產品，你創造出一個東西。不論是何種形式，你現在擁有自己的作品。你已經抵達第三階段。

第四階段的特徵是辛勤工作、不間斷的生產力，以及讓你在第三階段創造出來的產品變得更完美。你已經創造出某種實體，你現在必須賦予那個實體更美好的形式。形式需要細節，你必須專注於作品細節。形式、始終如一的努力，以及小心關照細節，都是第四階段的特性。

相關特質會帶來自由與成功。如果你夠努力，花了夠多時間，覺得被辛勤工作束縛的感覺將消失，取而代之的是成功感，你會覺得自己有所成就，鬆了一口氣。數字5代表形式完成後的自由。現在該是時候表達自己了。你不再感覺受到束縛、不再被壓抑，讓內在天性有呼吸的空間。說出你的需要，表達你內心的感覺，盡情享受所有體驗。

當然，第六階段會帶來平衡的需要，例如「自由」vs.「有限的時間、精力與資源」。不受限制的自由很美好，然而也會導致缺乏重點，帶來混亂與衰敗。我們對自由的需求，必須被其他事物平衡，我們也需要專注並運用特定的機會，不然，我們的人生會完全被浪費掉，毫無意義。數字6象徵著發展階段，你會開始瞭解事物的本質以及內在限制，以求讓萬事萬物都有生產力。這是藝術發展的新階段，不同的精力被平衡，和諧共處。

這樣的階段讓一個人準備好進入第七階段，也就是讓事情更精緻、更完美的階段。7象徵人類努力達成更高層次的發展與表現，並深入瞭解人生與宇宙。當你試圖讓有形的物體完美，或試圖達到人道主義或性靈理想時，你的人生會感受到數字7的影響。

你誠心致力於發展自我、朝著完美前進的時候，只要不過頭，不走向極端的空靈或瘋狂，你將擁有更大的力量，更能掌控自己。8這個數字象徵著力量，這股力量來自於對生命產生更高層次的理解，以及掌握人生的某個特定面向，例如商業、治療或藝術。數字8也暗示精神與物質世界的平衡。

數字8象徵無窮以及天堂與人間。能夠達到這個境界的人，自然能夠累積更大的個人力量。一旦掌握這股力量，這個人就準備好邁向性靈發展的第九階段，也就是服務人群。

象徵階段完成的數字是9。在這個階段，你瞭解你和全體人類與整體宇宙的關聯。完成性靈發展的前八個階段後，你對個人與社會將有各種程度的體認，此時你準備好付出更多能力，服務更多人。

不論是在人生的哪個面向，完成一個循環之後，你現在準備好展開一個新循環，這次的挑戰可能更大。

你已經在你的人生資產上增添一定程度的智慧與歷練，你在業債銀行的帳戶信用額度，將因此接受調整。

個人年循環數字

好幾種循環都會影響你的人生經歷，其中最重要的一種是「個人年循環」（Personal Year Number）。

在生命靈數的體系，你一生中的每一年，都是某一個發展模式的一部分，可以用九年循環或本輪（epicycle）來代表。你的出生會開啟這些循環，它們一個接一個展開，走過九個階段，完成一個本輪，然後再度開始。

一個本輪從個人年1開始，然後是個人年2，依序下去，一直到個人年9。每個本輪都會提供不同的契機，有不同的人生課題要學習，因此各有不同的氛圍。

如同各自的數字，每一年各有特色：個人年1擁有數字1所有的特質，就如同個人年2擁有2所有的特質。在此同時，這個本輪也會受到其他或短或長、正在作用的循環影響。這些循環包括「轉換循環」（Transits）、「本質數字循環」（Essence number），以及其他長期循環，不過最明顯的影響則來自「個人年」與「本質數字」。

個人年構成了標誌人生進展的每一步。在每個九年的階段中，你會逐漸成熟並發展自我。每個九年都標誌某個特定發展階段的開頭與結尾，而每一個階段都有自然的韻律與流動。在此我簡單摘要一下：

- ◆第1年：新開始年、種下種子、精力充沛。
- ◆第2年：關係年、感性、合作。
- ◆第3年：創造年、動機、鼓舞。
- ◆第4年：辛勤年、紀律、契機。
- ◆第5年：改變年、自由、不可預測。
- ◆第6年：責任年、家庭事務、服務。
- ◆第7年：沉思年、自覺、靈魂贖罪。
- ◆第8年：收穫年、尊敬、肯定。
- ◆第9年：完成年、釋放、轉換。

你在經歷自己的本輪時，外在行星也在九年循環中運行，而那會影響你。行星循環被稱為「宇宙年循環」（Universal Year Cycle）。把任何一年的四個數字化約為一位數字，就可以找出那個九年週期的個別年。

舉例來說，宇宙年1992的算法是1＋9＋9＋2＝21，然後把21化約為3（2＋1＝3）。

如何找出你的個人年數字

找出個人年數字的方式，是把你的出生月與出生日相加，再加上那一年的宇宙年。舉例來說，如果某人生於5月15日，他想要找自己在1992那一年的個人年數字，他只要計算5（5月）＋6（15日）＋3（1992年），就可以得出個人年數字14。個人年數字每年都會變動。

以下再舉一例。如果是11月29日出生的人，想算自己1996年的個人年數字，算式也可以這樣表示：

11月（11＝1＋1＝2）　2
29日＝（2＋9＝11，1＋1＝2）　2
1996年＝（1＋9＋9＋6＝25，所以是7）　7

這個例子的個人年是2＋2＋7＝11，然後化約為2。請留意，你出生那一年的個人年數字，和你的生命歷程數字相同。

計算個人年數字時，**永遠都要**把卓越數11和22**化為**一位數，因為這兩個數字不適用於個人年循環，要各自化為2和4。

個人年的影響從一月開始，十二月結束。一年中的頭三個月和最後三個月是分割期

（cusp period）。一年的頭三個月之中，前一年的影響正在減弱，當年仍在蓄積能量。當年的能量與影響力會在九月左右達到高峰，接下來下一年的力量開始展現。這標誌著重疊的期間，此時舊一年的影響力正在減弱，新一年的影響力正在上升。

為了釐清這個一直存在的問題，部分生命靈數家主張個人年從生日左右開始算起。然而，個人年根源於宇宙年，而這會影響循環的節奏，與宇宙年同步展開。

記錄個人年數字的範例，請見「進展命盤」（340頁表6.2）。

1 個人年數字

準備好迎接重大轉變。你會想要開啟新計畫或新事業。你會感到自己被強大的力量推向新目標。

這是設定願景與計畫的時候。和別人分享你的夢想，制定計畫，得到必要的支援，不過最重要的是，你必須提供自己動力。果斷一點！

你正在展開新的九年本輪，你現在所做的一切都會影響你的未來。不要壓抑自己內在的創造力，要直接、勇敢與大膽。

你在這一年將擁有更多自信與決心，特別是相較於去年。去年是放手的時刻。今年代表著誕生時刻，你應該接手，讓自己完成夢想。

這是個好時機，可以著手進行想了很久的個人改變：開始節食、定期運動，學新東西。

你可能會遇到一些情緒波動，特別是在頭兩、三個月。你需要花點時間才能推動事情。你必須做許多改變，許多工作等著你去完成。

敞開你的心胸，做事要有條理，你要確定方向，避免分心與拖延的毛病。

你正處於轉捩點，你將需要勇氣與清楚的頭腦，才能一直待在正確的道路上。這是你的契機年。

這一年的關鍵月分是3月、4月、7月、8月與10月。3月你將有能力幫計畫打下基礎；4月會出現改變，例如搬家或轉換跑道；7月和8月你將看到自己的努力開始開花結果；10月代表事件的重大轉折，通常伴隨著情緒波動；秋天你的計畫會整合起來，變得更為具體。

2 個人年數字

你在這一年要小心保護、呵護你的計畫。你會像母親照顧自己的孩子一樣，留心每一個威脅，有些是真的，有些是想像出來的。

你必須盡量圓滑、和他人合作，讓自己繼續向前。你可能會和其他人起衝突，必須用巧妙溫和的手法解決。你必須專注於自己的目標，但也要聰明地說服他人。強勢可能造成不利的後果，妥協才會讓你得到好處。

你將高度敏感，有時會懷疑去年的衝勁去了哪。這一年需要你付出別的東西：必須小心維持平衡，並且願意繞過障礙，但永遠要朝著目標走。

你可能會經歷情緒沮喪的時刻。今年充滿掙扎，但你有很多機會推動自己的計畫。

今年是成長緩慢的一年，要有耐心。

你要小心選擇自己的夥伴，不要張揚自己的計畫。不要談太多你的點子，低調一點，保護自己，也保護自己的點子。你今年比較容易受傷害。

你可以在這一年透過閱讀與研究，精進自己。你愈來愈能察覺生命中沒那麼公開、明顯的面向。這會使你變得更強而有力，更能迎向未來。

今年你在談感情與選擇夥伴的時候，必須明智謹慎。建立親密關係的能力大幅增強，甚至是終生的關係。由於在第2個個人年，人會變得更感性、更開放，許多人在這一年找到自己的「靈魂伴侶」。

5月是今年的關鍵月分。你充滿高度的直覺，極度敏感。此外，這個月分你也在自我反省，更能透過心靈感知，影響自己的夥伴與情境。7月是計畫的高潮，你會向前跨一大步。事情在8月會變得更為具體，帶來新的開始。9月是個情緒化的月分，需要調適自己，用上社交手腕，心裡要立定志向。第2年是成長進步年，但手法要溫和，間接運用自己的個人力量。

3 個人年數字

這一年是擴張與個人成長年，焦點在於表達自我，你應該發揮創意與藝術天分。這一年當中你輕鬆愉快，被各式各樣的社交活動吸引。

今年你會得到歡樂，也會帶給別人歡樂，次數超過其他年。你會遇見令人興奮的新朋友，你應該感激自己擁有的一切。

你精力充沛，魅力十足。挑戰是避免分散精力。你將得到罕見的機會，提出新鮮有創意的點子，不過你必須自律與專注才可能做到。

今年你很容易樂觀與熱情洋溢，這可能會讓你加速進行自己的計畫。然而興奮之餘，你必須腳踏實地努力，集中精力，否則延期與失望將不可避免。

這是一段愉快的時期，你會享受友情，也很容易分享愛。

今年通常財務不錯，尤其是你有好好運用創意的話。你要讓身邊充滿正面、樂觀的人。

今年的旅行可能比平常多，極可能遇到許多有趣的人並享受歡樂。

你要控制今年容易揮霍鋪張的傾向，然而也要給自己更多空間去享受並慶祝人生。

今年的溝通會很順利，你更能讓別人瞭解自己的點子。

身邊充滿愛的氛圍。

2月會帶來轉變；6月會有計畫完成；7月昭示著新開始；8月可能會情緒波動，11月也是一樣。

4 個人年數字

這是組織與實踐年。你要處理細節，整個人都投注於自己的計畫中。你全心投入與專注的能力將比去年大幅度提升。你會腳踏實地，充滿決心。今年可能會使你感覺受到限制，內心有點沮喪。然而，今年將出現必須掌握的重要契機，可能會大量出差。

今年你必須有彈性，才能充分利用機會。你必須不屈不撓，努力工作，也要能屈能伸。你的努力會得到親朋好友的肯定與支持。

今年適合購買不動產或改造住家，也適合處理延宕已久的計畫。負起你的責任，不要害怕花費辛苦賺到的錢。今年的買賣通常相當成功。今年是打好基礎的一年，準備迎接明年一定會出現的眾多改變。努力工作帶給你許多成就感，讓你心滿意足。

1月和2月會帶來重大改變，可能是新契機；3月需要自省，重新打造計畫。這是思考前方道路的好時機；6月會帶來重要的新步驟，可能是工作上的突破；10月會帶來改變與混亂感。等在地平線上的改變可能使你備受威脅；不過11月會帶來協助，你可能得到升遷或額外的財務資助。

5 個人年數字

這是充滿變動的一年。你會遇到許多驚奇。打開你的心胸，準備迎接新契機。

今年不要過度小心。如果你考慮風險後願意冒一點險，可以小賭，今年將有大進展。關鍵在於智慧與審慎，但你一定會碰到需要馬上行動的選擇，必須在掌握所有事實之前就願意行動。

這是令人興奮的一年，你必須毛遂自薦，充分利用等著你的機會。旅遊的機會將增加，也可能搬家。

你可能受到肉體欲望的引誘：暴飲暴食、酗酒、沉溺於性愛或藥物。面對欲望要謹慎。你可能會在這些方面犯錯。

今年你將遇到一些意想不到的冒險與幸運的突破。

如果你試圖緊抓過時的方法或個性不放，今年可能會有許多紛擾。適合除舊布新。經過去年的掙扎之後，這是重生與放鬆的一年。

今年機會將一直出現，特別是4月和5月。7月是享受生命的突破月；9月可能緊繃，10月則必須保持人際關係的平衡與圓滑。

6 個人年數字

這是充滿進度與財務進展的一年。重大的職場機會將現身。充滿挑戰，新的責任與挑戰會伴隨個人成長。

這也是家庭責任的一年，你必須關心家人與朋友的需求。這是感受真誠情緒與犧牲，以及安慰與照顧的時刻。

你瞭解自己在社群中的重要性。人們會呼喚你，要你分攤重擔。你是雪中送炭的朋友。你必須努力營造和諧與平衡的氣氛。婚姻問題此時通常會浮出檯面，需要處理。不過，如果你能付出愛並展現彈性，就可以有效解決此類問題。

深刻的感情會重新修復關係，通常也是家有新生兒的時刻。

5月是易感的月分，充滿希望，也充滿即將來臨的改變帶來的壓力。6月會出現突破，令人鬆一口氣。9月會帶來進展，10月是自我反省與重新調適的月分，而12月會帶來圓滿結束的感覺。

7 個人年數字

你會經歷強烈希望獨處的情緒。你會想要探求自己的內心，找出某些答案，並且更加瞭解自己。這不是社交活動的一年，也不是試圖在物質層面達成目標的一年。你會發現日常生活的必需品似乎早已自行打理好，沒有必要過度關心自己的物質需求。不要鬆懈你每天的責任。有餘力的話多關心自己一點。這是內心成長的一年。你的心靈需要關照。改善生活品質，閱讀、沉思，深入瞭解自己。你現在很重要。要休息，照顧自己的健康。這一年之中，你要補強人生的基礎，畢竟人不管要在哪些方面成功，都要靠內心的自我力量。這一年將發生許多奇怪、不尋常的事件，使你想要更貼近觀察生活，你有機會體驗生活的愉悅與美麗，不需要任何人為或外在的介入，只要更加意識到自己是誰。太過關心與渴望物質獎勵，會使你人生的這個階段變成一段非常糟糕的際遇。在此同時，「放手讓神來決定」的態度，則會使這一年充滿成果又愉快，你會開始想自己是做了什麼，怎麼會如此走運。

8 個人年數字

過去一年，你不斷接觸自己的內心，而且非常可能不時懷疑自己的生意或職業狀況，你會發現這一年令人鬆了一口氣。事情終於解決，一直被拖延的支票或升遷將會到來。你看見財務地道出口的亮光，內心的力量與自信出現了進展。這是你的豐收年，你過去七年付出了多少，將會得到等值的報酬。我們看出與理解這些循環的美麗，試圖理解這些循環時，我們會「跟著運行」，再也不需要往上游掙扎。因此，今年你有機會讓自己全心投入工作與物質成長，並且把報酬帶回家。在此同時，你必須對自己和你所經歷的事保持一定的超脫，因為讓你快樂的並不是獎勵，而是你的人生體驗。這就是為什麼抵達豐收的第八年前，你有機會經歷第七年的靈魂探索，讓自己成長。聽從你的抱負，你會發現自己的頭腦更清楚、更專注，你有能力追尋並達成自己的目標。你的力量清楚又強大，創造力豐富，願景與直覺會引導你。在此同時，你會更有效率、更專注。可能出現損失、重大虧損、破產或失敗，因為獎勵永遠會直接和你的努力與動機成正比。不過，你知道自己付出了多少努力，也知道自己的動機，因此沒有恐懼或疑慮的空間，你只能努力讓自己成功獲勝。毫無疑問，今年將是非常令人心滿意足的一年。

9 個人年數字

今年你要完成所有待辦事項，大掃除，讓出空間給新事物。以物質層面來說，這是一個擺脫不必要負擔的好時機。轉手或出售你再也不需要的東西，清償先前的債務。性靈層面來說，你會經歷完全不一樣的時期。你應該轉而把注意力放在關心他人需求，想辦法幫助他們，把你的時間與精力用在有意義的理念上。你必須擺脫沉重的質疑與懷疑，而最好的辦法，就是把你的注意力放在另一個方向，而非自己身上，你會發現自己變得更輕盈，更容易接觸內在的自己。這是大功告成的一年，你有辦法解決並擺脫問題，緊繃的人際關係會放鬆或消失，你更能掌握與解決工作或生意上的壓力來源。你要參與社交生活，和人溝通，享受音樂與其他藝術。你的創造力會比平日旺盛。今年可能會有點波濤洶湧，因為你渴望面對與克服阻礙。你必須做出決定，你的勇氣與力量可能會多次遭受嚴格的考驗，今年不會事事順心，然而你會感覺鬆了一口氣，年尾即將獲得正面的突破。這是九年循環的尾聲，當樂觀是你的密友，你時常因為充滿希望的全新時期即將展開而興奮，然而你也會歷經害怕放手的時刻。不過愈能放手，就愈有更多空間迎接下一個本輪。

你會強烈感受到個人年循環影響，程度可能強過任何其他循環。有好幾個循環會隨時影響你，但方式各不相同。從你的出生日期得出的循環，通常會令人感受到那些影響「來自外界」。看似由外力造成的事件與情況，將帶來改變或是影響你的精力。從另一方面來說，依據你的姓名字母而來的循環（我們馬上會討論這些循環）感覺似乎「來自內心」。此類循環的影響源自你內在的力量；它們是你想進行或是覺得準備好迎接的改變。你可以將個人年循環看成必須經歷的不同階段，就像在學校一年升上一年。在第1年、第2年、第3年，一直到第9年，每個新的一年開始時，可以參考那一年的循環階段。個人年循環是唯一一個依據這個簡單模式的循環；其他所有的循環，則依循與你的個性命盤有關的節奏；也就是你的姓名與出生日期。因此，卓越數不適用於個人年循環。

個人月與個人日數字

如同我們會經歷九年循環，我們也會經歷九月與九天循環，雖然相較於個人年循環，它們的影響較為不知不覺。個人月與個人日循環就像個人年循環一樣，依據1到9的相同模式進行。相較於年循環，月循環與日循環中的數字會對我們造成類似的影響，但較不明顯。

我們可以把年循環、月循環、日循環想成螺旋中的螺旋，全都相互連結。在所有情況下，所有的模式基本上是一樣的。日模式、月模式與年模式會愈放愈大，彼此交錯，帶來愈來愈深遠的力量。

如何找出你的個人月與個人日數字

找出個人月數字的方式，是把月分的一位數數值，加上你的個人年數字。舉例來說，如果某個個人年數字是5的人，想要知道自己7月的個人月數字，他應該把5（個人年數字）加上7（7月），得出12，然後化為3。7月對個人年數字是5的人來說是個人月3。

找出個人日數字的方式，是把「日」的數字加上你的個人月數字，然後化為一位數。以上面的例子來說，如果某個人月數字是3的人，想要知道自己7月17日的個人日數字，他應該把3（個人月數字）加上8（17日），得出11，然後化為2（個人年、個人月、個人日的卓越數，永遠都要化為一位數）。

舉例來說，1991年時，一個生日是5月15日的人正處於個人年4。算法是5（5月）加6（15日）加2（1＋9＋9＋1＝20，得出2）等於13，13化為4，這個人1991年的個人年數字是4。

如果要找出這個人1991年8月的個人月數字，則要把8（8月）加4（個人年）得出12，12化為3。他8月的個人月數字是3。

找出他1991年8月23日個人日數字的方法，則是5（23日）加3（個人月數字）等於8。他1991年8月23日這天的個人日數字是8。

或許以下的算式會讓你更容易明白算法。讓我們試著找出某個在2月12日出生的人，他在1993年10月8日那天的個人年、個人月與個人日數字：

2月＝　2
12日＝12＝1＋2＝　3
1993＝1＋9＋9＋3＝22＝2＋2＝　4
個人年數字是　9

10月＝1＋0＝　1
個人月數字是10＝1＋0＝　1
8日是　8
這個人1993年10月8日那天的個人日數字是　9

個人月與個人日數字代表的意義如下。

個人月與個人日數字的記錄方式範例，請見「進展命盤」（340頁表6.2）。

1 個人月與個人日數字

這個數字代表著新開始、新朋友、新點子、充沛精力、意志力、勇氣、抱負、獨立、領導、決心、創造力與開始。

負面之處則是你衝動、頑固、沙文主義、與人起衝突、缺乏耐性與憤世嫉俗。

你應該穿紅色、橘色、古銅色或淡紫色。

2 個人月與個人日數字

你很感性、圓滑、得體、合作、能說服他人、謙虛、能屈能伸、外向、友善、浪漫、療癒與撫慰人心。

負面之處是你會害羞、膽怯、不和諧、欺騙、大驚小怪與懦弱。

你應該穿金色、白色、黑色、黃色或鮭魚色。

3 個人月與個人日數字

你具有創意、有想像力、鼓舞人心、使人有動力、樂觀、表達自我、有動力、快樂、幸運、有吸引力、深情、能夠預言。

負面層面是自大、精力分散、陰鬱、流言蜚語、鋪張浪費、吹毛求疵。
你應該穿琥珀色、酒紅色、森林綠或玫瑰色。

4 個人月與個人日數字

4代表優秀的經理、辛勤工作、把握機會、注重細節、可靠、準時、實際、井井有條、具建設性、充滿決心，以及鍥而不捨。4也代表良好的專注力。
然而，4也可能受限、沮喪、混亂、遲緩、僵硬與憤怒。
你應該穿綠色、藍綠色、藍色、灰色或淺棕色。

5 個人月與個人日數字

你會充滿活力、推動事物、出現進展、喜愛口頭表達與社交、具原創性、機智、有彈性、能屈能伸、聰明、多才多藝、熱愛自由、容忍度高、浪漫、喜愛冒險、愛好旅行。
不佳的層面則是你會不專心、不可靠、喜怒無常、無法滿足。
你應該穿紅色、藍綠色、粉紅色、黑色或藍色。

6 個人月與個人日數字

你很居家、做出承諾、樂於助人、犧牲奉獻、和諧、深情、關懷他人、具有慈悲心、提供他人意見、平衡、滿足、善於接納、浪漫、具有藝術氣息、善於處理法律事務。

不好的一面則是內疚感、自私、損失與不穩定。

你應該穿亮紅色、黃色、芥末色、深藍色或銀色。

7 個人月與個人日數字

你具有靈性、喜好沉思、深思熟慮、自知、有洞察力、使人放鬆、完美主義、觀察入微、魅力十足，還會是讀者、學習者、問題解決者及研究者。

你也會遠離人群、易怒、多疑、占有欲強。

你應該穿紫羅蘭色、紫色、洋紅色或藍綠色。

8 個人月與個人日數字

你一板一眼、高效率、強壯、得到報酬、被人尊敬、顯眼、慷慨、強大、權威、提出願景與計畫，你擅長處理合約、銷售、金錢，而且很會看人。

缺點則是貪婪、不誠實、金錢問題、炫耀與咄咄逼人。

你應該穿米色、深棕色、金色、藍灰色或萊姆綠。

9 個人月與個人日數字

你會完成事物、超然、教導與治癒他人、具有藝術氣息、樂於服務他人、有人情味、心胸寬大、慈悲、愛好社交、公正、寬容、理想主義者、把握機會、慈善。

不好的一面則是冷漠、不關心、自戀、自憐。

你應該穿薰衣草色、金色、綠色、紅色、白色或橄欖色。

值得注意的是，個人年、個人月、個人日循環有某種內在的邏輯，接下來我會試著解釋。

你展開你的人生，活到老天爺給你的歲數，追隨生命歷程數字指出的方向。生命歷程數字也可以看成一個循環；一個人一生有一個生命歷程數字。

你的生命歷程數字，永遠和你的第一個個人年數字一樣。你的個人年數字接著會依循九年本輪的週期。不過，第一個和最後一個九年循環並不完整（除非那個人在個人年1出生，在個人年9去世）。

這些九年本輪被分為長達九個月的循環週期。然而大多數的年都不會開始或結束在完整的九月循環。下方表格說明九月循環填滿九年本輪的節奏。

個人年	個人月
1	2、3、4、5、6、7、8、9、1、2、3、4
2	3、4、5、6、7、8、9、1、2、3、4、5
3	4、5、6、7、8、9、1、2、3、4、5、6
4	5、6、7、8、9、1、2、3、4、5、6、7
5	6、7、8、9、1、2、3、4、5、6、7、8
6	7、8、9、1、2、3、4、5、6、7、8、9
7	8、9、1、2、3、4、5、6、7、8、9、1
8	9、1、2、3、4、5、6、7、8、9、1、2
9	1、2、3、4、5、6、7、8、9、1、2、3

（請留意，只有九年循環的最後四年包含完整的九月循環。）

個人日循環也有類似的韻律，只有個人月6、7、8、9擁有三個完整的九日循環。其他所有月分只有兩個完整的九日循環。如果當月有三十一天，個人月5也會擁有三個完整的九日循環。

轉換字母

轉換字母（Transit Letter）來自姓名中的個別字母，配合「本質命盤」（Essence Chart），你可以更瞭解未來一年的歲月有什麼等著你。

你可以把姓名視為在時間內震動的樂器，把人生想成樂譜。不同字母會在某個時間點造成特定的影響，就像一首曲子裡的音符會在特定的時間點被演奏出來，讓那首曲子具有韻律、特色與音調。每個音符或字母都會在你一生當中特定的一段時間內產生影響。

如何找出轉換字母

轉換字母源自你的「名」、「中間名」與「姓」的字母。每個名字都會顯示意識的某一個層面：肉體、心智與靈魂。「肉體轉換字母」（Physical Transit）來自你的「名字」，「心智轉換字母」（Mental Transit）來自你的「中間名」，「靈魂轉換字母」（Spiritual Transit）來自你的「姓氏」。如果你沒有中間名，你的姓氏同時提供了「心智轉換字母」與「靈魂轉換字母」。如果你有一個以上的中間名，應該把中間名串在一起，成為一個長名字。如果你有一個以上的姓，就把複姓串在一起，成為一個長姓氏。

讓我們再次以Thomas John Hancock這個名字為例。從這個人的名字Thomas可以找出他的肉體轉換字母。Thomas的T數值是2，因此會造成出生後兩年的影響。兩年之後，H會接著發揮生命靈數8的影響，並持續八年。每個數字影響的時間長短，等同於它們代表的數值。

把Thomas這個名字每個字母所代表的數字相加後，你會得出Thomas的完整數值是22，因此影響會持續二十二年，接著名字的影響會回到T，從頭再來一次。

心智轉換字母則要從中間名John來看，字母J是第一個，代表數字是1，因此影響會持續一年。O代表6，影響會持續六年。John這個名字所有字母相加後，可以得出完整影響長度為二十年，二十年過後，循環會從字母J再度從頭展開。

我們用Hancock算出靈魂轉換字母。這個名字從字母H開始，代表數值為8，影響持續八年。接著是A，代表數值是1，影響會達一年。N代表5，影響會持續五年。Hancock代表的數字全部相加是28，一共會影響二十八年，然後循環會從頭來過。

以下從肉體、心智、靈魂等層面，介紹轉換字母代表的意義。解讀轉換字母時，必須配合數字出現在哪一個面向。記錄轉換字母的範例請見「進展命盤」（340頁表6.2）。

A 轉換字母

你有辦法靠腦力處理實際的事物。這是一段轉變、活動、進展與創意的時期。字母A讓你的個性增添獨立與領導能力。你可能會四處跑，還可能搬家。可以期待升遷與機會。你對人生可能會有真正的突破性體認。

B 轉換字母

你可能會比平時更情緒化與害羞，強烈需要愛，可能會成為一時激情的受害者。你必須小心健康問題，特別是神經系統。你需要大量的休息。打開心胸接納別人的意見。

你的感性與圓融手腕會使你的工作出現進展。其他人被你吸引，想助你一臂之力。

C 轉換字母

你會更能表達自己，更具創意與原創性。你直覺靈敏，可能經歷預兆或其他通靈體驗。你更想要冒險，交更多新朋友。社交活動會增加。你有能力推銷自己，這是做生意的好時機，特別是在銷售方面。

D 轉換字母

你必須留意自己的健康，可能需要重新檢視自己的飲食與運動習慣。預防式的保健措施可以讓你走更長遠的路。

今年你必須練習表達自己的情感，可能希望有充滿愛的肩膀讓你哭泣。你的戀情可能會有點緊繃，但如果你能分享你的感受，事情將更容易解決。

你有機會成長、增加自信。你將有旅遊機會。

E 轉換字母

你會覺得受到啟發，樂於助人。工作可能發生變化，有旅遊機會，還可能搬家。你受到新冒險旅程的吸引，包括戀愛。有結婚的機會。雖然E對財務來說是好字母，但你可能會缺乏專注，態度比平時輕率，這對你的財務大躍進有不利的影響。你受到新的宗教與哲學理念吸引。

F 轉換字母

這是頻繁的靈魂探索與心靈成長期。不管是在家庭還是事業，你會承擔許多沉重的工作與責任。你開始質疑舊有的想法與模式。在這一年，你會充滿直覺與感性，但比較不清楚人生想要什麼。你需要探求自己的內心，沉思冥想。在這段時間，你容易表現得像殉道者，犧牲太多。然而，這可能是在逃避責任，而不是表現出真正無私的愛。不論如何，你會有許多機會幫助並安慰別人，許多人會尋求你的指引，想在你的肩膀上哭泣。

G 轉換字母

這是幾股力量相衝突的時期。你可能得到財務報酬，然而必須小心，不要圖利自己。G同時具有物質與心靈的屬性，如果不汲汲營營，你有可能成功並獲得快樂。今年，你時常感到孤單寂寞，花時間在沉思冥想中，容易悶悶不樂。你很能自我表達，但通常只停留在表面。你會神祕兮兮，沉默寡言，比平日容易衝動，特別是碰到情感問題時。

H 轉換字母

你的心智今年會特別活躍。想法出乎意料地反傳統，你提出新穎、甚至獨樹一格的點子。這是實現抱負的時候，自我推銷會帶來成效。進展與成功都有可能。你能夠自律，清楚知道自己要什麼。你在情緒方面有點脆弱，需要愛與關懷。

I 轉換字母

這是一段情緒極度起伏的時間。你神經緊張，無力面對壓力，容易發生意外。你必須學習讓自己鎮定，立穩中心，接受人生。你必須學習控制情緒，不能讓自己陷入自憐與不安。在此同時，你好勝心很強，有機會成功，得到財務方面的獎勵。

J 轉換字母

這段期間你會變得更主動，可能改變職業方向，有機會增加收入。然而，你必須探究所有細節，瞭解自己的行為會有哪些後果。不要抄捷徑。你的人生會出現新責任。你可能搬家。在最初的心情起伏階段之後，你會經歷某種新生與體悟，你會擁有全新的自信。

K 轉換字母

這段時期你的直覺很強，更可能得到啟示與心靈突破。你會結交新朋友，開啟新事業。你的創意與內在動力會比平常活躍。你更需要與人合作，一起分擔更多責任。你會經歷許多奇怪與不尋常的事件與情境。這可能對你的神經造成傷害，因為你是如此敏感。轉換字母K通常與名望及財富有關。小心不要讓自己陷入不誠實、舉止輕率與浮誇。

L 轉換字母

這不是匆忙行事的時刻。你會想小心翼翼徹底思考自己的道路、計畫與未來。這是心智時間，你要思考，找出你的欲望和期待更深層的意義。試著抓住所有出現在眼前的旅行機會。在這段時期參與藝術活動，表達自己的創意，對你非常有益。你很容易就能交上朋友。這也是結婚的好時機。然而，輕率不經大腦的行動，將使你失去朋友與資源。

M 轉換字母

這是努力工作與採取務實作法的時刻。你可能顯得沉默寡言，造成你和身邊人之間的距離。你要努力對親近的人表達自己的情感。人際關係可能要求你很多東西，做更多犧牲。在研擬重大決定前要仔細思考，不要衝動，不要讓你的情緒波動影響你的方向。慢慢來！

N 轉換字母

你有機會擴展自己的地平線。冒險經歷與旅遊就在眼前。你非常可能搬家。這是一段有許多新活動的活耀期。你會和一些重要人士搭上線。你尋求愛與成就感。你需要犧牲、適應環境，做事要有彈性。你也會關心財務，可能過分憂慮這一類的事。這段期間你容易健忘，也比平時更加沉溺於感官。這段時期運動很重要。

O 轉換字母

這段期間你會經歷強烈的情緒起伏，如果你放任自己被影響，健康可能受影響。你可能會過度憂慮，肩膀上有許多責任，包括敏感的情緒議題。你會發現自己對宗教研究與自然科學產生更多興趣。這段時期，你的領導能力會提升。

P 轉換字母

這段時期有許多意想不到的事。你覺得無法像平常那樣掌控事物。不要冒任何不必要的風險。你的反應能力沒往常快。人際關係可能經歷沮喪與失望。在這個時期，你難以表達自己。這是專注在性靈發展的時刻。你的能力和天分會受到肯定，可能帶給你升遷或生意方面的成功。然而，這更是心靈而非財務成長的時機。

Q 轉換字母

在Q的影響下，你的直覺與智慧會大幅成長，提出許多新鮮的點子，甚至發明一些東西。你在這段時間解決問題的能力絕佳。然而，此時你也更不穩定、飄忽不定。你會吸引一些高度不尋常的奇人異士，小心不要讓自己衝動行事。這是財務成長的良好時機。你強烈希望得到認可與權力。你可能歷經工作環境的重大改變。

R 轉換字母

你在這段期間更能深入看到事情本質，更具理解力。你將面對金錢、權力與權威。你有機會提升自己的財務狀況與個人成長，最好與最糟的事都會發生。你在做一切事情與決定時，都必須小心警慎，並留意周遭環境。

S 轉換字母

你會有深刻的情感，比平日更加敏感。這是重生與甦醒的時刻，特別是你的潛藏個性。你得到的獎勵可能是真切又持久的自由感。你人生的每個面向都會經歷突然的改變，還會得到心靈上的神祕啟示。你可能頻頻作夢，你應該找出夢的訊息，瞭解自己的潛意識。你會與意志堅定的人士起衝突，可以測試你的信念強度。這是令人興奮的時刻，充滿著驚奇與特別的事件。

T 轉換字母

這是緊繃與激動敏感的時刻。你願意犧牲奉獻，像英雄一樣扛起重擔，但你必須小心，不要自憐。獨處與冥想會帶來好處。你想要從事新活動，急著學習。你對知識充滿強烈欲望。這是生意興隆與結盟的好時機，但你必須堅守自己的領域，不要讓別人妨礙你的工作。你有機會旅行、見識這個世界。

U 轉換字母

這是充滿直覺與感性的時期，你可能發現自己不願付出太多心力，缺乏動機，無法主動做事。許多從前早被遺忘的情緒議題，可能重新浮出水面。很久沒碰面的人可能拜訪你。親戚與家人可能需要你付出心力關注。你創造力豐富，更能表達自己。你應該運用這個能力推銷自己。

這個轉換字母提供偉大藝術成就的契機，特別是寫作、演戲與音樂。

V 轉換字母

你會受到啟發，但需要更多時間獨處思考。這是財務良好的時期，你有機會投資有潛力的公司，還完舊債，愈來愈成功。你必須牢牢掌控自己的計畫，仔細聆聽自己的直覺。

W 轉換字母

這是忘掉過去、敞開心胸接受改變的時刻。字母W會帶來許多新活動與刺激事件。你會發現自己有時行為飄忽不定，完全無法預測。你必須學會控制這個傾向，避免混亂與不愉快的結果。你可能會有爆炸性的成長，但自律絕對必要。你可能涉入官司，贏面很大。這段期間要特別關照自己的健康。

X 轉換字母

在字母X的影響下，你可能會覺得比平時脆弱。你的情緒容易陷入混亂。要暫時避免反傳統的團體或思想，直到判斷力恢復為止。你的人生各個面向都需要調整，但主要是愛與性事方面。你可能會涉入祕密戀情，這會帶來許多麻煩。轉換字母X的正面面向是淨化與犧牲的機會。你可能得到公眾的注意，因為無私的行為贏得一定的敬重。你留意到自己在性靈方面需要指導。你有能力快速行動，立刻決定。物質方面有長足進展，大量獲利。

Y 轉換字母

這是性靈成長的時刻，你能感受到更高層次的領域。你具有高度直覺與通靈的感知能力。靈魂探索與冥思會在這段時期帶給你極大的好處。你會稍微迷失方向，促使自己進行深度的自我反省。你會尋找新朋友，接觸其他有類似心靈需求的人們。健康方面可能出現小毛病，應該避免酒與咖啡等刺激物，也要避免口味過重的食物。

Z 轉換字母

這是振奮人心的時刻。你可以克服限制，人生會有極大進展。只要你能信奉努力工作的價值、避免小動作，財務方面會是一段好時期。你能依據超猛的直覺，做出準確的判斷。一段不尋常的新關係，將對你的人生帶來許多改變，可能包括搬家。

你的轉換循環可能維持一到九年，也可能從一次生日持續到下次生日。轉換字母的目的是幫助你好好利用姓名字母代表的天分能力。名字中每一個字母都代表某種力量或資源。走到命盤上某個轉換字母時期，你必須表現出那個字母獨特的個性。這是學習的過程。

假設你的名字是Mary。來到這個世界時，你擁有Mary這個名字涵蓋的特定力量。從你出生的那天起，你將學習利用這些力量。生命的頭四年，你會努力學習字母M所代表的面向，接下來的那一年，你將在A這個字母上努力，接著是R涵蓋的九年，以及字母Y的7年。經過Mary這個名字代表的二十一年之後，你會從頭開始，以學會更多這個名字含括的特質。

深入瞭解會在特定年分影響你的轉換字母，能讓你知道每一年即將發生的許多事件與經歷。

本質數字

轉換字母是個別字母與個別影響。本質數字則是肉體、心智、靈魂轉換字母全部綜合起來，在生命的某個特定年分影響你。

個人年與本質循環週期之間，有一些重要的不同點。個人年週期代表規律、重複的循環體系，從個人年1開始，到個人年9結束，然後週期會從頭開始。雖然不是所有人會同時經歷相同的個人年循環，但每個人的模式都是一樣的。然而，本質循環週期不規律也不重複，有些會持續長達九年，有的則只有一年。此外，本質循環可能從任何數字轉到另一個數字。舉例來說，你今年的本質數字是6，明年就變成1。也或者，你今年與接下來的三年是本質數字8，接著變成本質數字5，並持續兩年。

另一個重要的差異是個人年。個人年與宇宙年有著緊密的關聯，從年初開始；本質年則與你出生時的名字有關，從你的生日附近開始。

本質數字和個人年數字有著細微、但顯著的不同。你的個人年數字暗示你將碰到的機運與挑戰，但本質數字則揭曉你準備好吸引與整合什麼東西進入你的人生。幾乎可以說，本質數字是由內而外被感受到，個人年數字則由外而內。你的本質數字代表個人成長的階段，因此卓越數11和22不要化約，業債數字16與19在這部分的命盤，也比其他部分重要。這裡要特別注意卓越數與業債數字。

如何找出你的本質數字

Thomas John Hancock出生時，字母T、J、H各為肉體、心智、靈魂面向的第一個轉換字母，代表的數字各是2、1、8，總數為11，因此Hancock出生時第一個本質數字是11。

由於字母J只會影響一年，Hancock的本質數字第二年就會變，要改由John中的第二個字母O來計算，T和H則會繼續各自影響他的肉體與靈魂層面。因此，從第二年起，他的本質數字會變成T（2）加O（6）加H（8），也就是16，16要化約為7。

計算本質數字時，一定要特別注意有沒有業債數字（例如上文例子的16）和卓越數。

請留意，你出生那年的本質數字和你的平衡數字一樣。

為了進一步解釋，請見以下Thomas John Hancock從出生到十幾歲的轉換命盤與本質命盤。

記錄本質數字的範例方式請見「進展命盤」（340頁表6.2）。

年齡：	肉體轉換：	心智轉換：	靈魂轉換：	本質數字：	
0	T	J	H	2	
1	T	o	H	16	7
2	h	o	H	22	
3	h	o	H	22	
4	h	o	H	22	
5	h	o	H	22	
6	h	o	H	22	
7	h	h	H	6	
8	h	h	a	8	
9	h	h	n	3	
10	o	h	n	19	1
11	o	h	n	19	1
12	o	h	n	19	1
13	o	h	n	19	1
14	o	h	c	8	
15	o	n	c	14	5
16	m	n	c	3	
17	m	n	o	6	
18	m	n	o	6	
19	m	n	o	6	

1 本質數字

你將展開人生的全新階段，你在新開端的起點。新鮮的點子不僅會進入你的生活，你還會接受、甚至擁抱它們。這是全面改變的時刻，你十之八九準備好了。是該除舊布新的時候了。所有沒效率的方法，必須從你的生活中被拿掉。同樣地，你應該放掉沒有未來的感情。拋掉你一直緊抓不放的習慣和責任。新的個性正在浮現，那是個有效率、創新、高度具創意與勇敢的你。

你的領導才能會浮出水面。你的環境要求你站出來迎向挑戰，直接面對困難。你再也無法躲避人生真相。事實現在明明白白擺在眼前。你必須挺身而出。事情一定會有變動，但你擁有做出那些改變的力量。你只需要制訂計畫的意願與精力。

這是一段掙扎努力與豐收的時期。你有機會獨立，但機會不會被雙手奉上，你必須奮力擺脫舊習慣與過去的惰性。

如同所有的新開始，你起跑失誤，跑進死胡同，被迫一次又一次重新開始。你就像一個正在學走路的嬰兒。你會跌倒，但你必須堅持下去。你的意志力會在這段期間被測試。事實上，你正在打造自己的決心，絕不能放棄，並且報酬會很豐厚。整體的影響會將你的獨立、勇氣、自尊提升至全新的高度。本質數字1結束時，你對自身的瞭解與尊敬會大幅提升，自立的能力也是一樣。

2 本質數字

你必須學習與他人合作，才能成就更大的好事。這不是領導的時候，你要追隨，滿足於讓環境以及居上位的人來引導你。你必須站穩腳步，避免傲慢、死板、頑固的毛病。你愈堅持自己的優先順序，就會遇到更大的抵制。

這是結盟的時期。成功與否要看你和他人共事的能力。

你極度感性與充滿直覺。理解能力空前地高。這些能力使你擁有你需要的洞察力，能察覺人們與情況細微的改變，因此更適應不停變化的局勢。

你的直覺能讓你完成重大任務，即使未擔任領袖的角色也一樣，原因在於你直覺知道如何處理變化，你會溫和地建議人們朝正確的方向走。

你的顧問或密友角色是你在這段時期成功的關鍵。你正在學習相互依賴的人生課題。你也知道自己在擔任較被動的角色時，能有重要的貢獻。這是服務、幫助他人、擔任助手的時期。你與他人合作的能力與意願將受到考驗，但也會帶來成果。

你必須聆聽。你在評估他人和情勢時要精明一點，但不要直接把判斷強加於他人身上。

你的感性使你不得不尋求和諧與平靜的環境。要小心你的神經系統是否健康。這段時期你可能更容易焦躁。因此，找出你能信任的人；和他們分享你內在的情感；接納朋友與親愛的人對你的支持。努力讓自己的情緒高昂，避免憂鬱。

音樂在這段時期扮演重要的角色。你所有的音樂天賦都會增強，甚至擁有某種體態上的優雅，讓你在跳舞、運動，甚至連走在街上，都會展現這樣的特質。

你會以被動、堅守自我的風格，展現吸引他人的魅力。人們會察覺你纖細的直覺與感性，希望與你私下聊天。你要忠誠對待朋友與夥伴。

你要保持內心的力量，但要靈活。如此一來，你就能避免明顯的困難，繼續站在成功的道路上。

這是透過溫和勸說完成事情的時期。

3 本質數字

你表達自己的能力將會史無前例提高。你擁有的一切藝術天分都會大幅增強，特別是寫作、演戲或其他表演藝術。這是透過個人創意成功的時期。你將遇上眾多機會，透過個人的表達、魅力及創意天分，讓自己和事業不斷前進。

這是充滿樂趣與友誼的社交時間。你會感覺比前幾年輕鬆，精神更好、更有活力，彷彿生活讓你不再肩負重擔，讓更多創意、振奮與歡樂的精力自由流動。

人們會自然而然被你吸引，感覺到你的快樂心性、精力及創意。

你的挑戰是把你增強的創意用在值得的工作上。自律是必要的。選擇一個值得達成的目標，把全副精力放在持久的事物上。如果能這麼做，你將完成有價值的事。學習駕馭自己的創意，完成這個時期的課題。

如果你無法專注，很可能把自己的機會與不斷湧現的創意，浪費在閒聊、膚淺的事物及社交上。

這是一段情緒充沛的時期。內心向上的精力正達到頂峰，帶出許多過往的情緒議題。你可能容易誇大惡意評論的重要性，或是面對困難的情況時過度情緒化。簡言之，你現在必須努力客觀地評估事物。

你正處於高度混亂期，具有高度的創意與感性，容易被情緒起伏帶著走。

你非常浪漫，容易陷於幻想之中。你可能會談多次美好的戀愛；然而，你要避免被幻想沖昏了頭。你要看到人們真正的樣子。

你將學到自我表達的價值，以及你自己有多特別。這是個人成就與進展的時期。

4 本質數字

這段時期你會有許多工作，專注於細節，職業生涯有所進展。你的獎勵將和你的努力成正比。你會被要求許多事，但你現在有機會為人生打下良好的基礎。

你必須井井有條並自律，注意所有領域的細節，特別是個人財務與生意方面。你的工作量很可能增加。唯有透過正確的時間與資源管理，才能正確分配精力，應付多出來的要求。

你正接受世俗的訓練，唯有健全務實的管理才能帶來你想要的結果。任何不周密或不健全的生意手法，都很可能惹來麻煩，增加你的工作量。唯有處理現實（也就是實事求是、面對事情，而不是你希望事情是什麼樣子），你才有辦法找出通往成功的正確道路。

避免受限的感覺。所有花費都要節制。一定要照顧自己的健康。維持健康的飲食，保持適度運動的習慣。

多留意預防式保健措施，讓自己充分休息。你必須知道什麼時候要讓自己有一些喘息的空間。做什麼事都要適可而止，就連節制都不能過度。「平衡」是這段時期的關鍵。

在這段期間內，姻親和家庭成員可能對你有眾多要求。人們覺得你穩如泰山，自然會想尋求你的協助。你要幫助他們，但不要被予取予求。

現在是努力工作與建立穩固根基的時刻。接下來許多年，你將依賴此時打下的基礎。

5 本質數字

這是前進與培養天分的重要時刻。你將卸下肩上重擔，獲得更多自由。你的寫作、公關與藝術天分將大幅增長。在此同時，事業會很順利，擴張的新機會感覺像是憑空冒出來。人們被你吸引，想幫助你完成目標。你擁有近乎神奇的自我推銷能力。你說話變得十分流暢，更有魅力、更加吸引人，而這會幫你開啟許多新機會。

這是旅遊與大量學習的時期。你有機會拜訪遙遠的他鄉，體會異國文化與認識新朋友，並認識人生。個人成長急遽加速。

許多舊習慣與過時的方法，將從你的生活消失，就好像你從陳舊過時的時空被丟出去，進入一段個人快速成長與發展的新時期。

你也比從前還強烈渴望滿足自己的感官。你必須小心，飲食、酒精、性行為，甚至藥物都不能過量。

你會遇上突發事件與機運。你必須留意你的機會。這不是坐在原地空等的時期，你必須快速前進。

你的挑戰是專心在較長期的目標上。工作要有規律，不要同時做好幾件事。找出重要的計畫與任務，監督自己從頭做到尾。專心、自律與有始有終是你成功的關鍵。

6 本質數字

這是責任、義務、家庭事務與崇高理想的時期。你會被要求支持別人，在此同時還要維持良好的生活品質。其他人會以你的馬首是瞻，等著你引導他們。你必須犧牲自己，服務身邊的人。無私與願意協助他人是你成功的關鍵。

生意、事業、財務方面很可能有所突破。這段時期特別容易出現進展，新機會也正等著你。在此同時，你的成就會帶來額外的責任與新要求。你必須完全投入手上的工作，才能達成目標。

這可能是情緒波動的時期，家人對你有諸多要求。「愛」這個議題會變成重點。你愛與被愛的能力變得十分清楚。許多婚姻與離婚都發生在這個本質數字。人們會發現自己究竟有多愛自己的伴侶，或是他們人生擁有的愛有多麼少。

保護你的家庭關係，努力維持家中和諧，特別要關心孩子的需求。

在這段期間，你的生活中可能有一個強勢並壓迫你的人。關鍵在於面對所有權威人士時，你要維持平衡與自己的重心。不要一時衝動，魯莽行事，或是被情緒挑撥。你要專心，朝著長期目標走。

如果你能緊緊抓住自己的想法，你會獲得許多支持者與仰慕者，帶來許多很好的獎勵及感激。能夠長久的新朋友將進入你的生活，他們之中有許多人會努力幫你發展自己的能力。你強烈想要表達自己藝術的一面。擁有藝術天分的人，或是已經在從事藝術工作的人，天分將被大大增強，遇上許多更上一層樓的新機會，並得到很好的成果。

大部分遇上本質數字6的人，能改善自己的生活，事業目標也會有所成長。

7 本質數字

這是一段高度自省、分析與內在成長的時期。人生旅程現在變成內在的追尋。你感覺到必須花更多時間獨處，沉思自己的人生，以及自己身邊的人。縈繞在你腦子裡的是人生的基本問題：我是誰？我在做什麼？為什麼我要這麼做？

你的周遭環境感覺上會比前幾年還要積極進取，因為你的敏感度與直覺都提升了。很自然地，這會使你更加深入探究自己，尋找是什麼重要議題把你帶到人生的這一步。

為了有效面對你周遭的人，特別是家人與同事，你必須在各方面修飾自己的表達方式。不要把別人逼得太緊，不然你會傷害到親密的友誼，而這根本沒必要。這不是外向或好鬥的時刻，你必須內省並深入瞭解自己的內心。你要和善地對待自己與周遭的人。做重大決定前要仔細思考，有了重大改變的時候要小心謹慎。

這是研究與鑽研特定領域的好時機。你進行清楚、深度思考的能力，將史無前例地高。

的確，你的頭腦是你最好的工具。你會受到好書、新研究領域、更高層次的學習所吸引。你可以看透事物表面，看見自己、其他人與周遭生活之間的內部連結。

你要避免變得憤世嫉俗，什麼都不相信。不要太過聰明，以免忘了自己的本心。這是靈魂與精神深度整合的時期。你的腦和你的心應該合作，而不是彼此對立。

你現在很可能會發現自己最喜歡做什麼。你要跟隨內心的衝勁；研究你一直忽略但想從事的領域。你的內心會在這段期間引導你，要仔細聆聽內心的建議。

8 本質數字

這段期間內，你的重心會放在生意與事業上。一個重大的新機會在眼前展開，你必須全心全意投入才能成功。這是出現進展的時期，你會擁有強大的個人力量。不過在此同時，你也會經歷重大的考驗，需要仔細計畫並留意細節。

所有的生意事務都會歷經嚴格的檢視，包括個人理財。你手上的錢可能比前幾年更多，但從另一方面來說，你也必須小心運用。

你可以擁有新開始。你感覺到自己必須抓住這樣的機會，但你也感覺必須小心進行這件事。處理所有的交易時都要精明。如果不小心，可能會犯下大錯，影響未來的好幾年。在這個時期，運用權力的時候要小心。你在人生的每一個層面都要培養智慧。

平衡是你成功的關鍵：從日常事物到最重要的人際關係都要保持平衡。你要緊緊掌控自己的收入與支出。在此同時，你要提供家人與親近的合夥人強而有力的領導，以及溫和的指引。

這也是過往恩怨重現的時期，特別是從前的債務。你必須還完舊帳才會有更多的進展。諷刺的是，你在擁有更多資源的同時，也被迫付出更多。

這也是否極泰來的時刻。不管你在過去遭遇了什麼困難，在這段期間，事業方面你再度感受到進展。你會發現自己正在進行重要的工作，而且會得到豐厚的報償。

9 本質數字

這段期間，你的理念將遭受考驗，而你將有新的想法，以做夢都想不到的方式擴展自己的眼界。你的心理與精神層面，很可能會得到戲劇性的提升。在你的人生中已不具一席之地的舊關係會被放掉，就連舊習慣以及你自以為重要的性格特徵，似乎也消失得無影無蹤。

你必須原諒過去出現的人，讓他們繼續過自己的人生，就如同你必須過你自己的人生。你可能會覺得憤怒，正義尚未得到伸張，但如果一直抓著負面情感不放，將使你不幸又痛苦。如果牽扯到官司，將曠日廢時。

你現在身懷擁抱大眾的能力，需要大量犧牲奉獻、服務他人。你深深受到別人的苦痛的影響，覺得必須改變周遭或社會，讓世界更美好。

藝文人士（特別是演員、作家或其他表演人士）的天分將增強。你會遇到許多更上一層樓的新機會。

你把心力都放在外界。用你自己的方式教導、做事，讓社會更美好。你要投身於更崇高的理想，你將在相關領域獲得極大的成功。

從另一方面來說，自私、消極、器量狹小將使你栽跟頭。你需要放寬對人生的眼界。你現在是打造願景的人，必須看到人類要往哪裡走。

因為這個緣故，你將深深同情人類。這是這個時期的人生課題：你努力讓社會更美好的同時，自己也會得到大量獎勵，難以勝數。

11 本質數字

這是極度感性與重大改變的時期。你的直覺大幅增強，甚至有通靈體驗。然而，你之所以感知到更高階的世界，是要讓你看到自己人生中做不好或尚未受到啟發之處。

你強烈感受到自己身為人類的弱點。這可能促使你探究心靈的更深處。你極度敏感，可能感到挫敗，不停地指責自己。你必須控制這些感覺。

這一切是因為你經歷了人生的衝擊。你的性格基礎似乎經歷了翻天覆地的變化。生活上的某些事件可能重複引發心靈上的地震，你因此苦惱不知道自己是誰。

這是探索自己的時刻。你滿意自己正在做的事嗎？你的工作和自己更重要的價值觀及天分完全配合嗎？這是一段自我省思的時期，你有很好的機會，把人生建立在更持久、更深入的性靈基礎上。

這段時期的努力使你進展顯著，未來將更加幸福快樂。你將重建生活，瞭解自己更內在的天性。內在與外在的你正合而為一。心理與靈魂將在這段時期加速成長。

直覺現在會引導你安全離開風暴。情緒生活可能波濤洶湧，但直覺告訴你，你走在正確的道路上。事實上，你並未迷失方向，而是大步前進。這可能令人不大舒服，但整體而言，這一切都是正面的。

沉思、祈禱、尋求和諧的環境、在森林裡散步，接近大自然。讓你的內心引導你走向更幸福的人生。

你可能會歷經許多美好的內在體驗，甚至是超自然體驗。你感到安心，知道宇宙提供了愛與支持。你會在所有層面受到啟發。你要好好運用，讓更高的力量引導你快速成長。

16 本質數字

思想的既定建築與行為模式讓我們無法體會自己真正的天性，以及內在深層的快樂。由於宇宙的偉大慈悲，這些建築有時候會崩塌。而你正處於那樣的宇宙慈悲期。

靈魂也有黑夜的時候。你可能覺得許多事情不如預期，遇到許多出乎意料、波濤洶湧、令人震驚的事件。有些看似嚴苛或不公平的債務必須償還。這是令人困惑的時期，你可能覺得自己完全迷失了方向。

你的挑戰是臣服於現階段令人害怕的更大勢力。讓轉變的力量重新引導你。你現在的人生充滿困惑，聽命於那股力量，最可能使你走出迷霧。

本質數字16就像一場風暴。表面上，這場風暴會吹垮建築物，事實上卻是在重整你的人生，讓你比從前更健康、更快樂。

本質數字16通常不會維持很久。一旦過了，你會發現自己比以前站得更穩，境遇好上許多。你正經歷一定會帶來黎明的黑夜。新生活即將來臨。

你要學的課題之一是感激。花點時間仔細檢視你得到的一切東西。你忽視生活中的愛，也忽視你被給予的天賦，你人生有過好事，但你從未發現。你對這些東西視而不見，這也是為什麼你現在感到困惑。現在是省思的時刻，你要好好評估自己的人生究竟擁有什麼。感激是良性轉換的關鍵。感謝宇宙給你的一切。

感恩是高尚的行為，你很可能感覺自己一直被一股更大的勢力不公平地對待。但這樣的想法是一種錯覺，讓你無法看見自己的本性與命運。打開你的心，接受你的視野不是無窮的天地，而是相對的世界。你要接受無窮的天地正在慈愛地引導你，讓你通往更高層次的意念。臣服於更大的勢力會使你打開心胸面對更高的層次，並讓它們引導你。

現在是培養信念的時刻，信仰的力量能幫助你在改變中感到安全。信仰會使你覺得自己正朝好的方向前進，即使你不知道那個方向是什麼。信念是你現在能夠幸福的關鍵。

沉思、祈禱，規律地從事性靈惡習。好好照顧自己的健康，要有良好的飲食與運動習慣，試著擺脫不健康的態度與惡習，活出更受啟發的內心生活。你要學著信任。

19 本質數字

你正努力獨當一面，全心全意投入個人的抱負。你感覺自己必須努力工作，替自己打下基礎。你眼光放得很遠，甚至懷抱願景，不過這是為了個人的利益。

這是一段掙扎期。你可能感到左右為難，一邊是個人的欲望，一邊是你對他人的關懷。這是一段充滿頑固與不知變通的時期，你必須小心不要讓這些個性衝過頭。

低層次的欲望與更高層次的愛，可能造成你內心巨大的衝突。夜深人靜時，你感到動彈不得：你想要服侍高階的善，但你也想成就自己的個人野心。你意識到他人的困苦，在此同時，你又懷疑理念與理想主義者。你現在會告訴自己，你在江湖上行走的時候要實際一點。不過，你必須聽從更高層次的本性告訴你的事。不要放掉崇高的理想，不然你會完全被唯利是圖與貪婪牽著走。

遇到本質數字19的人，最後解決這種衝突的辦法，通常是對自己的野心與自私讓步。這可能導致許多麻煩。人們會覺得你是個貪婪且自我中心的人。由於受到抱負的驅使，你可能被心中只有個人利益的人吸引。對某些人來說，這會引來見不得人的生意手段，甚至與法律擦撞。

這段期間，你可能覺得必須遠離人群，不要像前幾年參與那麼多社交活動，然而這可能導致孤立。你可能感到沮喪，因為你的野心需要馬上被滿足，但現在並非好時機。

你一方面要面對自己對世俗的需求，一方面又要面對內心的崇高天性，這段期間的挑戰是在兩者間取得平衡。不要對自己內心的聲音充耳不聞，也不要嫉妒怨恨身邊懷抱崇高理想的兄弟。

本質數字19結束的時候，你在物質上通常會更有餘裕，也遠遠更為獨立，然而你也會覺得和親朋好友失去了聯繫，因此你必須努力維持親密的人際關係。你要對他人敞開心胸，瞭解「人活著不能光靠食物」。

22 本質數字

這段時期將帶給你眾多挑戰，也因此你有機會成功。你會成為崇高社會運動的中心。權力會湧向你，然而你必須用上每一分力量，才能完成等在前方的任務。

你現在為了社會理念而戰。自私、氣量狹小、膽怯都會帶給你許多麻煩，這些行為完全違背你要達成的目標。

現在是建造一座紮實又持久的建築物的時候了。那座建築物可能是實體的，例如一棟大廈或一間公司，也可以是社會性的，像是實踐真正有價值的社會理念。不管是什麼，都來自更高層次，引導你的所作所為，你可以稱那個層次為「原型世界」。

不論你往哪裡看，你都會看到這項事實。說得實際一點，人們的福祉（他們的生計或整體心態）很大程度上要看你做了什麼。人們自然會等著你領導並鼓舞他們。你擁有十分開闊而遠大的視野。你的行為擁有巨大的影響力。因此，你會更加小心自己所做的事，並且擁有更多的責任感。

這可能是一段敏感的時期。你被要求遵從崇高的理想。你的價值觀必須無可挑剔。避免和他人起衝突；你要有崇高的品格，對他人要有耐心。解決問題的時候要慢慢來，有自信。你要有足夠的休息，並照顧個人需求。做事時要平衡，避免過勞。

你要注意小細節，但不要忘了長期的優先目標。你現在正在蓋地基，將為社會帶來好處。眼光要放遠，採取實際的步驟，讓夢想成真。

本質與個人年循環週期是命盤上最強大的中、短期循環週期。你的個人年循環感覺是「由外而內」的力量，代表你會遇到的挑戰與影響。本質循環是「由內而外」，代表你個人的發展階段。本質循環揭曉你在那一年的需求、欲望、優先要務與觀點。

因此，個人年數字與本質數字必須一起看。

注意：你的個人年數字和本質數字一樣的時候，稱為「雙重年」（duality），這個時期幾乎永遠充滿難以克服的困難與障礙，特別是在生日與年尾之間那段期間。

週期循環數字

我們的人生就像故事一樣，分為三大主要段落。第一個段落（開始期）會讓我們發現自己真正的本性。同時，我們嘗試應付周遭環境中強大的力量，例如父母或家庭社經情況。

人生的第二個循環（中間期）會讓個人的創意天賦逐漸浮現。這個循環的一開始，也就是三十出頭到三十五歲左右，我們會掙扎著想找到自己在這個世界的定位。到了三十五歲以後、四十多歲與五十歲出頭，我們更能自制，影響自己的周遭環境。

第三循環（最後的循環）代表內在的開花期。我們真正的天性開始結果。在這段期間，一個人會更能表達自己，擁有更強大的個人力量。

週期循環數字（Period Cycle Number）依據的是你的出生日期。每個週期循環數字都會持續大約二十七年，或是三個完整的九年本輪。你在幾歲從一個週期循環進入到下一個，要看你的生命歷程數字，如下表所示：

生命歷程數字	第一週期結尾，第二週期開頭	第二週期結尾，第三週期開頭
1	26—27	53—54
2和11	25—26	52—53
3	33—34	60—61

4和22	32－33	59－60
5	31－32	58－59
6	30－31	57－58
7	29－30	56－57
8	28－29	55－56
9	27－28	54－55

你的第一週期循環從出生開始，第二週期循環從離你二十九歲生日最近的「個人年1」開始。第三週期循環則從二十七年後開始。

如何找出你的週期循環數字

用來解釋第一週期循環的數字，源自你誕生的月分（如果你在10月或12月出生，化為一位數字；如果是11月出生，則依舊是11，因為那是卓越數）。舉例來說，如果一個人生於1949年5月15日，他的第一週期循環是5（因為他生於5月，也就是第五個月）。

你的第二週期循環數字源自你的出生日。出生日也要化為一位數字，卓越數除外（11與22；29日化約為11，不要再化為2）。以上面的例子來說，這個人生於該月第15天，因此他的第二週期循環是6（1＋5）。

最後的第三週期循環數字源自你的出生年，除了卓越數外，要化為一位數字，例如

1949年出生的人，第三週期循環是5，因為1949可以化為5。記錄週期循環數字的範例，請見「進展命盤」（340頁表6.2）。

1 週期循環數字

這是一個緊繃的時期，需要膽量、勇氣與彈性。你被迫運用所有的天分，才能做你自己並獨立自主。這是整合以及專注在人生夢想的時期。你將被測試你有多堅持自己的方向，不過不知怎麼，你自然就能取得克服障礙所需的資源，過完這段時期，你會變得更堅強。這段時期，你必須獨立、不屈不撓、充滿力量，不過這些特性自然會成為你性格的一部分，這個循環代表進步期。

2 週期循環數字

這是緩慢、耐心發展的時期。你敏銳地感受到自己的周遭環境，而且充滿直覺。你擁有調停者的天分，非常能夠透過和善的說服，發揮強大影響力。你要培養圓滑的社交手段，和他人合作。音樂及其他藝術天分將開花結果。夥伴關係很重要，而這需要理解及妥協。你需要耐心與彈性，不過你擁有溫和、親善的影響力，其他人會樂意協助你。找出美麗和諧的環境，找時間待在大自然裡，並且享受親密陪伴帶來的祥和感。這個時期，你的進展不快，但很穩定。

3 週期循環數字

這是大量自我表達、人與人之間高度交流的時刻。你所有的藝術才能，包括寫作、演戲或舞蹈，將達到全新高峰，而且會得到許多獎勵。你的社交活躍程度會史無前例地高。別人會覺得你迷人、富吸引力，甚至魅力四射。不過你要小心，不要把精力浪費在太多膚淺的計畫或人際關係上。這個時期的你必須自律並專心，才能發揮這個時期充沛的人生精力。

4 週期循環數字

這個循環充滿辛苦的工作，以及隨之而來的報酬。你在這個時期的主要關切點是生活上實際的事物：工作與事業，健全的家庭與可靠的社區。你不會熱中於幻想或理想主義，你想讓自己的人生有穩固的財務基礎。你可能會過度關切細節，墨守成規，你必須打破這樣的僵局。找到你愛的工作，全力以赴，但不要忽略了你其他的人性需求，也不要忽略身邊的人也是人。這是個需要紀律、秩序與讓自己有幹勁的時期。工作是你不可避免的重心，然而以上性格也會讓你被家人、同事，甚至是社群視為基石。

5 週期循環數字

這是快速進展與眾多變化的時期。你正在學習自由的課題。你將旅行、多次搬家、換工作，你不受束縛。在這段時期，你沒有負擔，也沒有責任。你很能成功推銷自己，語言能力會大幅增強。可以學習外語、寫作與編輯。你會遇到許多令人興奮的朋友，造訪異鄉，還會碰上許多新點子。讓你自己向領域中創新、有遠見的人看齊。督促自己改變，抓住新機會。

6 週期循環數字

這是家人、責任與義務的時期。承諾、婚姻與家庭議題會成為你生活的重心。當承諾被提出，也有人深情接受之後，這會是一段和諧與充滿支持的時期。你將非常需要周遭的人。你會被愛、被感謝。這是婚姻最好的循環。同樣地，夥伴關係會進行得很順利，共同參與的活動也會大有進展。從另一方面來說，如果承諾不是很深或是遭受破壞，將出現分居與離婚。你所有的藝術天分一一浮現，有表達自己的新機會。如果要展開新事業，也會得到眾多幫助。彈性、合作與妥協在這段時期會助你一臂之力。

7 週期循環數字

這個時期使你專精於某個領域，進行深度思考，並沉思人生更深層的問題。你應該深入鑽研自己喜歡的主題。你會被科學、科技、哲學與形而上等領域吸引。讓自己成為特定領域的專家。你擁有絕佳的直覺，只要專心投入，你的心智能夠穿透任何事物表面。你要集中精力與想法。這是內在發展的時期。冥想、沉思與自我反省是讓自己更成熟的方式。你在某個程度上，抗拒與他人分享內心的情感。內心世界太過吸引人，你想全神貫注。可以透過教書、輔導或單純地與他人談話，分享你所累積的知識。

8 週期循環數字

這是充滿大量工作、職涯發展與財務報酬的時期。關鍵在於努力工作，以及願意在受挫或遭逢困難之後再度投入。你身為管理者、組織者與財務規畫者的能力大增，有看到大方向的天分，能夠執行大膽的計畫。這段時期能得到財務自由。生意與事業活動進行得很順利，但需要你付出許多時間和精力。你被迫掌控自己的事業或生意，達到新高峰。你會在這個時期得到權力，但必須明智地運用，且要有目標。

9 週期循環數字

你在這個時期發展出對人類的宏觀看法，真心誠意地關心他人的福祉。寬容、接受與一視同仁的愛是循環9的目標。雖然這樣的完美境界不會完全達成，處於週期循環數字9的人，會受到這些理念的吸引。人道信念與社會服務是你快樂的關鍵。你致力讓人類生活更美好，而這也會為個人帶來豐厚的獎勵。為了崇高的理想而辛勤工作會帶來報酬。你的創意天分也會增強，特別是與某些更大的社會目的或訊息結合的時候。你必須犧牲奉獻或放手，如同一個人被要求原諒過往的恩怨，放掉負面的執著情感。你必須依據更高的道德標準而活，心靈成長與豐富人生將是你的回報。

11 週期循環數字

週期循環11是發展靈魂的時期，甚至是心靈的啟發。你更能理解人生、更有智慧。這不是追求物質目標的時刻，你要追求更崇高的人類理念。然而，你會遇到誘惑，想追逐無邊無際的東西，無法腳踏實地。你必須避免這樣的情形。你要專注於自己的學問，深化自己的理解，直到你能用簡單易懂的話，把自己的知識傳達給別人。你的訊息跟能力應該與自己的社群分享。然而，只有經歷深度的個人轉變，加強自己的表達技巧，才有辦法發揮這樣的天賦。你愈是願意讓自己成長，就愈能幫助世人。一個人要是能夠接受並擁抱這樣的道路，他將得到諸多報酬，包括充裕的財務援助，甚至是名聲。此外，知道自己的貢獻能讓別人過得更好時，也會得到更深層的滿足感。

22 週期循環數字

循環22這個時期充滿遠大的可能性，你可能建立某種長遠的制度或學說，大大造福人群。你有能力意識到原型世界的某些事物，並且在地球上重現。你身為建造者、組織者與夢想家的能力正處於巔峰。你有能力感知人們的需求，有辦法提出有建設性的務實計畫，滿足那樣的需求。你被迫全心投入手邊的工作。對許多人來說，這個夢會持續一輩子，需要用上你每一分力量、每一種才能。這是個會耗費你所有精力的角色，你感覺受到召喚，然而，那也會使你強烈感覺到自己成就了什麼，覺得心滿意足。你有辦法替人類帶來深遠的貢獻。

週期循環數字反映我們從出生到死亡一路上的狀態，讓我們深入瞭解自己的心智狀態、態度，以及面對人生的方式。這些數字反映出我們在遇到事件與各種情況時，會以什麼樣的方式與態度面對。這些數字很細微，不容易察覺。然而，如果你能稍稍探索一下自己的靈魂，你就會發覺這些數字確實道出你深層的人生旅程。

高峰循環數字

高峰循環數字（Pinnacle Cycle Numbers）是我們的生命歷程中四個長期的循環週期，代表你必須培養的特質。能夠應付高峰循環數字的要求與挑戰之後，你就能讓那些特質成為你的一部分。你被迫面對高峰循環數字的特質，在這個過程之中，高峰將形塑你這個人。

第一高峰（First Pinnacle）從出生開始，到三十六歲減去生命歷程數字的那個年紀。接下來的兩個高峰都會持續九年，最後的第四高峰會一直持續到你去世為止。

高峰轉變永遠發生在個人年9與1，也就是長期循環的尾聲與開頭。我們會經歷好幾種九年循環，每一個循環的開頭和結尾都會帶來改變，然而高峰轉變代表我們個人生命中密集的轉變。由於我們一開始就從一個高峰開始，我們一生之中只會經歷三次高峰轉變。

你可以先行瞭解即將來臨的高峰數字，以及它們什麼時候會出現，讓自己做好準備。

如何找出你的高峰數字

找出第一高峰（Pinnacle Number）的方法是把出生月與出生日相加，化成一位數字。舉例來說，如果你生於1949年5月15日，你的第一高峰數字是5（5月）加6（15日化為6）等於11。計算高峰數字時，卓越數不要化約為一位數。如果是11月5日出生的人，那就是11（11月）加5（5日）等於16，然後化成7。

找出第二高峰的方法是把出生日與出生年相加。再以1949年5月15日為例，也就是6（15日化為6）加5（1949年化成的一位數），得出另一個11。

第三高峰的算法是第一與第二高峰的總和，以上面的例子來說，就是11加11等於22。22是卓越數，因此不要化約。

找出第四高峰的方法是相加出生月與出生年，以這個例子來說是5（5月）加5（1949年）等於10，然後化為1。

你的第一高峰轉變會發生在哪一年，算法是36歲減去生命歷程數字。如果某人生於1949年5月15日，36減去生命歷程數字7會等於29。這個人的第一高峰會在29歲時結束（請注意，生命歷程數字永遠和出生時的第一個個人年數字相同。我們出生時會先完成九年的循環，在第一高峰轉變之後是三個完整的九年循環）。

第二與第三高峰各自長達9年。再次以上述的生日為例，這個人的第二高峰的尾聲會發生在38歲；第三高峰會結束在47歲，那一年也是他最後一個高峰、第四高峰的開頭。

第一高峰　＝出生月　＋　出生日
第二高峰　＝出生日　＋　出生年
第三高峰　＝第一高峰　＋　第二高峰
第四高峰　＝出生月　＋　出生年

下頁表6.1解釋如何將各高峰數字和出生日期、挑戰數字、出生日數字及生命歷程數字畫在同一張命盤上。340頁表6.2則示範如何在「進展命盤」中標示高峰循環。

1 高峰數字

這段期間，你必須獨立自主，主動出擊，並展現非凡的勇氣和屢敗屢戰的精神。在歷經多次困難情境後，你必須重新站起來。這個高峰數字的挑戰是學習獲得意志力。

你不會得到別人或家人太多的協助，必須靠自己的力量。不要陷入自憐的情緒或輕易投降。

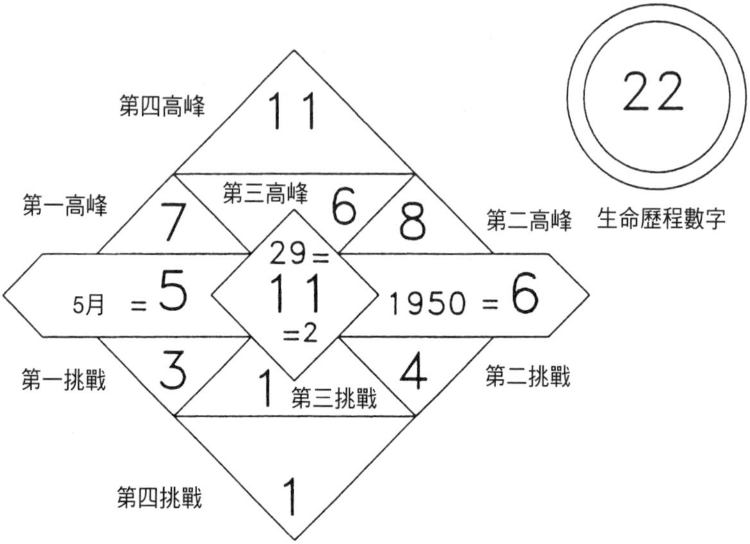

表6.1　高峰數字與生日命盤

繼續專注在夢想上。這個高峰數字需要你拿出鐵一般的意志力持續朝自己的目標前進。此外，遇到困難的時候，你也要展現能屈能伸的精神。身處逆境時，必須夠柔軟。

這是一段讓自己快速進步並成長的時期。你被迫用上自己所有的天賦與能力，還有頭腦。

你必須不斷努力，但也會得到很好的報償。沒有努力就沒有成果，也沒有滿足感，只有對生命的負面態度而已。

小心不要太自我中心，也不要剛愎自用，自尊心過強。你要強壯，也要有彈性。你要打開心胸，接納別人的意見，不過要堅定自己的立場。

這個高峰數字的優點在於強大的個人感與力量。你會知道自己是個什麼樣的人。這個週期有許多隱藏的天賦，其中最強大的可能是信念。

你的高峰數字讓你擁有領導能力，勇敢又大膽。你擁有許多非傳統的點子，也有能力與勇氣讓想法成真。你管理與組織眾人、機構的能力將大幅提升。你有願景也有信心，你瞭解自己夢想的價值。

相關性格會讓你有成功的大好機會，你可能有重大成就。

2 高峰數字

這個高峰數字讓你極度感性，充滿直覺與洞察力。這個時期需要你付出耐心，培養內在覺察力。你必須練習透過溫和的力量與勸說，達成自己渴望的目標。直接的手法、強迫性的開誠布公及對抗，將帶來反效果。你會發現，最能帶來滿足感的角色是在一旁輔佐。你現在是有天分的顧問、外交家與調停者。你能看透人們的感覺與動機，直接看到事物的核心。然而，你不該運用這種天賦來造成人們之間的不和，而是帶來和平、修補裂痕，讓人們和諧共處。

在這個時期，你的挑戰是讓所有層級的二元對立平衡。人們在爭論的時候，你會發現正、反兩方的意見都有價值，你能看出和平共處的中間地帶。你可以營造出一股氛圍，讓雙方妥協，相安無事地一起工作。你是讓人們與重要計畫接在一起的黏著劑。

你必須面對並克服的弱點是你太過感性。你會放任自己的情緒，太容易受傷。你可能缺乏自信，特別是在這個高峰的初期。那時你的敏感度提高，強烈感受到自己的弱點，因而屈服、恐懼、遲疑。這一切的一切可能引發情緒風暴。

你需要勇氣，以及向外界求助的意願。

你的感性會使你強烈珍惜美好與和諧的環境。在此同時，你需要身邊圍繞著美與和諧。

你開始想接近音樂與各種藝術。你可能覺得自己的音樂天分逐漸浮現。你可能已經學會彈奏樂器，如果沒有，想到就去接觸吧。

處於高峰數字2的人，如果能利用自己的感性、善解人意與深入的觀察力，其他人將心存感謝。你可能不是那麼清楚其他人有多欣賞與尊敬你，這會使你覺得不受重視，或是別人不認可你的付出。

別人可能會誤以為你害羞、謙遜，特別是如果這是你的第一個高峰，然而你其實自尊心很強，小心不要過頭了。

你可能想要躲避人生混亂或困難的情境，因而容易掩蓋事實以維持和諧。你要小心這個傾向，這常常會帶來副作用。

你能夠盯住精確的細節。你人生所有面向的品味都會隨之提升，你擁有某種其他人仰慕的氣質。如果能善加利用這些特質，你的外表會大幅提升，變得優雅有魅力。

這個世界倚賴能維持和諧與和平的人。

3 高峰數字

這是一個具有高度創意的時期。你表達自我的能力大幅提升，創意與藝術天分達到高峰。你應該盡一切所能，提升這些能力並善加利用。許多處於高峰數字3的人會被寫作、戲劇、歌唱與舞蹈吸引，成功的機會也會提高。努力從事你有天分的藝術領域，能帶來許多報酬。

這也是一個充滿社交活動與感性的時期。你的魅力與合群天性會吸引朋友與仰慕者。你有能力鼓舞他人，讓別人動起來。你積極向上的精力讓人想要和你一起工作，或是替你工作。

這也是一段幸運期。相較於從前，你不費吹灰之力就能克服困難。以上一切可能會造成你放縱自己與缺乏生產力。生活變得較輕鬆之後，你可能會沒那麼警惕自己。你需要專注與自律。在這個高峰數字的影響之下，努力工作將是重要的關鍵與挑戰。如果你想抓住大部分的機會，就必須奮發努力。

你要小心不要衝動，不要一時興起而做出某些事。你必須知道自己在這段時期的限制。你要小心自己的錢財，收支要平衡。不要突發奇想，行為不要失序。要不然，你可能會做出令自己後悔的事，或是浪費許多機會。

生於這個高峰數字的孩子必須好好管教，不能過度寵溺。從小學習藝術，能夠使這樣的孩子好好發揮藝術天分。

4 高峰數字

這是辛勤工作與豐厚報酬的高峰。你有機會打下持久的基礎。身為組織者、管理者，以及擔任任何體制基石的天分，將大幅增強。你值得依賴、可靠。同樣地，負起責任的能力也會提升。

由於你勤奮、堅忍不拔，成功唾手可得。這是一步接一步的過程，你將堆起一塊塊的小磚頭，建造出某種東西。

你將以非常具體的方式關心他人。家人與姻親可能帶給你負擔，因為你被視為地基的基石。

你的生活充滿必須關注的細節與責任。運作中的計畫是你的孩子，你不得不時時關注。你得到許多報酬，也時常感到沮喪。你感覺到自己的極限，有時會覺得細節耗盡所有的精力，撐不下去。

你必須記住，持久的事物需要慢慢來。你誤以為自己的進度應該更快或更容易發生。你對效率、秩序與井井有條的要求，將限制住你的創意。

你的挑戰是學習讓自己具有彈性。你要學著更放鬆，讓自己不要時時刻刻被成規綁住。

生於這個高峰的孩子多半嚴肅，且受到父母財力的影響，覺得自己必須及早離開原生家庭，建立自己的家庭。必須鼓勵這個數字的孩子更有遠見、更有彈性，避免讓他們太早跳進殘酷的現實世界。

5 高峰數字

這個時期將教導你自由和擴展人生。你會旅行到遙遠的地方，遇見新鮮有趣的人，體驗多場冒險，讓你認識這個世界。你處於實驗與學習都加速的時期，經驗是你的導師。

你的語言能力大幅增強，能輕鬆寫作、侃侃而談。此外，你也能成功推銷自己。事實上，許多冒險之旅就是從這裡而來；新的工作、旅遊與體驗異國的機會，將定期出現在眼前。

你的挑戰是避免自己見異思遷，讓自己在某個領域、職業或一段關係中穩定發展。這不會限制你的自由，而是讓你有立足點。要不然，你會從一個沒意義的工作換到下一個，或是從一段膚淺的關係換到下一段。你可能成為暴飲暴食、酒精、性愛與藥物濫用的受害者。

你可能害怕被困在某個地方或被綁住，造成你在追求自己喜歡的事業或遇到重要戀情時，淺嚐即止。

你必須瞭解自由的真正意義，也就是無條件的愛。你付出愛與精力，但不會抓住一個地方、一個人或一個職業不放；在此同時，你也會得到同樣的回報——人們愛你，是因為你是你，而不是因為誰屬於誰。這是高層次的精神道路，你必須超脫，但又不至於失去愛。

許多人會迴避這條道路，選擇與這個世界或人們維持膚淺的關係。

你必須發展自己的天賦，特別是口語與寫作能力。你很可能是天生的推銷員或發起人。

你必須接受自由有所限制。沒有界線就沒有自由。沒有界線，你無法定義自己，無法說明自己的存在。

6 高峰數字

這個高峰的影響會使你花許多時間與家人、朋友和社群相處。你身上的責任與義務增加，但你也更能讓生活平衡，並看清事情，妥善處理情感議題。

你的家人會占去你諸多心力。配偶與孩子需要許多安全感，你必須付出愛並犧牲奉獻。你是家人的支柱，人們需要你的安慰和諒解。你必須照顧許多人，你可能覺得身上的擔子愈來愈重，強烈感受到大家需要你。

這個高峰充滿愛、親密感與溫暖，然而你必須面對親密關係帶來的挑戰。你必須解決別人的衝突，帶來和諧。你通常是唯一能看清紛爭的人，就如同維持正義的人，你能理解並調和敵對的情境。

受到這個高峰的影響時（尤其是在最開始的階段），通常會結婚或成家。孩子出生，姻親進入你的生活。你是一個小世界的核心人物。

你必須維持尊嚴。這段時期，你更能自我犧牲，但可能會過了頭，只為了維持一定的寧靜，就變成別人的腳踏墊。你要知道自己的界限在哪裡，並維持健康的關係。

這個時期會帶來良好的生意與財務。你會吸引有資源的人幫你進一步達成個人目標。此外，你的生意手法四平八穩，這會帶來許多獎勵。

你對和諧感的需求提高，真心關懷他人，使你成為絕佳的輔導者與療癒者，特別是你在相關領域原本就有天分的話。

你可能會出現個人健康問題，讓你反省自己的飲食、運動與其他健康習慣。

你渴望幫助他人的動力也會提高，然而這可能會使你插手不該管的事，或是過度介入別人的私生活。小心不要多管閒事。

高峰數字6是進展與成為成熟人類的時期。你有能力朝許多不同的方向培養自己——成為深情的伴侶與父母、明智的生意人，以及社區的支柱。你需要發揮自己平衡的能力，因為你很容易往太多方向發展，最後筋疲力盡，被周遭太多的要求壓垮。

7 高峰數字

這是內心發展與靈魂探索的時期。你得面對個人存在的深層重要問題，以及人生的意義。你需要時間獨處，思考內心的世界。這是一段心靈成長期。你感覺到自己的信仰增強。宇宙的力量將帶著你一路前進。

你更能欣賞詩歌與大自然。在大自然裡散步足以深深撫慰你，並帶來性靈上的滋養。

這是讓自己專精的時期。你帶著熱忱與專注的精力，追尋某種發展。你的專注力將大幅增強，渴望進行各種形式的研究，例如閱讀、自省與沉思。這樣的欲望史無前例地高。你的直覺更為敏銳，使你的人生路途更簡單、直接，因為你本於直覺，就知道下一步該怎麼走。

在這個高峰的影響下，你會成為某個領域的專家，擁有強大的能力，穿透至事物深處。你將看透你遇到的一切表象，很可能擔任教導他人的角色。

你必須自覺地關注自己的親密關係，特別是配偶與孩子。你必須解釋你希望探索內心，並不代表你要逃避或迴避你所愛的人，而是你深深需要知識。

在高峰數字7的期間，性靈成長、增長的知識與智慧，都是重大的獎勵。高峰數字7打下了基礎，年齡增長將帶來滿足感，因為你開始更深入地瞭解人生。

你的挑戰是避免變得吹毛求疵或憤世嫉俗。你可能看輕他人，太過脫離社會。你可能忘記自己也不完美。諷刺的是最低層次的溝通方式，很容易讓你掉入這樣的陷阱。

你真心希望達到某種高層次的完美，然而如果你失去洞察力，無法瞭解人類互相依存，那樣的追尋可能使你痛苦、悲慘。完美是烏托邦的目標，但也是不切實際的野心。這可能讓你對自己不滿，對他人也不滿。

高峰數字7讓你有機會達到真正的提升，使你獲得更高層次的洞察力與智慧。這種深刻的瞭解是愛自己與通向真正幸福的基礎。

8 高峰數字

在這個高峰數字的影響下，你的天賦將大幅增強，更能成功處理商業與財務事項。這是物質成長的時期，你能擴展並得到回報。這是收割的週期循環。

高峰數字8也能強化你的個人力量。你擁有明智的判斷力與願景。事實上，這就是你財務方面能夠成功的基礎。

人們會感覺到你的力量與效率，更容易把自己交給你，等你給他們答案。這使你毋需當惡霸或強迫事情照自己的意思走，就能使上力。人們會發現你十分能幹，想和你一起完成願景。其他人對你深具信心。

你能組織大型事業。麻煩對你來說像是一種挑戰，而非威脅。你感受到個人的力量增強，愈來愈穩定，愈來愈能站穩腳步。你將以近乎神奇的方式造成影響，因此極度目標導向，帶著自信與清楚的頭腦前進，讓美夢成真。

這段時期你要面臨的挑戰，則是不能忘掉人性與性靈的重要性。你必須在天堂與人世之間維持平衡。你會遇上極大的誘惑，把金錢和地位視為唯一的優先要務，排除較為人性或非物質的事物。不可避免，這會帶來損失。你會受到考驗，必須學習金錢真正的價值，也就是錢在人生中應該扮演的角色。如果錢被放在高高的聖壇上，掩蓋人生其他所有面向，你會變成錢的奴隸。

如果你在處理錢財時能有平衡的手段，不要把錢看得太重，這個時期，不論是物質上或性靈上都會有豐厚的報償。這是高峰數字8真正要帶給你的東西。

數字8象徵有限與無限、物質與精神之間的平衡。你將有很好的成長機會。

9 高峰數字

這段時期，你必須參與某些超乎個人利益的大型計畫或目標。你最大的滿足感來自幫助他人與自己。如果你是老闆或主管，瞭解自己在幫助員工養家活口時，你將獲得更大的個人滿足感。如果你從事社會運動（身處高峰數字9的人會特別受到相關職業的吸引），你感到個人的力量更大，因為你知道自己在為眾人及社會謀福利。身處高峰數字9的時候，你會致力於做善事與服務一般大眾。

因此，這是一個自我犧牲的數字。從某種程度上來說，你必須把個人的優先要務放在較崇高的理念之後。意思不是說你應該當殉道者，而是你要提醒自己，努力取得平衡。你要顧及個人欲望，但也要讓周遭環境變得更美好。

這是財務成長與生意出現進展的良好時期。在這段期間，你將面臨重大挑戰，必須全心全意投入。

高峰數字9也會使你在戲劇、寫作與藝術方面大有可為。你更具美學眼光，所有你已擁有的潛在藝術天分，將會增強並浮出水面。如果你是生意人，會突然想贊助藝術、資助戲劇製作或藝術家。

你會感受到更強烈的社會責任感，並同情許多人。你會想幫助不如自己那麼幸運的人，很可能會投身於某種社會理念或慈善活動。這段時期，你會格外感受到自己想讓社群、國家與世界更美好。

有趣的是，你不會受限於階級或國家的偏見或疆界。你把人類視為一個整體。然而，你的愛不是給個人，而是給群體。

許多處於高峰數字9的人會受到宗教或哲學的吸引，有能力弘揚教義或學說。簡而言之，你是高度的理想主義者。這段期間，你可能四處旅行，與各行各業的人見面。

不論你的專業領域是什麼，你有機會成功並獲得名聲。

11 高峰數字

這是一段充滿挑戰的時期，你正處於高度的敏感與直覺中。你的心靈世界同時發生了很多事，你會感受到高度的混亂，不知該往哪裡走，不知道自己是誰。從另一方面來說，個人意識與更高層次的無意識之間，有了一條寬敞的管道。你會一直受到資訊與洞察力的鼓舞，甚至是衝擊。

由於充滿強度的啟示會不斷湧向你，你必須學會透過信仰在人生中站穩腳步，並且要有實在的職業，讓每一天都腳踏實地。

這是一段性靈與個人大幅成長的時期。你以不尋常的見解，深入看清楚人生。在此同時，情緒與性靈都受到高度考驗。對自己的所有認知（例如自己是誰、為什麼會在這裡），也將頻頻遭受挑戰。

你想在某些領域或某種人生方式中定下來，然而這個高峰的能量不允許你這麼做。你彷彿必須衝向某個終點。你不覺得自己能掌控這個過程，反而深刻感受到正在形塑你人生的力量。你必須臣服於這樣的力量。

在此同時，這個高度緊繃的時期可能帶來情緒上的混亂。你清楚感覺到自己和別人不同，甚至是不得不異於他人。你感受到精神的力量正特別關注你。從某方面來說，你對生命的感知會比別人敏銳；由於極度敏感，你看得比別人透澈，而且是從較為性靈的角度去看事情，就好像你擁有完美而精確的周邊視力，每一件事都非常突出，看得一清二楚。有時你甚至覺得自己能夠看進事物的靈魂。

在此同時，你可能會懷疑自己是地球上的外星人。你完全不切實際，有時覺得自己不瞭解物質世界的運作。你不懂實際的事物，還自覺笨手笨腳，然而其他人的人生似乎都很順利，這讓你更覺得自己是局外人。

你感到尷尬，覺得自己很異類，然而更重要的是，你強烈感受到自己的人生具有目的，你有訊息要告訴世人。你要讓別人更快樂、更健康、更祥和。你不顧一切想要達成這樣的目標。

高峰數字11的挑戰在於腳踏實地，進而讓夢想成真。你必須找出實際又有用的方式來服務他人。同時，要培養自己，那麼有一天你就能夠帶出內心的東西。

這個時期的影響使你極具創意、創新與發明能力。你處理問題的方式完全反傳統。你要相信自己的直覺，尋找和諧的環境，以恢復內心平靜，並試著維持重心。這個時期在各種層面都會帶來很好的報酬。只要努力下去，就能找到適合你的位置。

22 高峰數字

這是一段吃力的時期，你所有的個人力量會浮出檯面，幸好你有辦法駕馭。在此同時，你也面對巨大的挑戰，不得不用上全部的力量。這些挑戰有實體的，也有精神層面的。實體的挑戰會明擺在眼前，在你努力實踐某項大事業或夢想時，會遇到挑戰。精神層面的挑戰則較隱而不顯，但也同樣重要。你必須用上全部的性靈知識與願景，為社會整體的幸福，建立某些宏大持久的事物。

你的心靈力量會大幅增強。同時，決心與效率也會按比例增加，讓你成為「建築大師」。22是卓越數，也就是說，你必須意識到原型世界的遠大事物，並在人世間重現。

你所專注的每一件事規模都很龐大——你的計畫遠大，涵蓋很長的幾段時間；你夢想能為世界帶來既深遠又持久的影響。同時，你遇到的問題與挑戰也很大。你必須全心全意投入

年齡																			
肉體轉換字母																			
心智轉換字母																			
靈魂轉換字母																			
本質																			
業債數字																			
高峰																			
個人年																			
週期循環																			
年分																			

表6.2 進展命盤

這個夢想。如果你無法全神專注於最宏大的抱負，你將陷入沮喪與夢想破碎的世界。

這就是為什麼高峰22會帶來這麼大的挑戰——如果你想發揮自己所有的潛能，給這個世界你必須給予的禮物，你每一件事都得全力以赴。這是一個非常極端的高峰數字。

不過，你並非孤軍奮戰。眾多心靈與物質的支持將幫助你實現計畫。人們會被你吸引，他們直覺就瞭解你的宏大目標。你會擁有一群緊緊跟隨的朋友和支持者，當他們感覺到自己在參與你所說的夢想時，他們的人生也更加豐富。

勇氣是絕對必要的。你需要自信與信心幫助你度過這個時期的挑戰，克服一路上眾多的阻礙。

在這段時期，你將能採取極佳的實際作為。你解決問題的手法有條有理但也很大膽。

你對於細節很小心，但你在一舉解決手邊的問題時又很有勇氣。你必須勇敢往下跳，永遠不要猶豫可能發生的結果。

相較於夢想帶來的刺激，你的個人生活可能退居二線。

這是個充滿潛力的高峰數字，需要你付出許多努力。你登台的時間已經到了，現在你必須盡情揮灑。

高峰循環的影響，將逐漸強過週期循環的影響。高峰循環描述較為特定的事件與經歷，週期循環則較難捉摸，暗示著更隱祕、更基本的傾向。

從一個高峰循環到下一個高峰循環的轉換，會比兩個週期循環的轉換還要富有戲劇性。人的一生之中，將會經歷3次高峰轉變。可以確定的是，每一次轉變都會帶來持久的影響。

個人年、個人月與個人日週期，以及轉換循環、本質循環、高峰循環、週期循環，共同構成了不停前進的命盤。如同個性命盤，解讀這個不斷變化的命盤最困難的地方，在於分清楚這些循環在哪些地方、以什麼方式影響一個人，以及這些循環如何彼此影響。

用在大自然散步來比喻這整個過程，或許更容易瞭解。長期的循環揭露了整體運勢。例如，你可能會說你目前的週期循環代表多山的地勢。你的高峰循環告訴你這個地方長著濃密的森林。你的本質循環告訴你在人生的這個時期，你充滿精力與玩心，或者你有點累、有點情緒化。你的轉換循環說出你的健康或心理狀態，你是否正在通過幽谷或是攀爬丘陵。個人年、個人月、個人日循環則告訴你天空是否正在下雨，或者你正接近一座可以解渴的湖泊。

你能否掌握生命靈數的藝術，將要看你分析與演繹的能力，以及想像力。你必須很敏銳，才能察覺某個個人年數字如何影響某個本質數字。唯有透過練習，才能掌握這些東西。不過，觀察自己的命盤可幫助你解讀。你可以回想自己人生中的起始點，看看是否能認出當時為什麼做了某些決定，或是經歷了某些事件，以及那些經歷和你當時正在經歷的循環，有什麼關聯。一次選擇一年就好，你會訝異循環數字揭露了多少東西。

第七章 生命靈數的其他用途

無所不包，以及其他等等。

——無名氏

我們的生活每天都被數字包圍。我們用數字打電話、辨認我們的房屋、車子與銀行帳號。事實上，我們的生活很少不牽涉數字。這些數字揭示你和編號事物之間的關係，會告訴你那樣「物品」的天性，或是將如何影響你的生活。瞭解這些數字的意義或許能指引你，讓你知道在某些情況下該怎麼做，要不要改變時間與日期，如何更動生活中的數字，變得對自己有利。

接下來的章節，將告訴你生活中一些較常見且重要的數字，例如門牌與電話號碼，以及你的祖先如何走過類似的人生階段。我也會討論如何透過數字找到失物，以及二位數字代表的一般意義。瞭解這些資訊之後，你就能把基本原則運用在人生中其他的數字上頭。

祖先的影響

對於大部分人來說，他們的姓氏傳了許多世代，而且通常是父親那邊的姓氏。你的姓氏代表你和祖先之間強烈的連結，你們擁有類似的靈魂道路。如同第六章所述，靈魂轉換字母來自你的姓氏。換句話說，如果你和別人同姓，你們的靈魂道路也會朝類似的路線發展。

然而，靈魂體驗的層次與強度，每個人都非常不一樣，不可能互相比較。

舉例來說，我們的朋友Thomas John Hancock與他的父親、祖父、曾祖父等等，都姓Hancock。他們都在十七至二十二歲、四十五至五十歲、七十三至七十八歲之間，經歷O這個靈魂轉換字母。他們在度過人生那些階段的時候，會以感性的方式經歷靈魂的發展；他們會欣賞美，也會感受到對家庭與社群的責任；他們會想用繪畫或其他方式表達自己的情感；而且擁有溫暖、互相扶持的人際關係。在度過靈魂轉換字母O的時候會感到自信，但也會有憂鬱與情緒激動的祈禱。

Hancock一家人會以多大的強度感受到這樣的經歷，很可能每個人大不相同。即使是貼身觀察，也可能完全找不到相似之處。

你的姓氏還透露了許多一般面向。請仔細思考與研究自己的姓。你的姓氏中，是否有某個字母或字母代表的數字出現一次以上？分析每個字母代表的數字之後，那個名字說明了什麼事？

Hancock這個名字解讀出來是8、1、5、3、6、3、2，相加起來是28，化為10，再化為1。

父親那邊應該會出幾位有財力的人（基石8），其中許多位都擁有自己的事業（1、8以及兩個3），可能是推銷或販賣某種東西，而且他們非常倚賴說話能力與幽默感（3與5）。家庭與責任（第二個母音是6）也是優先要務。他們通常能意識到他人的需求與情緒狀態（出現2，不過其實是11，因為K是字母表中第十一個字母）。

此外，Tom Hancock的祖先可能有些是海盜或社會邊緣人，因為這個名字充滿冒險主義（1與5），缺乏遵守常規的意識（1、5和3）。

這家人幾乎都有的共同點，則是希望做自己想做的事（姓氏字母代表的數字8、3、5、1，以及總和1）。

一旦熟悉每個數字代表的意義，你會發現思考姓名是很有趣的一件事。在歷史上不同的時刻，你祖先的事蹟和這些名字昭示的性格會有相同之處。

門牌與電話號碼

不要忽視生活環境中的數字給你的暗示。瞭解那些數字的意義與目的，將使你的生活更順利，減少你的焦慮。

門牌號碼是非常重要的數字，可以告訴你很多事，預言你待在那間房子時，很可能會遇到的事件與經歷，其中有好有壞。如同我在前文解釋的，所有的數字都有正面與反面、光明面與陰暗面。沒有一個數字比其他數字好，不過你會希望避免某些可化為業債數字的門牌號碼，例如13、14，特別是16、19。毫無疑問，有業債數字的房子會帶給住在裡面的人相關的性格。只有在以下情形，才應該歡迎帶有業債數字的房子：清楚希望脫離過去的自己，想進行深度的靈魂探索（16）；覺得必須獨處，學習找到內在力量，在沒有他人幫忙與支持的情況下，面對生命的挑戰（19）。

你應該依據自己的個人需求與希望，判斷自己想不想要某個數字。

門牌號碼比街道名更為重要。住在同一條街的人都會感受到那個街道名的影響，因此那是集體影響，而非個人影響。

同樣地，你的電話號碼也顯示出透過那組號碼傳送的連結與溝通。區碼與頭三個數字可以略去，就和街道名一樣不是太重要，太多人分享那幾個數字的組合。然而，電話號碼最後四個數字是你自己的，只屬於你一個人。鄰居或是街坊裡的任一人都不會擁有相同的數字。

瞭解你的門牌或電話號碼

如果要瞭解門牌號碼或電話號碼，必須好好掌握1到9這幾個一位數的意義，然後運用以下方法，分析周遭環境中的多位數。

首先，把所有數字加起來，化為一位數。要特別留意是否出現卓越數與業債數字。

舉例來說，如果門牌號碼是3417，那就是3＋4＋1＋7＝15，1＋5＝6。這個例子中，6是最重要的數字。這個門牌數字很適合有孩子的家庭，因為6是一個家庭導向的居家數字。

可以從三個層面分析這個例子。首先，想一想數字6，也就是所有個別數字的總和。接著，思考一下二位數字15。這個數字代表這個例子中的6，隱含高度的個人主義與個人自由（1和5）。最後，考慮個別數字。

當你考慮搬進一棟很合你意的房子時，我不會建議你因為門牌數字相加不是你最喜歡的結果，就放棄那棟房子。然而，如果是你無法接受的門牌數字，或許可以申請更改。

電話號碼就比較好辦了。依據我的經驗，負責分配號碼的電信公司員工通常很樂於助人，會讓你選別的號碼。我建議你利用這樣的服務。

透過數字尋找失物

你的每一個動作、每一項觀察，不論是有意識的，還是心不在焉，都會永久存在潛意識的某個地方。

如果你在和別人說話時有一輛車經過，那輛車對你的周邊視力來說，不只是一個模糊的點，那個影像會被記錄並永久儲存。那件事發生了，你的眼睛看到了，資訊被送至大腦，然後留下印記。這和你的記憶力好不好無關。不過你能否存取那樣的資訊，則是另一回事。理論上，即使是過了很久，你應該還能記住那輛車的車牌號碼。事實上，這種事通常能透過催眠做到。

生命靈數有一套獨特的記憶存取方法，幫你好好利用潛意識的大量資訊儲存空間。

舉例來說，假設你弄丟了一枚戒指，你只知道上次戒指還在的時候，你也在場。可能是戒指太輕，從口袋裡掉出去時，根本沒被發現，或者是「咚」地一聲掉在地毯上，然後滾到沙發底下。也有可能是你把戒指放在某個地方，然後就忘了。不論是哪一種情形，你都是好幾天後才發現戒指不見了。

然而，丟掉戒指的瞬間存在你的潛意識裡。取得那個資訊的方式就是探索你的潛意識。

如何找出你的失物數字

專心想著你丟掉的東西，然後隨手在一張紙上寫上一個9位數字，然後把9個數字相加，但不要化為一位數。接著，在底下的列表中找出那個數字。

舉例來說，如果你隨手寫下了934710138這個數字，總和是36，那就看底下的36，看看要如何找出那樣東西。請留意總和最高是81，最低是6。

遺失物數字告訴你到哪裡找遺失的物品：

6 東西在清潔用品或鞋襪附近。小心不要錯怪別人。

7 在衣物附近。

8 你不喜歡的人會拿給你。

9 在一個年輕人那裡，不過這個人沒發現。東西會像個禮物般不知情地交還給你。

10 到你醒著時最常待的房間；不一定是你自己的房子。

11 東西在大型水域旁，例如湖泊、池塘或海洋。

12 東西在一個安全的地方，你在找別的東西時會順便找到。最好不要費神去找。

13 在你的衣櫃裡，可能是鞋盒或帽盒。

14 在水底。你可能會需要水管工才能找到。如果是布製品，找找你的雨傘、大衣、頭或脖子戴的東西。

15 在動物或動物用品旁邊。尋找這個物品和孩子有關。

16 你在無意識的情況下，想要遺失那樣東西，而且是永久遺失。

17 存放於小空間的貴重物品旁。

18 在柔軟物品、枕頭、衣物、毛巾或毛毯附近。你會找到又再度遺失。第二次就找不到了。

19 在你的房子附近，但不在水邊。找乾燥的泥土或沙。

20 靠近房子裡的水。找一找水槽附近、浴室，或熱水器旁。

21 你會在小型儲物空間裡找到，很可能在檔案櫃裡。也可以找一找公事包或錢包。

22 你會馬上找到，可能是透過一場夢。

23 離你目前所在處不遠。找一找家具底下或裡面。

24 找一找你從前放東西的地方。也請家裡其他人幫忙找；他們更可能找到。

25 你掉的東西被白色物品或光源圍繞，離你不遠。

26 某個老人（可能是親戚）知道要到哪裡找，但對方不知道你在找。

27 在車庫裡，可能在車裡。東西壞了。

28 別人會找到，對方不願意還給失主。這是業債課題數字在起作用。

29 你身邊的人會拿給你。這個人不是年紀比你大上許多、就是非常小的孩子。

30 你和孩子享受共處時光時丟掉了那樣物品，可能是一起發揮創意的時刻。找一找玩具或美勞用品。

31 在流動的水域旁，離房子不遠。你會找到的。

32 東西在高處，大概在房子外或窗框上。

33 在收起來的宗教藝術品附近。也找一找存放聖誕節裝飾品的地方。

34 靠近屋內的燈光或熱源，或是在你工作的地方。

35 靠近屋外流動的水域。要搬開其他東西才看得到。

36 東西在你身邊的人那裡。找一找其他家庭成員的櫃子或儲物空間。

37 在宗教藝術品附近找一找。在你的房子或東邊的房子裡。

38 東西掉在你常去的地方的路上，例如雜貨店、附近朋友家或工作地點。在顯眼的空曠處。

39 東西在高處。周遭是和遊戲或娛樂活動有關的東西。

40 東西被柔軟的物品包圍，也許受到妥善的保管及保護。

41 在櫃子底下或鞋襪附近。

42 東西在煮東西的地方，大概不在你自己的房子裡。打電話給餐廳或其他你造訪過的地方。

43 東西在靠近休息的地方，一張床或躺椅。也可能在疊起來的床單或毛毯之間。

44 物品在一個骯髒的地方，或是房子正在改建的地方，會被工人找到。

45 你每天都會經過那樣東西。睜開你的眼睛。

46 問一問同事，特別是你感到親近的人。從現在起等個幾天再問。

47 不只一個人注意到物品的所在處，其中一人在說謊。詢問你的下屬。

48 在水或鍋碗瓢盆附近。也找找所有存放酒精性飲料的處所。

49 別白費力氣。找到的機會不高，而且已經嚴重損壞。

50 遺失後被移動過。找一找可提著走的箱子或運輸工具。

51 在教堂或其他拜拜的地方。也可能在治療場所，例如醫院。

52 自從你丟掉那樣東西後，不只一個人拿過。可能是你從來沒見過的人，卻是熟人身邊的人。

53 你即將去旅行，回來時會找到。東西會在你不在時找到。

54 東西被拿來拿去，或是從一個地方被放到另一個地方。找得到，但要花一點時間。

55 東西被水或風帶到別的地方。你會在最意想不到的地方找到。

56 現在倒退走。即使東西是幾天前丟的，你不久前曾再次經過。附近有水。

57 你弄丟了，會在體育活動中找到，找一找運動服裝的褲子口袋。

58 你是他人貪婪或憤怒的受害者。東西找回來的機會不大。

59 東西在乾燥黑暗的地方，大概是一個小櫃子。找一找食物或餐具附近。

60 東西不可能找回來。

61 找一找地下室或房子底下，東西暴露在風吹雨打中。

62 東西丟在離家有一段路的地方，你不會找到。

63 東西在被遺忘的物品存放地點，一旁是你有段時間沒用的東西。

64 不需要找。你在打掃或重新布置家裡時會看到。

65 你會在接下來幾小時經過那樣東西，不過找到的機會不大。

66 竊盜是你丟東西的原因。拿走東西的人身體有問題，手或腳受傷了。

67 較年輕的家庭成員會找到並還給你，可能是女性。

68 東西丟了兩次。有人找到，還給你之前又弄丟了。那個人不會承認。第三個人會找到並還回來。

69 東西離你的房子有一段路。打電話給不久前拜訪過的親朋好友。東西已找到，但誠實的拾獲者不知道那是你的。

70 東西沒丟，只是放錯地方。在閱讀的東西附近找找，好好想一想。

71 東西就在附近，放鬆之後就會找到。在印刷品附近。

72 找一找花瓶、碗，或是其他無蓋容器。

73 你應該向警察或其他公務人員求助。東西很可能是從你身上被拿走。

74 某人會把東西還給你，你不尊敬那個人，或是你曾對他有點不公平。

75 東西會被還給你，但不完整。

76 東西在廚房或食物儲藏室。在麵粉製品附近找一找。

77 不要花太多時間找。只有在你幫了潛在拾獲者一個忙之後，才有可能找回來。

78 東西在動物附近。東西壞了，找回來的機率不大。

79 東西在錫罐或其他金屬容器裡。

80 那樣東西和其他物品鎖在一起。目前在某個容器中的另一個容器內。你沒在找的時候就會找到。

81 東西和垃圾一起丟了，找不回來。東西被泥土蓋住，很快就會分解。

透過數字找到遺失物，是一種探進潛意識的方法，古老又有效。就像人生其他因果關係不明的事物，懷疑對事情發生的事實起不了作用。因此，如果你無法想出一個9位數，可能是因為你太扭捏，在過程中改變心意十次。記住，不論你是如何想出最後的數字，就是那個數字，就是這樣。

二位數字

目前為止，除了卓越數與業債數字外，我們只討論了命盤上的一位數。現在讓我們來看一看10以上的數字。

每一個基本數字都可以由好幾個不同的數字而來，例如7可以來自16、25、34、43、52、61或70（不可能是79或88，除非是間接的，因為79和88要先化成16）。來自25的7會和來自31或64的7些微不同。因此，我習慣把二位數也寫在命盤上。從25得來的7記成「25／7」，來自34的7則記成「34／7」。

現在來到這本書的尾聲，各位已經瞭解夠多各數字的意義，有辦法分析二位數了。

二位數的特質由它們化成的一位數所主導。基本數字是最重要的數字。

二位數會增強或削弱某些面向，但永遠不會完全磨滅某個面向。你可以研究自己命盤裡的二位數字，看看能否將自己看得更透澈、更清楚。

舉例來說，來自25的7不像來自16的7那麼沉默寡言。來自34的7則比來自25的7更有創意。

原本就有大量領導能力的1如果來自10，會增強許多。能被10除盡的數字，通常會增強命盤上一位數的特性。10是高八度的1，40是高八度的4，70是高八度的7。

以下簡單介紹10到99之間的二位數。你可以練習一下，選幾個二位數，先自己想一想，然後看看你想出的重點是否符合下面的敘述。如果要找出自己的二位數字，把全名的字母全部相加，化約成一位數**之前**的那個數字就是了。

10 10加強了1所有的特質。這是個強大的領袖，具有十足的專注力，一路順暢抵達成功。10在追求目標時，可能鐵石心腸，有可能是喜歡掌控事物的暴君。

11 請見第一章的「卓越數」。

12 這是一個高度具創意、個人主義與反傳統的數字，代表「個人利益」vs.「團體利益」。

13 請見第一章的「業債數字」。

14 請見第一章的「業債數字」。

15 這是個慈愛、寬容、極度忍讓的數字。負責、成功、動力十足、強壯。代表旅遊、冒險與實驗。可能帶來自我放縱。

16 請見第一章的「業債數字」。

17 這個數字代表性靈成長、信仰與平衡，也代表富裕與破產。遵守靈魂與道德價值觀是一場內心的掙扎。

18 與跨國事業有關，也是理想主義與自私之間的不協調，缺乏有意識的性靈努力。

19 請見第一章的「業債數字」。

20 過度敏感、充滿直覺、無法承受批評。這個數字有情緒方面的困擾，面對挑戰時可能會軟弱與膽小。

21 這個數字與12類似，但更充滿直覺。容易延宕。

22 請見第一章的「卓越數」。

23 熱愛人類，是自由鬥士與理想促進者。輕易放棄，不切實際。

24 會提出忠告並撫慰他人，熱愛音樂，特別是韻律。代表家庭紛爭與離婚。

25 是靈魂領袖，喜歡團體合作，可能過於嚴肅，難以表達情感。

26 商業與管理方面十分優秀，是很好的出謀畫策者與工作狂，個人生活常一團亂。

27 是輔導者、義工、藝術家，通常十分成功。代表傳承，有時會一板一眼，心胸不夠開闊。

28 這是一個10，但帶著更多的同情心與忍耐力。

29 和11一樣。請見第一章的「卓越數」。

30 代表溝通與創意，也是高八度的3，帶有高度幽默感。快樂時可能顯得膚淺。

31 比其他相加為4的數字還要外向與愛玩，也比較有創意。可能是個不忠實的數字。

32 請見數字23。這個數字更為感性，情緒會上下起伏，悶悶不樂。

33 有些生命靈數家認為這個數字是卓越數，最大的潛能是教導。被稱為「基督數字」（Christ number），會撫慰他人，代表自我犧牲與相信烏托邦。通常會過度犧牲奉獻，有時不得不說謊。

34 這是非常聰明的數字，代表努力達到性靈的純潔。會與他人分享，是名戰士。

35 在做生意方面很有創意，是發明家、電子產品設計者或商業顧問。熱愛社交，但不適合和別人一起工作，應該當自由業者。

36 十分具有創意，有時是天才。也會害羞、膽怯、遠離眾人。

37 非常個人主義，是學者與大量閱讀者，擁有絕佳想像力，通常缺乏組織。

38 請見第一章「卓越數」11。這個數字更為實際。擁有很強的直覺，但不會輕易承認。通常會在藝術或骨董買賣上賺錢。有恐懼症。

39 喜歡應用藝術，通常從事演藝與舞蹈事業。很難調適拒絕與分離。

40 這是高八度的4，極度井然有序與有條不紊。容易批評他人、缺乏忍耐力，有時充滿偏見。

41 請見數字14。這個數字有辦法將精力成功用在許多不同的計畫上。自私，缺乏幽默感，有時是罪犯。

42 請見數字24。這個數字擁有政治抱負，可能是行政人員，通常任職於政府機構。可能不體貼。

43 請見數字34。這個數字代表專注與完美主義，有時會沮喪，覺得自己不如人。

44 這是個非常適合做生意的數字，也適合軍旅生涯。有願景，也是實踐者。擁有良好的潛力。

45 通常與銀行業或跨國機構有關。很難與自己和平共處，可能會憤世嫉俗。

46 代表領導能力（請見數字10），通常不圓滑。永遠準備就緒、充滿自信。

47 請見第一章「卓越數」11。帶有內在掙扎，有實際與腳踏實地的4，也有性靈的7。一旦達到平衡後，會是預言家與非凡的顧問。

48 是願景打造者與計畫者，有時會迷失在不切實際的夢想裡。

49 請見數字13。是為別人忙碌的照顧者，也是問題解決者。想當英雄與每個人的朋友。

50 這是高八度的5，極度熱愛自由與多才多藝，能接受新點子，願意冒險。有時會有性方面的困擾。

51 請見數字15。這個數字更為獨立、積極。

52 請見數字25。這個數字更為感性、充滿直覺與創意十足。

53 請見數字35。這個數字更善於言詞表達，充滿創意，有生意頭腦。

54 請見數字45。這個數字比較沒那麼有條有理與自律，難以完成計畫，通常是個愛做夢的人，非常理想主義。

55 極度熱愛自由，喜愛旅遊。喜愛交際，但可能自私又孤獨。身處銷售業一定會成功。

56 是棘手的組合，極度感性，必須同時平衡想要自由與成家的渴望，而兩個欲望同樣強烈。也請參考第一章「卓越數」11。

57 代表智慧與發明能力。年紀漸長後會產生智慧。非常具有創意，脫離常規。

58 願意努力工作，通常會成功，能夠抓住機會並快速做決定。有一點堅持己見與固執。

59 這是個非常具有說服力的數字，很能使人信服。許多成功的律師與資金籌措人的命盤都出現這個數字。擁有不可思議的力量，能和各行各業以及來自不同文化的人相處。

60 這是個深情、有愛心、負責的數字。有時會卑躬屈膝。

61 愛情方面會有困難，卻強烈渴求家庭與朋友。咄咄逼人又神祕，非常適合研究人員、執法人員，以及情治單位人員。

62 請見數字26。這個數字比較沒那麼敏感，是非常優秀的照顧者。很適合醫療人員。

63 請見數字36。這個數字沒那麼外向，卻可能沉溺於混亂的性愛。

64 請見數字46。這個數字沒那麼井井有條，較有創意。

65 請見數字56。這個數字更需要平衡自由與家庭事務。有時會帶來犯罪傾向。

66 這個數字對犯錯很寬容，會帶來財務上的起伏。非常忠誠與忠實。

67 融合了分析能力與創意，經常出現在發明家與數學家命盤中顯眼的位置，通常在核心數字後面。

68 這是個適合商業的數字。容易不體貼，但非常忠誠。非常有幽默感。

69 很少有數字像69這麼負責與自我犧牲。政治行動主義者與環保人士通常擁有這個數字。醫生、護士與教師通常也會出現這個數字。也極度有創意。

70 這是隱士的數字，喜歡孤獨，追尋真相。過於投入知識的追求，遠離物質世界，具有高度的智慧與原創力。這是個孤僻的數字。

71 請見數字17。這個數字比較不具權威，通常孤獨一人。

72 請見數字27。這個數字通常很能侃侃而談，也是大量閱讀者。

73 請見數字37。這個數字很獨立，喜歡獨自工作，對感情要求很高。

74 請見數字47。這個數字會帶來預兆與密集的夢。可能有飲食失調的問題。

75 請見數字57。這個數字更具分析能力，沒那麼有創意。

76 請見數字67。這個數字非常適合管理或組織相關的人士，能夠讓想法成真。有時會造成武斷及宗教狂熱。

77 可能是所有數字中最聰明、最具創造才能的一個。也代表性靈智慧。

78 帶來靈魂與物質之間的掙扎。如果處於命盤上的重要位置，你會大起大落。

79 政治與精神領袖通常擁有這個數字。79會使人關心人類，但也可能冷酷無情與自以為是。

80 這是個很適合生意的數字。然而，由於缺乏獨立自主的性格，擁有這個數字的人，通常是高階管理階層與軍事將領，創業家之中比較不常見。這是個外向的數字。

81 請見數字18。這個數字更加以金錢為導向，通常缺乏性靈方面的理解力，有時會有暴力傾向。

82 請見數字28。這個數字會帶來強大的領導能力與勇氣，是一個撐到最後的數字。婚姻可能缺乏穩定性。如果位於命盤上顯眼的位置，許多人不是從未結婚，就是結婚多次。

83 請見數字38。這個數字更具生意頭腦，比較沒那麼感性與脆弱。

84 請見數字48。這個數字更具夢想，比較沒有組織能力。

85 請見數字58。這個數字更陽剛，可能會血氣方剛。

86 請見數字68。這個數字比較重視自己，有一點不負責任與放縱。

87 請見數字78。這個數字較為實際，比較能處理金錢事務，但性靈與物質間的掙扎也同樣強烈。

88 充滿矛盾。非常適合商業，但不適合人際關係。是個遲鈍的數字。

89 代表貴族氣派與世上男女，帶來眾多旅行機會。會使人難以獨處，就連一小段時間都不行。

90 自我犧牲又謙卑，通常會帶來宗教狂熱，但幾乎永遠帶著正面與鼓舞人心的天性。如果出現在命盤上重要的位置，通常會遠離人群，但受到許多人的熱愛與敬重。

91 這個組合會帶來成功的職業生涯，特別是在創意領域，然而無法處理金錢。特立獨行，堅持己見。

92 請參考第一章「卓越數」11。這個數字會非常關心人類。

93 請見數字39。這個數字具有創意，特別是在建築與景觀美化方面。難以做出承諾。

94 請見數字49。這個數字是實際的慈善家。不喜歡旅行，不喜歡改變。

95 請見數字59。這個數字是人道主義者，但不切實際，是個夢想家。熱愛旅遊與改變。

96 請見數字69。這個數字犧牲奉獻與忠誠的天性，比較會表現在家人、朋友與社區身上。

97 請見數字79。這個數字較為感性，是安靜的工作者，喜愛閱讀。

98 請見數字89。這個數字是理想主義者，但讓人感到冷漠無情。98很難表達情感。如果出現在命盤的重要位置，這個人很難理解。

99 代表非凡的藝術家天分。擁有這個數字的人通常會遭受誤解，常淪為流言蜚語的受害者。可能帶來情感關係中的嫉妒與占有欲。

如同前文所述，數字和人一樣，有自己的個性。一旦掌握基本數字各自的個性，就能透過思考個性的組合來瞭解多位數。首先不要忘了，多位數的性格主要來自化約後的一位數。接下來，你要分別解讀數字，每一個數字在發揮影響力時，會受到前面數字的影響。

舉例來說，數字324最重要的個性是一位數9的特性，也就是3＋2＋4化約出來的9。然而，數字3會影響9的表現方法。2和4也有影響，但沒那麼重要。

數字百態

如果你遇到外星人，除了數字的語言外，你們兩個不太可能有其他的溝通方式。數字的形狀可能派不上用場，但如果你們坐下來，口袋裡裝滿小石頭，你們將有辦法向對方展現某種程度的智能，甚至還能分享資訊。重點在於數字是宇宙共通的理解與溝通方式。數字超越我們這個世界的極限。

從一方面來說，數字不受主觀現實的影響，例如情緒與個人偏好。數字從最純粹的角度來說是客觀的，那就是為什麼數字是科學的語言，是溝通抽象概念最可靠的方法，能夠量化物理界的事實。

從另一方面來說，數字可以揭露字詞的「靈魂」。字詞會帶出它們所描述物體的內在情感。每個字都有特定的定義，連結著情緒與精神情感。生命靈數可以揭露那分潛在的感覺或精神。

以下以英文中幾個重要的字詞為例，解釋生命靈數如何揭露字詞的深度意義。

愛

讓我們從「愛」（love）這個字開始。

解析「愛」的生命靈數時，你會發現這個詞的表現數字是9，暗示「愛」的人道主義以及宇宙共通天性。寬容大方、願意付出、自我犧牲、關心他人，是很好的療癒者與教導者，無條件地付出。

「愛」的內心欲望數字是11，也就是感性、天生直覺強烈、需要和諧、連結最高層的力量。11被稱為「管道」（Channel）或「照明者」（Illuminator）。

「愛」的個性數字7，暗示小心翼翼、自我反省的需求，以及「愛」與生俱來的內在智慧。

恨

現在讓我們來看一看愛的反方：恨（hate）。

恨的表現數字是16／7，這是一個業債數字，代表自我毀滅的天性（請見第一章的「業債數字」）。16／7代表孤立，之所以如此，是因為冷酷、缺乏情感、自給自足。這個數字與精神高度相關，因此通常對「心」的事物缺乏同情。

「恨」這個字的內心欲望數字6，揭露了對所恨事物的強大情緒連結。6的黑暗面在於強烈想要掌控，不肯放手，用過分的關注讓所恨對象窒息。

「恨」的個性數字是1，暗示1的負面特質：衝動暴力與缺乏感知能力；無法與他人分享自己，因此帶來孤獨寂寞。1的頑固面，使這個數字無法接受所恨之人的正面特質。

光明與黑暗

現在讓我們來比較一下「光明」（light）與「黑暗」（dark）這兩個字詞，看看提到這兩個字詞時會聯想到什麼，特別是和「愛」、「恨」這兩個詞彙連在一起的時候。「光明」的核心數字和「愛」非常類似。「光明」的表現數字是11，內心欲望數字是9，個性數字是2（如前文所述，愛的內心欲望數字是11、表現數字是9、個性數字是7）。11代表照明與洞察力，光照耀到的東西都會顯露真實的本質。內心欲望數字9，則明顯指出表達最大關心的需求。所有東西都能接近光；那是一視同仁、每個人、每樣東西都能得到的禮物。個性數字2則揭露本有的溫和。

「黑暗」這個字詞的表現數字是16／7，內心欲望數字是1，個性數字是6。「黑暗」與「恨」唯一的不同之處在於，這兩個字詞的內心欲望數字與個性數字位置對調（請留意，雖然「黑暗」〔dark〕與「恨」〔hate〕只有一個字母相同，它們擁有同樣的核心數字）。

再一次，這些核心數字代表自我毀滅、孤立與孤獨。個性數字6暗示黑暗給人受到保護的錯覺。

狗與貓

讓我們來看一看我們的動物朋友狗（dog）與貓（cat），我們知道這兩種動物性格大不相同。

狗的表現數字是8，代表天生的力量與保護能力；內心欲望數字6說明想要待在居家環境，以及對愛與關注的欲望；個性數字11顯示狗直覺上知道飼主的情緒，非常敏感。

貓的表現數字則是6，顯露居家的天性，但內心欲望數字是1，獨立自主，個性大多頑固。個性數字5則增強了獨立性以及對自由的需求。你無法控制一隻貓。

有趣的是，狗和貓的核心數字都出現6，但狗是內心欲望數字6，也就是對於愛、關懷、居家和諧的欲望，而貓的6則出現在表現數字，非常適合居家環境，但內心欲望數字1讓貓需要獨立。貓天生就不順從，狗則會。

食物與屋頂

接下來再來看一些其他居家主題。這次我們要看跟基本需求直接相關的兩個字詞：「食物」（food）與「屋頂」（roof）。這兩個詞彙都有三個6！6代表一切與保護、安慰、照料、居家、培育有關的事物。除此之外，「食物」的表現數字是22，暗示食物與生命基本事物的連結：物質變成能量的轉換（新陳代謝），以及反過來，能量到物質的轉換（有機物的成長）。如你所知，數字22稱為卓越數，從食物的例子可以清楚看到22的力量。

「屋頂」的表現數字是9，加上個性數字6，清楚顯示保護居家環境的目的。

河流與樹木

接下來讓我們來看一看「河流」（river）與「樹木」（tree）這兩個詞彙。「河流」的內心欲望數字是5，意味著流動、自由、動能與改變。個性數字22揭示大自然中的強大力量。河流可以穿透所有障礙。表現數字9代表河流把自己獻給所有生物。

樹木提供一連串很好的數字。首先，內心欲望數字1暗示獨立及生存的強烈意願，樹木筆直的形狀就像個1。另外，樹木的個性數字是11，代表性靈的本質：往上觸及天堂，以及鼓舞一切的影響力。表現數字3象徵了傳達精神力量與美的能力。

工作

最後，讓我們看一看「工作」（work）這個詞彙。「工作」的表現數字是22，代表讓理念進入物質世界的方法。再一次，卓越數適切地出現，反映出潛在的力量：我們透過工作打造自己的人生並獲得報酬。「工作」的個性數字是16／7，7代表專注、集中，以及追求完美。業債數字16代表，如果你讓工作成為自己的主人或人生唯一的動力，可能招致自我毀滅。這是工作狂，過於執著的天性會摧毀人生其他所有獎勵。

學習生命靈數最好的一個方法，就是練習常見的字詞、城市名與州名。當然，算人是一個好方法。

以下列出幾個很適合拿來練習生命靈數的詞彙。

「太陽」（sun）是「無憂無慮」的3。3出現在正中間的字母u，也是這個字詞的內心欲望數字。「太陽」的個性數字是6，表現數字是9。這有可能是巧合嗎？

「湖泊」（lake）的表現數字是11，暗示潛意識與意識之間的連結；內心欲望數字是6，代表穩定；個性數字是5，代表流動。

比一比「海洋」（sea）和「湖泊」（lake）這兩個詞彙！

「花」（flower）的內心欲望數字是11，基石數字6，表現數字7，個性數字5，與「植物」（plant）相對。「植物」的內心欲望數字是1，個性數字8，表現數字是9。

試一試下面這些詞彙：男人（man）、女人（woman）、工具（tool）、鎚子（hammer）、車子（car）、箱子（box）、戰爭（war）、針（needle）、羊毛（wool）、嬰兒（baby）、朋友（friend）、姊妹（sister）與兄弟（brother）。

動物名稱也是很好的練習。先試試老虎（tiger）、獅子（lion）、狼（wolf）、熊（bear）、老鷹（eagle）與鯊魚（shark）。再試一試羔羊（lamb）、綿羊（sheep）、鴿子

（dove）、海豚（dolphin）與鯨魚（whale）。

美國柯林頓總統的命盤

生命靈數也能分析對世界有重大影響的公眾人物，下面以美國前總統柯林頓為例。柯林頓（Bill Clinton）總統出生時的名字是William Jefferson Blythe，生於1946年8月19日。從這些事實，我們可以得出以下核心數字：生命歷程數字是11／2；表現數字是6；內心欲望數字是11／2；個性數字是13／4；生日數字是19／1。

從生命靈數的角度來看，柯林頓總統讓美國看到一連串強大而鼓舞人心的個性，另外也有不尋常的矛盾。之所以矛盾，部分原因在於他有兩個非常不同的名字，一個是出生名，一個是被領養後的名字（譯註：他的母親曾改嫁，「柯林頓」是繼父的姓）。如第三章所述，第二個名字能夠集中、甚至加強某些天生的能力。Bill Clinton這個名字確實加強了William Jefferson Blythe這個名字。我們先從源自他出生日期的數字看起，也就是生命歷程數字11／2與生日數字19／1。

生命歷程數字11／2賦予柯林頓總統非常敏感而準確的直覺。他能察覺其他人的想法與情感，以及社會潮流，時常能以正確的語調回應另一個人或一大群人，他的理解、順從與說服達到完美的平衡，全身散發真誠，得以隱藏他察覺人們想要什麼、想聽什麼的直覺。這些特質讓柯林頓總統多次脫困，最明顯的例子是，儘管他在競選早期爆出不忠與大麻事件，他還是有辦法克服這些阻礙。

11／2也提供了開放的直覺管道，那是一扇明亮的窗戶，可以得知不斷從潛意識或直覺的自我流瀉而出的感知。他擁有高度發展的直覺反射，不自覺地產生功能。

柯林頓的生命歷程數字也給他與別人合作的強烈欲望。他想要維持和諧，擔任和事老。也想被他人喜愛，因此對批評很敏感。

以上特質都因為內心欲望數字11／2而增強，使他對美國有妥善規畫的願景。有一件事未被大眾媒體大肆報導，大部分人也不清楚，那就是柯林頓總統擁有強大完整的性靈體認。他不是一個常上教堂的人，因此這部分天性他隱而不宣，但他對性靈的理解十分深刻，於是受到精神理想的強烈啟發。

生日數字19／1平衡了他的感性與希望和諧的欲望，讓人看到鋼鐵般的意志、決心和領導能力。19／1是個倔強的數字，容易受到自己強烈的影響。這個數字會遇上生活的掙扎，甚至自己去尋求掙扎，因為那可以讓人感受到自己的力量。柯林頓總統有兩個名字，11與19／1的組合顯示了他的雙重性：感性、感知、纖細、直覺，但又強壯、實際、有動力，願意對抗衝突。

回到William Jefferson Blythe這個出生名來看，柯林頓總統的表現數字是6，代表負責任、關心他人、忠誠、以服務為己任。

6和11喜歡萬眾矚目，不喜歡被其他人掩蓋光芒。19／1的影響會增強這點，因為19／1喜歡把重擔扛在自己肩上。全部加起來，這個人會受到兩股力量的推動，一是他自己的責任感，二是他想當山中大王的強烈欲望。

接下來看從William Jefferson Blythe這個名字得出的個性數字13／4。我們發現柯林頓總統另一組廣為人知的性格：他注重細節，能長時間工作，不眠不休，是個事必躬親的總統。他喜愛數字帶來的挑戰，以及眾多計畫的細節。13／4的黑暗面在於這是業債數字，對放鬆、和平與休假感到不自在。這種工作狂的強烈傾向，使得帶有13／4這個數字的人擁有安全感，他們知道自己表現出責任感且有生產力。

13／4把柯林頓總統的注意力引到小細節，有時候是沒有意義的事，這點可能讓他當不上總統。然而，由於人們是以另一個名字認識他，他可以免於這種瑣碎的性格。人們認為他的名字是Bill Clinton，這個名字的個性數字是8，擁有願景、計畫宏大的目標，可以把細節提升至宏大、甚至是世界性的事務。

柯林頓總統的次要內心欲望數字是6，強化他原本就強烈的責任感；次要表現數字是5，使他面對變動的情形時，能夠有彈性並適應。整體來說，Bill Clinton這個名字擴展了他的人格，加深了他人對他的印象。

最後，William Jefferson Blythe這個名字出現了1到9全部的數字，顯示柯林頓總統是個非常能幹的人。他和所有人打成一片，也是音樂家、律師與政治人物。此外，他對國家有願景。自信又鎮定，因為他擁有各式各樣的天分與能力，不管碰到什麼情形都能遊刃有餘。

現在來看看柯林頓總統的進展命盤。我們注意到的第一件事，就是他的本質循環重複出現16與22。這代表孤立與不確定的時期（如同業債數字16的暗示）被非常公眾的強大卓越數22所平衡。柯林頓總統明顯的困頓時期出現在18至19歲、30至31歲及39至40歲之間。代表優勢、個人力量與巨大影響的歲數，則是20至21歲、41歲、42歲，以及43、45、46歲（一九九二至九三年，他正競選總統），另外還有47歲（一九九三至九四年）。然而，一九九四年的結束對他來說，代表深度靈魂探索的時期，可能還有內在的懷疑，這從再度出現的本質數字16／7可以看出。由於民眾會參與領導人的個人生活，反過來也是一樣，一九九四年下半年會是美國與柯林頓總統經歷內在探索、混亂與懷疑的時期，包括他們的方向，以及他們在世界上扮演的角色。柯林頓總統的命盤以及本質數字22的延伸，顯示美國在世界局勢上的力量與自信。美國是最後的超級強權，但美國也體認到自己的體系有最終必須解決的弱點。從一九九四年後面幾個月分開始，那些弱點會以更明顯的形式出現，那時柯林頓總統與美國必須更加深入挖掘答案，以解決美國日益擴大的問題。

接在只有一年的本質數字16／7後面的，是本質數字13／4，暗示辛勤工作和解決基本問題的意願。這是強化並重新打造基礎的時刻。柯林頓總統的命盤揭露一個高度具天分與動力的人，能夠面對不同時期帶來的挑戰。

要判斷柯林頓總統是否會連任，必須先取得他對手的命盤，本書寫成時，未能取得相關資訊，因此無法預測。然而，柯林頓總統的數字暗示多年的領導地位及未來的影響力，也就是說他連任的機會相當大。

現在讓我們看一看其他幾位美國前總統。尼克森（Richard Milhous Nixon）生於1913年1月9日。內心欲望數字是16／7，個性數字是19／1，對所有高階政治人物來說都是災難。檢視他的循環週期後，你會發現他的時機很差。從另一方面來說，即使是最不可能原諒他的人，也會不情願地承認他似乎擁有某些智慧，受人尊重。這個人比任何一位美國總統都還快失寵、摔得更重，然而現在許多人想知道他的理念與看法。這是數字16發揮了重生最大的力量。

卡特總統（James Earl Carter）生於1924年10月1日。四個核心數字中有兩個9，到目前為止是美國近代史上最具人道主義的總統。他有兩個5，也就是表現數字與個性數字（其中一個帶有業債數字14），使他過於衝動，做事沒有太大效率。此外，他的業債課題數字3使他無力處理國內事務（6）、性靈事務（7），以及商業／權力／協商事務（8）。在道德力量以及對人類福祉的真切關懷方面（生命歷程數字9、內心欲望數字9），他勝過其他總統。順道一提，卡特和柯林頓一樣，介紹自己時只用名字、不加姓氏，這對個人野心來說實為錯誤之舉。

雷根總統（Ronald Reagan）生於1911年2月6日，中間名是Wilson，生命歷程數字11、個性數字11、內心欲望數字2、表現數字13／4。他的四個核心數字中有三個11／2，

「鐵氟龍」（teflon，引申義為「不沾鍋」）的標籤很適合他（t的代表數字即為2）。到了老年還持續極度活躍並保持雄心壯志的人士，很常出現業債數字13，然而這讓我懷疑雷根有多享受在白宮的日子。13是一個會催促人向前的數字，往往沒有多少祥和與安寧的空間。

老布希（George Herbert Walker Bush）總統命盤上最明顯的是個性數字2。在他的例子中，2清楚解釋他必須處理「軟腳蝦」（wimp）的問題。2擁有外交手段、圓滑、陰柔，是王座後面的力量、無聲的操控者、調停者，以及猶豫不決的人。其他核心數字，如內心欲望數字8與表現數字1，都是非常陽剛的數字，代表堅強的內心與大量的動力。8代表事業聯盟，強大意志力，以及想要獎勵的強烈欲望。1是領導能力、讓事情發生的能力，以及高居上位的需求、想當最優秀的人、想當國王。除此之外，老布希的生命歷程數字是16／7，所以我們看到一個具有分析能力與井井有條的思考者，很早就學習隱藏自己的情緒，實事求是。隱藏欲望數字5對老布希來說幫助頗大，讓他有能力改變與調適（老布希的名言是「讀我的唇」〔read my lips，譯註：這句話的下半部是「絕不加稅」，但後來經濟情勢迫使他加稅〕），而且多才多藝、精力十足。

整體來說，老布希以目標為導向、能幹、渴望權力、意志堅定，穿著外交官的外衣。我在一九八九年春季替《東西雜誌》（*East-West Journal*）寫過一篇文章，預測老布希會成為引起爭議的總統。這個預測主要來自他的表現數字1和個性數字2之間的矛盾。

專業生命靈數

對多數讀者來說，生命靈數會成為長期的業餘嗜好或很好的資訊來源。但如果想成為專業的生命靈數家，就必須練習多看命盤，例如眾多親朋好友、同事、鄰居或是任何你找得到的人。不過要記住，這門學問是有責任的，你必須認真看待。

首先最重要的是，你必須接受生命靈數是不精確的科學。生命靈數來自五千年經驗的累積以及有限的研究，然而人類的複雜度不可思議，生命靈數不過是想找出並標誌一些較為明顯的面向。數不清的變數難以捉摸、隱藏在深處，我們無法辨認。因此，生命靈數家不可能永遠百分之百正確。因此，你必須小心自己說的話，以免傷害誠心誠意向你請教的人。他們可能會在你不知情的情況下，把你說的每一句話都照字面解讀。解釋別人命盤裡的弱點或短處時，要特別小心。舉例來說，如果你顧客的命盤顯示他缺乏自信，而他會以放縱自我的方式來補償那點，例如酗酒，你不能說：「你缺乏自信，你是個酒鬼。」這種話很可能只會加深對方的不安全感，讓他又開始酗酒。你可以指出他的天分與正面特質，鼓勵他善加利用。你想加強他的自信，但你會發現，提到他缺乏自信並非明智之舉，甚至有害。你可以說：「你很努力，但不夠肯定自己。」

專業生命靈數家的工作是激發、鼓舞與提升你的顧客，進而瞭解自己的個性與特質。

我認為生命靈數家最大的資產，就是不帶任何偏見地真心愛自己的顧客。顧客幾乎都是需要引導與協助的人。一個快樂幸福的人比較不可能去見生命靈數家，比較可能是個正遭遇困難的人。來找你且願意付費諮詢的人，通常經歷痛苦與困惑，甚至是絕望。他們來找專業人士，是希望那個經過訓練、有經驗的人能指點迷津，幫助他們解決困難，甚至展開療傷的過程。你對顧客來說可能是個陌生人，但往往你會聽到許多沒和親朋好友分享的私密心事。你要幫助、安慰他們。他們在等你解惑並提供智慧，而你或許能提供一些解決之道。然而更重要的是，你要在精神上擁抱對方，觸及他們的內心，讓絕望變成希望，讓不再相信的人重拾信心。

從事生命靈數這個職業並不容易，但回饋的價值難以估算。

生命靈數在生活的眾多面向都能派上用場，可以幫助你瞭解自己或他人的性格，也可以增進配偶對彼此的瞭解，更能容忍彼此獨特的地方。選工作與做出事業決定的時候，生命靈數也是很好的嚮導。生命靈數能提醒你何時會遭遇混亂的時刻，並且抓住即將來臨的機會。

你會發現，一旦養成習慣時時分析你碰到的人、著名的政治或藝文人士，還有特殊字詞、城市名、州名、國名、書中與電影中虛構的角色、電話號碼等等，你很快就能建立自信，掌握這門學問。

你愈瞭解生命靈數這門藝術，得到的啟示就愈多。

詞彙解釋

基本數字（Cardinal number，18頁）：1至9之間的數字。

一位數字（Single-digit number，9頁）：（同「基本數字」）1至9之間任一個數字。

核心數字（Core numbers，24頁）：生命靈數命盤中最重要的數字，包括生命歷程數字、表現數字、內心欲望數字、個性數字、生日數字，以及三十五歲之後的成熟數字。

生命歷程數字（Life Path number，30頁）：命盤上最重要的數字。出生日期所有數字的總和。

業債數字（Karmic Debt numbers，23頁）：13、14、16、19。

卓越數（Master numbers，22頁）：數字11與22，極端罕見的例子還包括數字33（請注意：部分生命靈數家認為數字44、55、66、77、88、99也是卓越數。然而，卓越數11、22、33形成一個三角，代表潛在的支配。位於上方的數字33代表啟蒙，數字44以及再上去的數字不屬於這個三角，應該化約為一位數）。

命運數字（Destiny，52頁）：請見「生命歷程數字」。

生日數字（Birth Day number，**52頁**）：即出生日。只有用在找出其他數字時需要化成一位數。

挑戰數字（Challenge numbers，**86頁**）：源自生日日期相減。

第一挑戰數字（First Challenge，**86頁**）：出生月與出生日化為一位數之後的差。

第二挑戰數字（Second Challenge，**86頁**）：出生日與出生年化為一位數之後的差。

第三挑戰數字（Third Challenge，**87頁**）：第一與第二挑戰數字的差，即「主要挑戰」數字。

主要挑戰數字（Main Challenge，**87頁**）：第一與第二挑戰數字的差，即第三挑戰數字。

第四挑戰數字（Fourth Challenge，**87頁**）：出生月與出生年化為一位數之後的差。

表現數字（Expression number，**99頁**）：出生全名所有字母代表數字的總和。

目前使用的名字（Current name，**122頁**）：又稱為姓名簡稱（short name）。一個人用來介紹自己的名字，包括姓氏。（中間名縮寫、頭銜、英文中的Jr.〔小〕與III〔三世〕等字詞則不算在內。）

姓名簡稱（Short name，**122頁**）：請見「目前使用的名字」。

次要表現數字（Minor Expression number，**122頁**）：「目前使用名字」所有字母代表數字的總和，包含姓氏。

內心欲望數字（Heart's Desire number，**129頁**）：有時亦稱「靈魂渴求數字」是出生全名中母音代表數字的總和。

靈魂渴求數字（Soul Urge number，129**頁**）：請見「內心欲望數字」。

次要內心欲望數字（Minor Heart's Desire number，148**頁**）：「目前使用名字」所有母音代表數字的總和。

個性數字（Personality number，154**頁**）：計算方式是把出生全名所有子音的代表數字相加。

次要個性數字（Minor Personality number，156**頁**）：「目前使用名字」所有子音代表數字的總和，包括姓氏。

業債課題數字（Karmic Lesson number，171**頁**）：出生全名中缺少的數字。一個名字可能有一個以上的業債課題數字。

隱藏欲望數字（Hidden Passion number，180**頁**）：出生全名中最常出現的數字。一個名字可能有一個以上的隱藏欲望數字。

潛意識自我數字（Subconscious Self number，187**頁**）：顯示出生全名中有多少數字。也可以用9減去由姓名得出的業債課題數字，得出潛意識自我數字。

平衡數字（Balance number，191**頁**）：出生全名字首代表數字的總和。

頂石（Capstone，196**頁**）：出生名最後一個字母。

基石（Cornerstone，196**頁**）：出生名的第一個字母。

表現面向（Planes of Expression，205頁）：反映出生全名中肉體、心智、情緒、直覺字母的比例。

橋樑數字（Bridge numbers，233頁）：算法是將核心數字相減，代表個別核心數字之間的關係。

成熟數字（Maturity number，242頁）：「表現數字」與「生命歷程數字」相加後化約而成的一位數字。成熟數字發生在人生較晚的階段，大約在三十五歲。

理性思考數字（Rational Thought number，250頁）：出生日加上出生名中所有字母代表的數字。

宇宙年數字（Universal Year number，268頁）：宇宙年從一月開始，十二月結束。宇宙年數字為年分的四個數字相加後，化約而成的一位數。

個人年數字（Personal Year number，269頁）：持續一年。計算方式是將出生月、出生日，及當年的宇宙年相加。

個人月數字（Personal Month number，279頁）：持續一個月。計算方式是把當月月分與個人年數字相加。

個人日數字（Personal Day number，279頁）：持續一天。計算方式是把當天日期與個人月數字相加。

轉換循環（Transits，287頁）：轉換循環是依據姓名字母而來的一至九年循環。

肉體轉換字母（Physical Transit，298頁）：源自出生名。亦請參見「轉換循環」。

心智轉換字母（Mental Transit，298頁）：源自出生時的中間名。如果沒有中間名，則源自出生時的姓氏。亦請參考「轉換循環」。

靈魂轉換字母（Spiritual Transit，298頁）：源自出生姓氏。請同時參閱「轉換循環」。

本質循環（Essence Cycle，298頁）：本質循環的時間為一至九年，源自每年轉換循環的組合。請同時參見「轉換循環」。

週期循環（Period Cycles，316頁）：長期循環，源自出生日期。

第一週期循環數字：源自誕生的月分（卓越數不需化約為一位數）。

第二週期循環數字：源自出生日（卓越數不需化約為一位數）。

第三週期循環數字：源自出生年（卓越數不需化約為一位數）。

高峰循環（Pinnacle Cycles，323頁）：長期循環，源自出生日期。

第一高峰數字：把出生月與出生日相加。

第二高峰數字：把出生日與出生年相加。

第三高峰數字：第一與第二高峰的總和。

第四高峰數字：把出生月與出生年相加。

卓越數說明

卓越數出現在以下數字時不要化約為一位數：

- ◆生命歷程數字
- ◆生日數字
- ◆表現數字
- ◆次要表現數字
- ◆內心欲望數字
- ◆次要內心欲望數字
- ◆個性數字
- ◆次要個性數字
- ◆表現面向（情緒與直覺表現面向除外。11不要化約，但22要。）
- ◆成熟數字
- ◆理性思考數字

◆本質數字
◆週期循環數字
◆高峰循環數字

以下數字要化約卓越數（或者不適用卓越數）：

◆挑戰數字
◆業債數字
◆隱藏欲望數字
◆潛意識自我數字
◆平衡數字
◆情緒表現面向22
◆直覺表現面向22
◆橋樑數字
◆個人年、個人月、個人日數字

國家圖書館出版品預行編目資料

鑽石生命靈數：希臘數學家留下的絕世密笈／Hans Decoz, Tom Monte著；許恬寧譯. -
- 初版. -- 臺北市：大塊文化, 2013.08
面；　公分. --（Smile ; 114）

譯自 : Numerology : key to your inner self
ISBN 978-986-213-448-1（平裝）

1.占卜 2.數字

292.9　　102012862

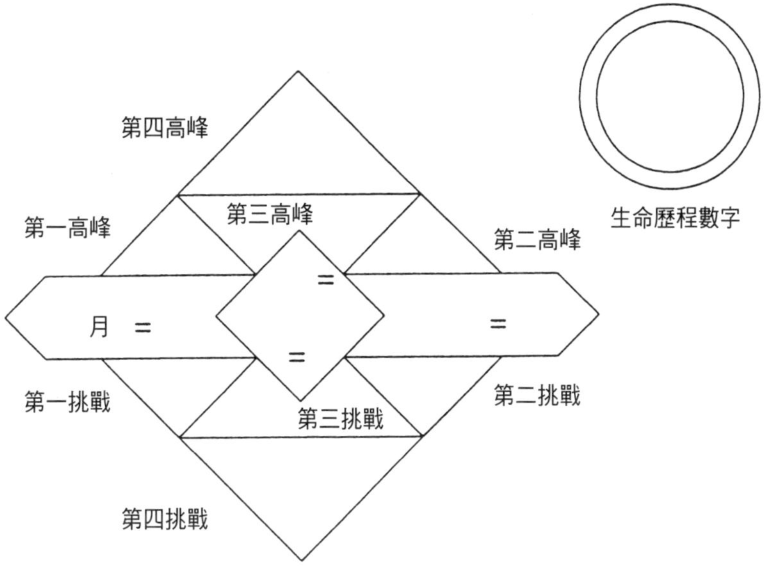

表6.1　高峰數字與生日命盤（326頁）

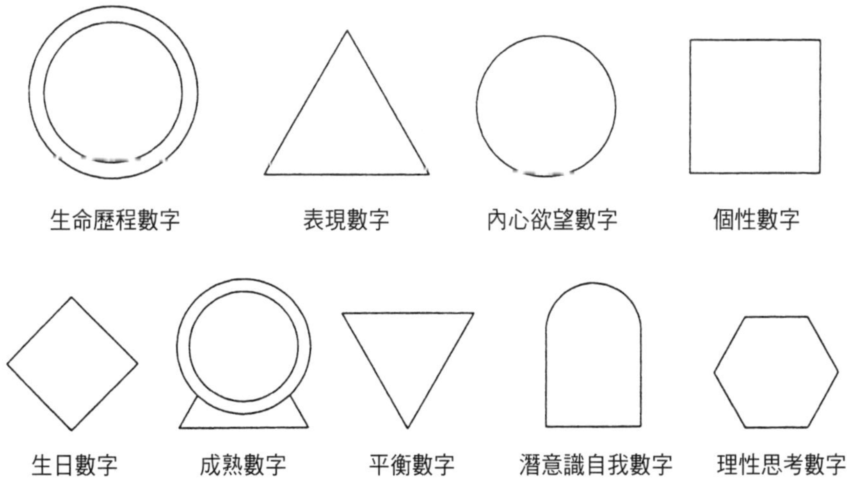

表3.1　生命靈數符號（167頁）

1	2	3
4	5	6
7	8	9

表4.1　業債課題與隱藏欲望命盤（174頁）

	創意		波動		務實		總和	
	字母數	代表數值	字母數	代表數值	字母數	代表數值	字母數	代表數值
肉體								
心智								
情緒								
直覺								

表4.2　表現面向命盤（207頁）

年齡																			
肉體轉換字母																			
心智轉換字母																			
靈魂轉換字母																			
本質																			
業債數字																			
高峰																			
個人年																			
週期循環																			
年分																			

表6.2　進展命盤（340頁）

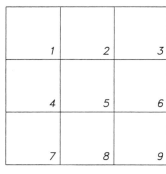

LOCUS

LOCUS

LOCUS

LOCUS